品读西柏坡

◎孙万勇 著

学习出版社

图书在版编目（CIP）数据

品读西柏坡 / 孙万勇著. -- 北京 : 学习出版社, 2021.3（2022.6重印）

ISBN 978-7-5147-1026-7

Ⅰ. ①品… Ⅱ. ①孙… Ⅲ. ①中国共产党一党的作风一研究 Ⅳ. ①D261.3

中国版本图书馆CIP数据核字(2021)第043950号

品读西柏坡

PINDU XIBAIPO

孙万勇 著

责任编辑：宋 飞 王 洋
技术编辑：胡 啸

出版发行：学习出版社
北京市崇外大街11号新成文化大厦B座11层（100062）
010-66063020 010-66061634 010-66061646
网 址：http://www.xuexiph.cn
经 销：新华书店
印 刷：北京顶佳世纪印刷有限公司

开 本：710毫米×1000毫米 1/16
印 张：24.25
字 数：272千字
版次印次：2021年3月第1版 2022年6月第4次印刷

书 号：ISBN 978-7-5147-1026-7
定 价：64.00元

序　言

◆ 陈　晋

中国共产党风雨兼程，一路走来，已经整整一个世纪！一个世纪的路程有多远，一个世纪的奋斗有多难，一个世纪的辉煌有多灿烂，无论怎么去打量，你都看不够，道不尽。

好在，历史总是由不同的节点，行程总是由不同的驿站连接起来的。于是，在庆祝中国共产党成立100周年的时候，我们的视野里，自然会跳出红船、井冈山、长征、延安、西柏坡……这样一些承载着中国共产党伟大精神的耀眼坐标。正是这些精神坐标，昭示了中国共产党是谁，为了谁，从哪里来，到哪里去，一路走来为什么会惊天动地、改天换地，这样一些值得人们品读的"历史秘密"。

《品读西柏坡》这本书，要做的，就是揭示西柏坡这个历史坐标，蕴藏的中国共产党伟大精神的深刻内涵。

西柏坡的价值和意义何在？100年来，中国共产党领导人民，由两大目标导引前行。一个是实现民族独立和人民解放，一个是实现国家富强和人民幸福。这两个目标的递进，构成了中华民族伟大复兴的壮丽行程。中国共产党在西柏坡时期，恰恰处于两大目标的衔接之处，处于从农村到城市，从革命到建设，从打碎一个旧世界到建设一个新世界，从站起来走向富起来强起来的历史转折关头。在这样的历史关头，中国共产党的所作所为，其意义格外重大。

那么，中国共产党在西柏坡做了什么呢？在这里，中国共产党不仅导演了打碎旧世界、解放全中国的威武雄剧，谋划并实施了建设新中国的宏伟蓝图，而且未雨绸缪，以强烈的忧患意识，主动预见执政后可能遇到的“历史周期率”的挑战和考验，立下了不少执政全国后党的建设的严格规矩，提出了居安思危、拒腐防变的“赶考”思想，铸就了以“两个务必”为主要内容的西柏坡精神，为历史和后人留下了独特而又宝贵的精神财富。

今天，人们把这些内容归纳为“西柏坡精神”，其根本价值在于给了共产党人在长期执政中保持先进性、纯洁性、战斗性的思想指引。习近平总书记谈到西柏坡精神时指出：“毛泽东同志当年在西柏坡提出‘两个务必’，包含着对我国几千年历史治乱规律的深刻借鉴，包含着对我们党艰苦卓绝奋斗历程的深刻总结，包含着对胜利了的政党永葆先进性和纯洁性、对即将诞生的人民政权实现长治久安的深刻忧思，包含着对我们党坚持全心全意为人民服务根本宗旨的深刻认识，思想意义和历史意义十分深远。”习近平总书记还强调，我们仍然在“赶考”路上，号召全党继续在这场历史性“考试”中经受考验，努力向历史、向人民交出新的更加优异的答卷！

这就是我们在新时代的“赶考”路上，来品读西柏坡的现实意义所在。

那么，怎样去品读呢？有关西柏坡的史料浩如烟海，其中许多事情人们耳熟能详。《品读西柏坡》的整体思路缜密清晰，逐层展开，叙述有法。第一、第二章，讲从延安到西柏坡的历程，感受中共中央和毛泽东不畏艰险、勇于胜利的气概；同时揭示石家庄、华北解放区为新中国成立所做的奠基工作，这是产生伟大西柏坡精神的基础和条件。第三章至第十二章是全书重点，主要讲西柏坡时期中共中央着眼于将革命进行到底、实现从农村到城市的重大转折和进城后面对的严峻考验，围绕党的思想、组织、作风建设，提升全党的理论素养、奋斗精神和执政能力，所做的一系列战略性思考和预见性的重大举措，由此，在全党树立起敢于斗争、主动转折、力戒骄傲、拒腐防变、立守规矩、善于学习、谨慎探索、永远与人民站在一起等各方面的精神品质。第十三章，回到现实，从中国和世界历史的经验教训中，引出在新时代传承和发扬西柏坡精神的现实意义。这样的品读方式，确实拥有新的视角和独特站位，称得上是比较全面和深入解读西柏坡精神的力作。

这部书适逢其时。习近平总书记指出，一个忘记来路的民族必定是没有出路的民族，一个忘记初心的政党必定是没有未来的政党，要把“不忘初心、牢记使命”作为加强党的建设的永恒课题常抓不懈。而《品读西柏坡》所诠释的，正是中国共产党百年奋斗所体现的初心和使命。

这本书还为读者提供了中国共产党为什么“能”的一些历史答案。从中可以看出，我们党是怎样克服艰难险阻，战胜“左”、右倾各种错误，挺过各种危机与低潮，一步步由小到大，由弱到强，最后走到西柏坡的；在胜利前夜又是如何审时度势，主动转折，走向全中国的。真可谓，乘红船出发，从西柏坡走来，经历改革开放，进入新时代，一路面临的风险考验，无不诉说着“雄关漫道真如铁”和“无限风光在险峰”。

这是一部立足于现实的书。作者在品读西柏坡精神的内在精髓和品质时，总是有一种观照现实的情怀。在每章的评述中，有褒扬赞叹的，有抨击贬斥的，有质疑发问的，有纵论得失的，特别是有针对性地在思想上、组织上、体制机制上，发出的有关继续保持谦虚、谨慎、不骄、不躁和艰苦奋斗作风方面的一些议论，都是为了促进人们结合现实深入思考，从而以史为鉴，激浊扬清，促人警醒。由此，才可能品出西柏坡的深度和高度。

该书给人的启示是，中国共产党面临的“赶考”始终是进行时。回顾历史，目的是走好未来。要向历史、向人民交出优异的答卷，关键是“赶考行”3个字。一个“赶”，就是要对实现党的“两个一百年”奋斗目标有强烈的使命感和紧迫感。一个“考”，就是要以敬畏之心，回应历史和人民的强烈期待。一个“行”，未来在心中，路在脚下；期待实现于路，答卷完成于行。

这本书大体是好读的。作者在挖掘史料、点评综述中，力求深入浅出，通俗易懂，增强品读的故事性。许多生动故事穿插书中，让道理寓于历史，寓于人物，寓于历史和人物相结合的故事当中。

作者孙万勇同志长期致力于历史文化和西柏坡精神研究，既有理论，又有长期实践工作经验，由此使他的写作站位既有比较深的思考而又接地气。

是为序。

2020年3月

（序言作者为中共中央文献研究室原副主任、全国人大外事委员会委员、中国中共文献研究会副会长）

目录

引言　西柏坡：历史的坐标　1

第一章　转战之歌——从延安到西柏坡　13

一、寻求之路　16

二、“蘑菇”战术　22

三、黄河东渡　28

第二章　“石破天惊”——西柏坡的奠基礼　35

一、石门，石门　38

二、黎明破晓　45

三、惊为天下先　57

第三章　因时谋策——天下归心的要义　67

一、“命根子”之争　70

二、砸碎千年锁链　77

三、纠偏　82

第四章　敢于斗争——勇者的胆略与气魄　99
一、“温情”的攻势　102
二、搅局“算盘”与朋友“忠告”　109
三、记住劳动者的遗嘱　116

第五章　主动转折——仓促被动到主动预见　127
一、惨痛的“从头越”　130
二、化危为机的“惊回首”　138
三、自信的主沉浮　143

第六章　力戒骄傲——不被胜利冲昏头脑　155
一、骄傲是一个原则问题　158
二、“来不及骄傲”　163
三、表率戒骄　168

第七章　拒腐防变——战胜不拿枪的敌人　177
一、预防进城“未病”　180
二、不同寻常的接收者　184
三、向腐败毒瘤宣战　194

第八章　立守规矩——人人起来负责　207
一、请示报告一件也不能少　210
二、由分散到集中统一　216
三、向个人包办说“不”　229

第九章　善于学习——西柏坡的创新篇章　241

一、向一切内行的人们学习　244

二、战斗队变工作队　251

三、调查研究——学习“无字天书”　262

第十章　民主建政——长治久安之法　273

一、民主的国体与政体　276

二、山潮水潮人来朝　283

三、有职有权的民主执政　290

第十一章　谨慎探索——西柏坡的摇篮曲　303

一、探索管理城市之路　306

二、搭建人民政权雏形　311

三、开创基层民主范例　318

第十二章　不忘初心——永远与人民在一起　327

一、念着“活菩萨”　329

二、人民是靠山　334

三、给人民当长工，解决一切实际问题　342

第十三章　继续“赶考”——永无完结的话题　351

参考书目　369

后　　记　371

引　言

西柏坡：历史的坐标

“西柏坡我来过多次，每次都怀着崇敬之心来，带着许多思考走……对我们共产党人来说，中国革命历史是最好的营养剂。”[①]

习近平

（一）

太行山东麓、滹沱河北岸，有个苍山环抱、绿水滋润的小山村，在20世纪40年代，有百八十户人家。

村子虽小，却历史久远。它发祥于1000多年前的唐代，因村后坡有苍翠的柏树，得名柏卜。五代后周时期被洪水冲毁。宋代人们重建，分为东柏卜、西柏卜两个村子，在新中国成立前的旧地图上，还可以看到这个地名。民国时期，村里一位老秀才也许是感到

① 《党面临的“赶考”远未结束——习近平再访西柏坡侧记》，新华社石家庄2013年7月13日电。

村名有些拗口，也许是为了增添些文采，改村名为西柏坡。

山村居群山之中，隐于山却并不封闭。用百度地图工具测量，今天的西柏坡位于东经 113.95 度、北纬 38.35 度，距华北重镇、原来的石门、后来的石家庄 90 多公里，距原来的北平、后来的北京 350 多公里。村子三面环山，前临滹沱河，一条路沿河蜿蜒向西直达太行深处、向东直下华北平原，沿途一重重山梁，像一道道石门扼关锁钥，进可攻退可守，天然适合兵家设营升帐。

这是一个宜居的地方。得益于太行山的呵护与滹沱河的滋养，山清水秀、地肥水美，物产丰饶、稻麦飘香，可与南方的鱼米之乡媲美，难怪晋察冀根据地的开创者、后来的共和国元帅聂荣臻称这一带是晋察冀的“乌克兰”。毛泽东在此居住时，还留下帮助农民改良育秧、增加水稻产量的佳话。

这一带的人们淳朴善良，富有正义感，早早形成了革命老区坚实的群众基础，老百姓的人心所向，宛然一道坚不可摧的安全屏障。蒋介石企图在陕北摧毁中共首脑机关失败之后，一直处心积虑寻找中共中央指挥所，虽然知道在石家庄附近，却始终未找到准确位置。在国民党飞机还可以空中作乱时，为保卫中共七届二中全会所准备的解放军高炮部队，并没有派上用场。

千百年来，这个普通的小山村默默无闻、名不见经传，人们过着“日出而作，日落而息”的平淡生活，像村前无山洪时的滹沱河水，平缓而静谧，川流而不张扬。

不曾想到，时间到了 20 世纪 40 年代后期，这个小山村突然热闹起来，开始被人们所记住，并渐渐扬名于世。

一切皆因 1948 年 5 月 27 日，毛泽东从阜平县花山村到达西柏坡，与先期抵达的朱德、刘少奇、周恩来、任弼时等中共领导人会合。西柏坡，成为解放战争时期中国革命的指挥中枢，成为中共中央最后一个农村指挥所。

毛泽东到达西柏坡的第二天，登山俯瞰村子全貌，感叹“果然是个好地方，这个总指挥部选得好！”[①]

从那天开始，西柏坡这个名字，与中国革命的历史、中国的前途命运联系在一起。这里发生的一切，使中国命运为之一新、世界格局为之改变，古老的中国进入了一个新的历史阶段。

（二）

历史长河起起伏伏，不时掀起一阵阵波澜，卷起过有许多故事的“千堆雪”，然而，随着岁月的渐行渐远，这些“千堆雪”往往有不同的结局。

一种是涟漪过后，烟消云散，随风而去，被人们忘却；

一种是经得起百转千回的大浪淘沙，依然矗立在历史的坐标中，透过表象的外层，所留下的精神、品质和风范，依然熠熠生辉，能够长久地影响着后人的思维和实践。

西柏坡的故事无疑属于后者。

1949 年 3 月 23 日，是中共中央机关和人民解放军总部，离开最后一个农村指挥所、踏上进京“赶考”路程的日子。

启程前，毛泽东还在农家小院里、那张旧帆布躺椅上看书。中央书记处机要室主任叶子龙走进来催促出发，毛泽东站起身将书交给他并叮嘱带在路上。后者匆匆将书装进了随身的挎包里。

① 《西柏坡历史》，中央文献出版社 2013 年版，第 7 页。

是日中午时分，毛泽东和他的战友们，乘坐缴获的美式敞篷吉普车，从西柏坡村出发，风尘仆仆奔向未来新中国的首都北平。

从 1948 年 5 月进驻到离开，中共中央机关和毛泽东在这里住了 10 个月的时间。

在历史的长河里，10 个月仅仅是转瞬之间，与开国领袖们漫长的革命历程相比，也委实短暂。

然而，这里却书写了中国革命史上辉煌的一页，留下许多充满魅力、耐人寻味的故事。世界战争史上体量最小、人员最少、设在普通农家屋的指挥部，创造了一个时代的战争奇观，也孕育了一个崭新的国家，她散发的光芒照亮了全中国，传到了全世界。

于是，西柏坡成为旧中国腐朽统治的终结地，成为新中国昂立世界的出发地。

事业的成功源于领导核心的成熟与坚定。中国共产党经过 20 多年的奋斗，战胜了无数的艰难困苦，在西柏坡时期登上了理论成熟、思想成熟、作风成熟、制度建设成熟、斗争策略成熟的辉煌高地，由此诞生了伟大的西柏坡精神。

于是，西柏坡时期与井冈山时期、瑞金时期、延安时期一起，作为中国共产党、中国革命发展壮大的重要阶段，载入历史史册。而这里诞生的西柏坡精神，更具有鲜明的时代特点。

历史和现实都在探问：

为什么共产党人在西柏坡能书写天翻地覆的历史？

为什么西柏坡能产生动人心魄、传承久远的革命精神？

为什么 70 多年过后，人们还在更深入地品读西柏坡精神的历史意义和现实影响？

（三）

1947 年至 1949 年，是中国人民解放战争的关键时期，也是新中国即将诞生的黎明前夜。

中共中央一边要指挥战争，将革命进行到底；一边要筹划建国大业，设计新中国的未来，任务繁重，前所未有。

与第一个任务相比，第二个任务似乎更加繁难。

这是因为，解放战争胜利的曙光已经喷薄欲出，这一点，连敌人都不得不承认。

1947 年 6 月，刘邓大军千里跃进大别山之后，解放战争形势发生急剧变化，人民解放军吹响了战略进攻的号角。1947 年 7 月，在中共中央召开的小河会议上，毛泽东把解放战争预计为 5 年时间。1 年半后，辽沈、淮海、平津三大战役结束，解放战争大局已定，蒋介石已经在准备最后的退路，开始逃向台湾岛。从 1921 年建党起，代表广大人民利益的中国共产党，经过 28 年的奋斗，即将迎来解放全中国的伟大胜利。

而建立新中国则是一个前所未有、开创性的历史课题。回答这个课题，交出合格的考卷，需要筹建者们殚精竭虑、谨慎应对。

比之于躁动于母腹内的胎儿，需要精心培育，既要防止营养不良、胎儿羸弱，使之健康分娩，又要使其有足够的免疫力，出生后抵御各种病害的侵袭，茁壮成长，行稳而致远。

比之于露出地平线的航船，需要舵手把定目标，不断拨正航向，既要战胜暗礁险滩，又要确保自身船体的坚固，使其平稳疾进，直达终点。

比之于饱含光焰、喷薄欲出的一轮朝阳，既需要准备接受它的阳光抚育，普照万物，又要防止过度照射，引来灼伤。

很显然，这是一个并不轻松、难度甚至超过疾风暴雨式革命的历史任务。

核心的问题是，创业难，守成——保持前人创下的成就和业绩——更难。

300 多年前，同样也有一次进京的壮举。李自成领导的农民起义军，经过 18 年的前赴后继才打进北京，推翻明王朝，建立了大顺政权，一时乾坤激荡，举世震惊。但这个自诩为农民政权的国家，没有逃脱中国几千年改朝换代、很多王朝短寿的宿命，很快分崩离析，仅仅存在了 42 天。

类似的故事，曾经在中国历史上反复上演。这似乎是一个难以逾越的历史周期率。

1945 年 7 月的一天，在陕北延安黄土高坡一孔普通窑洞内，两位身份不同、代表不同阶层的政治家，也在探讨中国历史上改朝换代的谌训。

小小窑洞，演绎的是悠天的大事。对话的双方分别是黄炎培与毛泽东。

黄炎培，字任之，别号抱一，江苏省川沙县（今属上海市）人。他是我国近现代著名的爱国主义者、民主革命家和民主主义教育家。

1945 年 7 月，黄炎培与褚辅成、冷遹、傅斯年、左舜生、章伯钧等 6 位国民参政员以私人身份访问延安。在延安期间，黄炎培与毛泽东等中共领导人作了 10 多个小时的长谈。

延安清廉政风给黄炎培以深刻印象，他说，延安“就我所看

毛泽东与黄炎培在延安（西柏坡纪念馆供图）

到的，没有一寸土地是荒着的，也没有一个人好像在闲荡。有一位朋友告诉我，政府对于每个老百姓的生命和生活好像都负责，这句做到，在政治上更没有其他问题了”。

6位参政员将要回重庆时，毛泽东请黄炎培到自己的窑洞做客，问他有什么感想，黄炎培坦率地说，我生六十多年，耳闻的不说，所亲眼看到的，真所谓“其兴也浡焉”，“其亡也忽焉”，一人，一家，一团体，一地方，乃至一国，不少单位都没有跳出这周期率的支配力。大凡初时聚精会神，没有一事不用心，没有一人不卖力，也许那时艰难困苦，只有从万死中觅取一生。既而环境渐渐好转了，精神也就渐渐放下了……一部历史，“政怠宦成”的也有，“人亡政息”的也有，“求荣取辱”的也有，总之没有能跳出这周期率。他说：“中共诸君从过去到现在，我略略了解的了。就是希望找出一条新路，来跳出这周期率的支配。”

毛泽东听了这番话深表赞同，但并没惊讶，十分沉稳地说：“我们已经找到新路，我们能跳出这周期率。这条新路，就是民主。只有让人民来监督政府，政府才不敢松懈。只有人人起来负责，才不会人亡政息。”黄炎培认为：“这话是对的。”“只有大政方针决之于公众，个人功业欲才不会发生。只有把每一地方的事，公之于每一地方的人，才能使地地得人，人人得事。把民主来打破这周期率，怕是有效的。”①

这就是著名的“窑洞对”。这一对，对出了中共领袖宏大的历史观，对出了未来执政者的心境和理想。看得出，彼时共产党人开始考虑胜利后如何守成的问题了。

（四）

时间到了1949年，敌人失败、人民胜利，已经是不可逆转的大势，新中国的筹建迫在眉睫。以什么样的姿态，建立一个什么样的政权，能不能跳出“历史周期率”的命运，坐稳江山，永葆本色，为世人所关注。

至为可贵的是，在历史性的胜利面前，共产党的领袖们保持了难得的清醒和谨慎的应对。

不知人们是否注意到，那些记载重大历史时刻的照片：在北平和平解放的时候，在进京“赶考”的路上，在天安门城楼的开国大典上，毛泽东和他的战友们，都没有开怀大笑，而是一种欣

① 中央文献研究室：《毛泽东传》（二），中央文献出版社2011年版，第729页。

慰、庄严、肃穆的神态，甚至还有一点儿淡淡的忧思。

不知人们是否注意到，毛泽东在进京“赶考”前夜、中共七届二中全会的报告中，一共讲了10个问题。其中讲到革命胜利形势时，只占了1/10的篇幅，其余9个问题，都是在讲胜利后的任务。他多次强调“工作重心转移”，“学会管理城市”，必须“力戒骄傲”，必须预防“糖衣裹着的炮弹的攻击”，“务必使同志们继续地保持谦虚、谨慎、不骄、不躁的作风，务必使同志们继续地保持艰苦奋斗的作风”，并且反复告诫全党，如果不这样做，“那我们就不能维持政权，我们就会站不住脚，我们就会要失败”①。

从一定意义上说，在重大历史时刻——进城之前，中共中央在西柏坡做了两件大事。这两件事都带有自觉性和主动性的鲜明特点。

自觉主动地进行了一次重要的转折。在中国共产党的历史上，曾有几次遭受重大挫折和失败而被迫转折的经历。第一次国共合作时期，在北伐战争节节胜利之际，蒋介石突然发动“四一二”反革命政变，幼年的中共毫无防备，大批共产党人倒在敌人的屠刀之下。中共被迫转变斗争策略和方式，在经过痛苦的求索、付出惨痛的代价之后，才逐步确立了农村包围城市、武装割据的正确道路。

土地革命时期，“左”倾机会主义在党内占统治地位，导致中央苏区第五次反“围剿”失败，红军被迫进行战略转移。历经血与火的苦斗，红军由出发前的8万多人，锐减到3万多人，直到

① 中央文献研究室：《毛泽东年谱（一八九三——一九四九）》下卷，中央文献出版社2013年版，第465页。

遵义会议才找到出路，实现由失败到胜利的转折，确立了正确路线的领导。

与前几次被迫、仓促的转折不同，西柏坡时期的转折，是中国共产党在革命取得历史性胜利之际，经过深思熟虑、审时度势后自觉主动的转折。

核心是，党的工作重心由过去熟悉的农村，转向陌生的城市，由打碎一个旧世界的革命者转变为建设一个新中国的执政者。

鲜明的前瞻性、全局性和战略性，保证了这次转折的成功，标志着一个革命政党已经成熟地站立在政治舞台上，做好了充分准备，能够自如驾驭激浪中的航船，驶向成功的彼岸。

自觉主动主导了一次革命队伍思想作风上的治“未病”。预防和治疗的“未病”是，骄傲情绪、以功臣自居的情绪、停顿起来不求进步的情绪、贪图享乐不愿再过艰苦生活的情绪；强身健体的“药方”是，“两个务必”的强烈忧患意识，居安思危、永葆本色的理念，以及力戒骄傲、善于学习、永远与人民在一起等弥足珍贵的守成精神。

在历史性的胜利面前，没有陶醉、没有停顿，而是预见到未来的艰辛曲折、时刻保持“人亡政息”的忧患和勤勉奋斗的精神。这一切都说明，与300多年前那次农民军进城迥然不同，中国共产党已经做好了充分准备，满怀信心、胸有成竹地踏上了“赶考”的路程。

到达北平香山别墅后，叶子龙把毛泽东临行前让他带的书拿出来，看到书名是《甲申三百年祭》。

毛泽东和刘少奇、周恩来、朱德、任弼时等中共领袖们，是带着宏大的视野与深邃的思考，肩负着厚重的历史责任感，走上进京“赶考”之路的。

正可谓，“共产党人，未曾掌权，先受戒骄之洗礼；五大领袖，进京之前，相约不做李自成”[①]。

（五）

历史常有惊人的相似。从某种意义上说，西柏坡时期与新时代新时期有着许多相同的特点。

西柏坡时期是无限接近革命成功的时期，中国共产党人将由革命者变为执政者，“我们熟习的东西有些快要闲起来了，我们不熟习的东西正在强迫我们去做”[②]。需要自觉地转折和适应，以肩负起建设一个新中国的历史重任。

在新时代，中国共产党正走过100年的奋斗历程，处于承上启下的关键时期。习近平总书记在党的十九大报告中指出：“今天，我们比历史上任何时期都更接近、更有信心和能力实现中华民族伟大复兴的目标。”

中国共产党人在祖国站起来、富起来的基础上，肩负起强起来和第二个百年奋斗目标的历史重任。

这何尝不是一次重要的转折！虽然时间、空间都发生了变化，但都面临重大的转折任务。

有如登山，越临近顶峰道路越加艰险，攀登者越需要百倍的努力和十二万分的小心。

---

① 摘自梁衡《西柏坡赋》。

② 《毛泽东选集》第四卷，人民出版社1991年版，第1480页。

100 年前，当中国共产党刚刚诞生时，世人在看着，它能不能肩负起民族独立、人民解放的历史责任。

70 多年前，当新中国刚刚诞生时，世人在看着，共产党能不能将一穷二白的旧中国，建设成独立自主、繁荣富裕的新中国，立于世界之林。

70 多年后，当进入新时代时，世人在看着，在世界处于百年未有之大变局的新形势下，共产党人能不能顶住各种挑战和压力，栉风沐雨，砥砺前行，交出一份圆满的答卷，最终使中华民族登上伟大复兴的巅峰。

以史为鉴，可以知兴替。70 多年后，人们重温新中国前夜西柏坡时期那段历史，仍然可以汲取丰富的政治营养；重新感受以“两个务必”为主要内容的西柏坡精神，仍然对今天我们进行的伟大斗争有着强烈的现实意义。西柏坡精神，这座中国共产党历史上的伟大坐标，不仅凝聚着昔日的荣光，而且更能指引我们继续在“赶考”路上创造新的辉煌！

之所以到西柏坡去寻找历史的初心，就是为了更好地牢记今天的使命；柏坡岭上那些红色印记时刻提醒人们：“赶考”正未有穷期，转折任重而道远。

也许这正是在中国共产党建党 100 周年之际，品读西柏坡的意义所在。

第一章

转战之歌——从延安到西柏坡

延安——陕北一座历史名城、中国共产党抗战时期和解放战争初期的首府。

西柏坡——华北太行山下一个普通山村。

历史上两地从无交集，是20世纪40年代中国改天换地的革命，使两者联系在一起。

从延安到西柏坡，直线距离600多公里。这看来不太长的路程，跨越了陕西、山西、河北3省，经过了当时并不相连的陕甘宁、晋绥、晋察冀3个解放区。

今天乘坐现代化的交通工具，沿着高速公路行驶，完成这段路程，只需要七八个小时。

而在战火纷飞的年代，从1947年3月18日撤出延安算起，到1948年3月23日东渡黄河为止，毛泽东、周恩来、任弼时率领中共中央机关转战陕北行程1000多公里、共371天，居住过12个县境内38个村庄。[①]

之后，毛泽东等人又花费65天时间，先后经过临县双塔村、兴县蔡家崖、岚县、神池、雁门关、代县、五台山、阜平县城南庄、花山村等地，于5月27日到达西柏坡。

① 中央文献研究室:《毛泽东传》(二)，中央文献出版社2011年版，第847页。

加上转战陕北的时间，从延安到西柏坡，毛泽东、周恩来、任弼时与中共中央机关人员共计行程2000多公里，共436天时间。

一、寻求之路

时间虽长，却意义重大。

这是一次改变中国前途命运的伟大转战，并以其传奇的色彩而被载入史册。它经历了解放战争最为艰苦的战略相持阶段，人民解放军跨过了“山坳”（两山之间的低下处），进入了战略进攻阶段。

这也是中国革命新的大本营的寻求之路。中共中央背负着历史重任，抗日战争结束、解放战争伊始，她的目光开始投向新中国的未来，需要更为广阔的空间和舞台。

鉴于此，她的指挥所从偏于西北的一隅，转向中国政治、经济、文化的中心区域，选择更便于实施决策的地点作指挥部，则成为一个历史的必然。

毋庸讳言，新的大本营的位置，最初还是朦胧、不确切的。

抗日战争结束时，中共中央新驻地曾首选承德。承德，位于冀热辽与东北的中间地区，是连接华北与东北的主要通道，与苏联有着比较便利的交通，又是解放区，有利于作为中央驻地。为此，中共中央副秘书长兼中央办公厅主任李富春赶到承德，为党中央迁移承德做准备工作。然而形势的发展阻断了这一计划，在国民党军队大批进入东北，交通干线及大城市将为国民党控制的情况下，中共中央决定放弃迁移承德的决定。

不久之后，中共中央又动议迁至离南京很近的淮阴。1945 年 10 月，国共双方签订双十协定后，国内和平一度出现曙光，中共中央认为，如果建立联合政府，中央可考虑南迁，以利于共商国是。淮阴地处华中要地，为苏北、苏中、淮北、淮南的水路交通枢纽，又是华中解放区的首府，因此成为中共中央南迁的优选之地。毛泽东曾半开玩笑半认真地说，南京太热，开会可以去，平时就驻淮阴。为此，中共中央致电陈毅，指出必须巩固华中现有地区，因中央机关将来可能迁淮阴办公。[①] 但很快蒋介石撕毁会谈纪要，悍然向解放区进攻，这个设想自然取消了。

新的寻求并未终止。随着解放战争的发展，特别是 1947 年 11 月华北重镇石家庄的解放，使得晋察冀、晋冀鲁豫两大解放区连成一片，而国民党的军队完全处于守势，龟缩在京津等几个孤立的城市。一个拥有 4300 多万人口、地跨 100 多万平方公里，政治、军事、经济统一，实力较强的华北解放区的出现，为党中央指挥所移驻华北举行了“奠基礼”。

石家庄刚刚解放 1 个多月，1947 年 12 月 25 日，中共中央在陕北米脂县杨家沟召开扩大会议，讨论了目前形势与任务，正式提出“打倒蒋介石独裁政府，成立民主联合政府”[②] 的政治纲领。同时，也为中共中央机关的转移作酝酿。

会后不久，1948 年 3 月 20 日，毛泽东为中共中央起草《关于情况的通报》，告知全党：“目前我们正将晋察冀区、晋冀鲁豫区

---

① 中央文献研究室：《毛泽东年谱（一八九三——一九四九）》下卷，中央文献出版社 2013 年版，第 56 页。

② 中央文献研究室：《毛泽东年谱（一八九三——一九四九）》下卷，中央文献出版社 2013 年版，第 260 页。

和山东的渤海区统一在一个党委（华北局）、一个政府、一个军事机构的指挥之下……该区的领导中心设在石家庄。中央亦准备移至华北，同中央工作委员会合并。”①

这是史料上最早的关于中共中央决定从陕北移至华北的记载。从这一天开始，延安与西柏坡有了紧密联系的可能。

至于具体地点的寻找，则落在了先期到达晋察冀解放区的中央工委身上。

1947 年 3 月 29 日，在国民党进攻延安的枪炮声中，中共中央在陕北枣林沟召开会议。会议在激烈讨论后决定，以毛泽东为书记，与周恩来、任弼时组成中央前委，继续留在陕北指挥全国战争；以刘少奇为书记，与朱德、董必武等组成中央工委，东渡黄河，去华北完成中央委托的工作。4 月 11 日，中共中央决定，组成以叶剑英为书记、杨尚昆为后方支队司令员的中央后方委员会（简称后委），进到临县地区，统筹后方工作。②

枣林沟会议之后，刘少奇、朱德即率中央工委出发，渡黄河，过晋绥解放区，历经 1 个月，于 1947 年 5 月来到晋察冀解放区。

6 月 19 日，毛泽东对中央工委当前的工作明确为 3 项重要任务，“（一）将晋冀察军事问题解决好；（二）将土地会议开好；（三）将财经办事处建立起来”③。

---

① 《毛泽东选集》第四卷，人民出版社 1991 年版，第 1299 页。

② 中央文献研究室：《毛泽东年谱（一八九三——一九四九）》下卷，中央文献出版社 2013 年版，第 178、第 181 页。

③ 政协石家庄市委员会：《转折——1947 石家庄》，中国文史出版社 2007 年版，第 29 页。

天时地利人和。经过聂荣臻建议，中共中央批准，中央工委决定在此展开工作。

中央工委具体驻地设在哪里？刘少奇、朱德的要求是，着眼于形势的发展，要选跟全国各地联系较为方便的地方，也就是交通比较便利，却又不在大平原上。同时，要考虑到中央最后指挥大决战的适当位置。实际上，也是为中共中央寻找新的大本营。

1947 年初夏的一天，河北平山县滹沱河沿岸，来了 3 位策马奔驰的年轻军人，他们是朱德的秘书潘开文、卫士长齐明臣，聂荣臻的副官处长余光文，此行的重要任务，就是为中央工委寻找一个相对稳定的工作地点。

他们走了不少地方，上坡过沟，仔细观察，最后不约而同地看中了一个河水逶迤、绿树环抱的小山村。3 人不敢耽搁，马上向正在晋察冀解放区的中央工委领导刘少奇、朱德汇报。朱老总也很慎重，又派中央工委的秘书长安子文亲自实地勘察，最终确认了这个叫“西柏坡”的地方。

于是，经过短暂准备，1947 年 5 月，中央工委进驻西柏坡办公。同年 7 月，刘少奇为此致电各中央局、分局，“中央工委即正式成立，各处情况及报告望即送工委”[①]。

10 个月后，这里成为中共中央和人民解放军总部进行战略决战、筹建新中国的指挥所。

有人说，西柏坡是一块福地。实际上，中共中央驻地花落西

① 中央文献研究室：《刘少奇年谱（增订本）》第二卷，中央文献出版社 2018 年版，第 252 页。

西柏坡村旧貌

柏坡是多因素比较、考量的结果。重要的是，寻求之路画上了句号，威武雄壮活剧的序幕启帷了。

从某种意义上说，中共奔向西柏坡之路是由国民党反动派逼迫的。

一切要从抗战胜利说起。中国人民经过14年的浴血奋战，付出了巨大的牺牲，赢得了近代百年来反抗殖民主义侵略的首胜。

人民在欢呼庆贺之时，多么希望祖国尽快从战争的废墟上站立起来，和平、民主、建设，是全国上下的一致呼声。然而蒋介石却逆历史潮流而动，于1946年6月撕毁停战协定，悍然发动内战。一时间，古老的中国再次笼罩在血雨腥风之中。

内战之初，蒋介石一副气势汹汹的架势，的确有些吓人。他自恃有430万人的正规部队，加上飞机大炮的美式装备，来势凶猛，妄想用6个月的时间，把解放军主力全部吃掉。

然而，结果与蒋某人的企图恰恰相反。6个月过去了，人民解放军不仅没有被消灭，反而用8个月的时间[①]，歼灭国民党军队71万余人。[②]

蒋介石全面进攻解放区的计划遭到破产，被迫于1947年3月初改为重点进攻。为此，蒋介石派出嫡系爱将胡宗南为总指挥，纠集34个旅约25万人的兵力，从南、北、西3个方向对陕甘宁解放区进攻，企图占领延安，消灭西北野战军，进而将中共中央和毛泽东赶过黄河以东，聚而歼之。

延安，中共中央居住了10多个年头的城市，清清延河水，巍巍宝塔山，那是抗战时期全国人民向往的地方，是一盏耀眼的明灯，给人以光明、温暖和力量，也满载着边区军民们浓浓的情感。面对敌人的猖狂进攻，他们舍不得放弃这块热土，决心誓死保卫延安！

可是，此时延安周边的西北野战军满打满算，也只有3万人。3：25，敌众我寡，这个仗怎么打？

在危急时刻，毛泽东保持着一贯的沉着冷静，他审时度势，力挽狂澜，提出著名的“人地得失论”。

他对延安军民说，敌人要来了，我们准备给他打扫房子。我军打仗，不在一城一地的得失，而在于消灭敌人的有生力量。存

① 1946年7月到1947年2月。

② 中央文献研究室：《毛泽东年谱（一八九三——一九四九）》下卷，中央文献出版社2013年版，第171页。

人失地，人地皆存；存地失人，人地皆失。敌人进延安是握着拳头的，他到了延安，就要把指头伸开，这样就便于我们一个一个地切掉它。要告诉同志们：少则一年，多则二年，我们就要回来，我们要以一个延安换取全中国。[①]

因为敌众我寡，许多人劝中共中央领导机关撤出陕北，东渡黄河到晋绥解放区。为了安定军心，毛泽东坚持最后撤出延安。并且表示，决不离开陕北，要率领中央纵队和陕北的老百姓一起与敌人斗争，什么时候打败胡宗南，什么时候再过黄河。

敌人的枪炮声已经清晰传来，一颗重磅炸弹在王家坪的院子里爆炸，气浪冲进窑洞，击倒了暖水瓶，毛泽东镇定自若，还在批阅文件。

1947 年 3 月 18 日晚，延安军民已撤离完毕，毛泽东在西北人民野战军司令员彭德怀一再催促下，才离开王家坪。临走时，还不忘叮嘱身边人员，把房子打扫一下，文件不要丢失，带不走的书要摆好，马克思主义、列宁主义对胡宗南的军队是有用的。

二、“蘑菇”战术

战略上藐视敌人，并不代表战术上轻视敌人。转战陕北期间，毛泽东再一次表现出敏锐的观察力、缜密灵活的斗争策略和高超的指挥艺术，创造发明了“蘑菇”战术。

① 中央文献研究室：《毛泽东年谱（一八九三——一九四九）》下卷，中央文献出版社 2013 年版，第 176 页。

他告诉西北野战军的彭德怀和习仲勋，以及急于消灭敌人的指战员，在数量和装备都比不上敌人的时候，“我们这次打仗，采用蘑菇战术。你们的任务，是作磨心，牵敌人，磨敌人，使他们疲劳饿饭，再寻机会歼灭它”[①]。

为了实施这一战术，留在陕北的只有800多人的中央纵队，在毛泽东、周恩来、任弼时的带领下，率先与敌人周旋。利用黄土高原沟壑纵横的地形，忽而向东，忽而向西，忽而北上，忽而南下，在敌人的包围圈里迂回穿插、辗转腾挪。胡宗南部队在陕北无数山梁上爬上爬下，几次几乎得手，迂回的我军与尾随的胡军近在咫尺，警卫战士连敌人在对面山梁上的说话声都能听到，但胡军一次次徒劳无功。

毛泽东在转战陕北途中（西柏坡纪念馆供图）

① 中央文献研究室：《毛泽东传》（二），中央文献出版社2011年版，第805—806页。

就在这样紧急的状况下，毛泽东还在密切关注敌情，敏锐地捕捉战机。他再次告诉同样与敌周旋的彭德怀、习仲勋，要忍耐等候，不急不躁，“敌现在已相当疲劳，尚未十分疲劳；敌粮已相当困难，尚未极端困难”，“我之方针是继续过去办法，同敌在现地区再周旋一时期（一个月左右），目的在使敌达到十分疲劳和十分缺粮之程度，然后寻机歼击之”①。

后来的战况，完全是按照毛泽东的设想发展的。

蒋介石麾下的胡宗南，同他的委员长一样，都是好大喜功之人，志大才疏，刚愎自用。

在解放军主动撤出之后，胡宗南得到延安一座空城，毫无收获却大肆庆祝，又是举行记者招待会，又是摆庆功宴。因为实在没有什么缴获的战利品可以展示，胡宗南居然派人穿上解放军的服装扮作俘虏，坐上卡车招摇过市。

蒋介石也飞到这个一直令他恨得牙根发痒的地方，过了一把占领者的瘾。兴奋的蒋介石还特意要到毛泽东住的地方看看。

在枣园，蒋介石终于看见了他的对手毛泽东曾经住过的窑洞。这是一间十分普通的窑洞，与当地农民的窑洞没有任何区别，门窗是没有油漆过的旧木头做的，窑洞墙面剥落，靠窗的那张榆木桌的桌面坑洼不平，简陋的床也是榆木钉起来的。唯一特殊的是，床上多了一张木板，据说因为毛泽东喜欢睡硬床。随从告诉他，这间窑洞的旁边和下面，是周恩来、朱德和刘少奇等人的窑洞，都与当地老百姓的居所一样。

① 中央文献研究室：《毛泽东年谱（一八九三——九四九）》下卷，中央文献出版社 2013 年版，第 182—183 页。

出了窑洞，蒋介石曾与一个村民有过一段对话。

蒋介石问道：“你见过（毛泽东）吗？”

村民答：“是的，经常见。”

蒋介石问：“他穿什么衣服？”

答：“跟那些兵的一样。”

问：“新的还是旧的？”

答：“旧的，袖口打了补丁。”

问：“穿什么鞋？”

答：“布鞋、草鞋。”

问：“他跟你讲话吗？讲些什么？”

答：“讲过。他说额（我）家的红枣好吃哩。”

问：“你送给他的？”

答：“不是，他买的，给了额（我）钱。”

问：“他平时最喜欢吃什么菜？”

答：“南瓜、红辣椒、茄子、西红柿，是他自己的地里种出的，常拿这些来招待人，或送给周围的村民。”

问：“他平时有何爱好？”

答：“散步、逗孩子、开会、听匣子（收音机）。”

问：“他几时睡觉？”

答：“听说晚上不睡觉，早上睡觉。”

听了村民这一番话后，蒋介石沉默许久，神情怅然，若有所失，不知心里作何感想？

被誉为中共情报战线“后三杰”之一的熊向晖回忆，胡宗南在毛泽东的办公桌抽屉里发现一张纸条，上写着“胡宗南到延安，势成骑虎，进又不能进，退又不能退，奈何！奈何！”胡宗南看后尴尬之情难以形容。[①]

更让他日后尴尬的是，熊向晖——自己身边这位备受器重的机要秘书，正是中共领导人周恩来布置的“闲棋冷子”，关键时刻发挥了重要的作用，被人称为“抵得过敌人十个师”。胡宗南的每一道命令，属下的军长还没看到，中共领导人却在第一时间知晓。

只有一件事，使胡宗南的虚荣心得到满足，那就是51岁的他在占领延安后举行了婚礼，兑现了他所谓不占领延安不结婚的誓言。只是心神不定，仓促成行。结婚前一两天，新娘才被他接来，结完婚度了3天蜜月，就被送回南京了。

乐极生悲。胡宗南不知道，从占领延安那天起，他就背上了一个大包袱。优良的武器装备在山沟里发挥不出优势，众多的兵力找不到下手的目标，胡军在无数山梁之间上上下下，部队睡野地，啃干粮，像没头苍蝇，到处乱撞。更糟糕的是，老百姓离心离德、坚壁清野，粮秣难以为继。胡宗南的“好日子”过到了头，接下来，就是他噩梦的开始。

就在胡宗南部队越来越疲劳、粮草越来越短缺的时候，人民解放军一连串凌厉的攻势开始了。

3月25日，西北野战军抓住机遇首战告捷，围歼了胡军第31旅，该旅2900余人全部被歼灭在青化砭地区，俘敌旅长李纪云，解放军取得撤出延安之后的第一个胜利。

4月14日，胡宗南部135旅进入羊马河地区，西北野战军将其包围，激战8小时，全歼该旅4700余人，解放军取得撤出延安

① 熊向晖：《我的情报与外交生涯》，中信出版社2019年版。

后的第二个胜利。

5月2日，西北野战军对胡宗南部重要补给基地蟠龙镇发起突然攻击，战至4日，歼灭守军6700余人，缴获大批武器、装备和给养，解放军取得撤出延安后的第三个胜利。

“三战三捷”，消灭胡军1.4万余人，显示了“蘑菇”战术的有效性，我军磨出了胜利的信心，证明仅用现有兵力，不借任何外援即可逐步解决胡军。[①]

与此同时，胡宗南军队已经有效地被磨掉了气焰与信心，推倒了国民党军队进攻延安失败的“多米诺骨牌”，胡宗南的失败一个个接踵而来。

8月20日，西北野战军在沙家店发起攻击，全歼敌36师主力6000余人。这一仗标志着国民党军对陕北重点进攻的失败，解放军开始转入内线反攻。毛泽东高兴地用湖南话说，我们“过坳”了。

当报捷的电话打到中央纵队临时驻地梁家岔时，毛泽东抓起话机，大声说，“我是毛泽东！”周围的人又惊又喜。自从敌人侵占延安以来，毛泽东一直使用“李得胜”的化名，今天再次说出自己的名字，说明形势大大好转，我们已爬到山顶，敌人走下坡路了！

此消彼长。“蘑菇”战术开花结果，敌人的信心和兵力一天天被磨掉，西北野战军的战斗力却一天天壮大起来，兵力已经从战争开始的两三万人，发展到10多万人，一次战斗歼敌的数量由最

① 中央文献研究室:《毛泽东年谱（一八九三——一九四九）》下卷，中央文献出版社2013年版，第182页。

初的几千人，增加到几万人。到 1948 年年初宜川战役时，已经可以整师、整旅地吃掉敌人了。

至此，陕北大局已得到根本改观。

1948 年 4 月 21 日，时隔中共中央机关主动撤离 1 年零 1 个月的时间，西北野战军正式收复延安，这座光荣的城市重新回到人民的怀抱。

三、黄河东渡

在延河欢唱、人们欢呼的时候，中共中央并没有再回到延安，领袖们的目光已经投向更大的格局，开始考虑全局性的战略进攻，争取更大的胜利。

夺取全国政权，建设新中国的议题，已经历史性地提到了中共中央的重要日程。

实际上，作为一个领袖团队，中共中央和毛泽东在转战陕北、戎马倥偬中，就已开始密切关注整个解放战争的趋势，作出了面向未来新中国的正确部署和方针政策。

1947 年 10 月 10 日，在佳县神泉堡，中共中央选定这个被南京政府确定为“国庆日”的时间，公布了以中国人民解放军总部名义制定的《中国人民解放军宣言》，宣布了中国人民解放军的、也是中国共产党的八项基本政策。

这个宣言，第一次提出“中国人民解放军”的全称，第一次以宣言的形式，郑重向国内外宣布“打倒蒋介石，解放全中国”的口号。

两个“第一次”，振奋了人民，震撼了敌人，在国内外引起巨大的轰动。它向人民大众表明，解放全中国的任务已经历史性地来到了。

两个月后，中共中央在米脂县杨家沟召开扩大会议，向会议提交了《目前形势和我们的任务》的报告。

报告令人振奋地指出：“中国人民的革命战争，现在已经达到了一个转折点。”“这是一个历史的转折点。这是蒋介石的二十年反革命统治由发展到消灭的转折点。”[①]

报告总结了解放军的作战经验、土地改革的经验，提出了“组成民族统一战线，打倒蒋介石独裁政府，成立民主联合政府”的政治纲领，以及“三大经济纲领”，新中国政治、军事、经济纲领和各方面政策框架已初见端倪。

1948 年 3 月 23 日，中共中央和毛泽东、周恩来、任弼时等结束转战陕北 1 年多的征程，告别生活战斗了 13 年的陕北，从吴堡县川口渡口东渡黄河，进入山西临县。

人们都知道，黄河是中华民族的象征，是中华民族不屈不挠、生生不息精神的象征。

> 风在吼，马在叫
> 黄河在咆哮，黄河在咆哮
> 河西山冈万丈高，河东河北高粱熟了
> 万山丛中，抗日英雄真不少
> 青纱帐里，游击健儿逞英豪

① 中央文献研究室：《毛泽东年谱（一八九三——一九四九）》下卷，中央文献出版社 2013 年版，第 259 页。

端起了土枪洋枪，挥动着大刀长矛

保卫家乡，保卫黄河

保卫华北，保卫全中国

《黄河大合唱》，这部由冼星海、光未然在延安创作的气势磅礴的组曲，已经传唱80多年，之所以历演不衰，是因为它以拟人的方式，以黄河为背景和对象，诉说了中华民族反抗侵略的不屈精神，展现了全中国人民抗战必胜的坚定信念。它所产生的精神力量，曾经鼓舞了一个时代，并将继续回响在未来历史中。

黄河还为中国革命作出了重要贡献。抗日战争时期，波涛汹涌的黄河是一道天然屏障，拱卫着陕甘宁边区；解放战争期间，黄河则是通向未来的一架桥梁，是中共走向全国的新起点；跨过黄河，一个个胜利就在前面。

临上渡船之前，毛泽东面对黄河，伫立良久，自言自语：这个世界上什么都可以藐视，就是不可以藐视黄河；藐视黄河，就是藐视我们这个民族啊！毛泽东伟岸的身影与宽阔的黄河融为一体，随行的机要秘书叶子龙用相机拍下这历史的一刻。

蔑视黄河就会得到人民的唾弃。1938年4月13日，蒋介石以抵御日军侵略为名，下令炸开了河南花园口的黄河大坝。滔滔的河水虽然一时阻挡了日寇的侵略步伐，却给豫、皖、苏3省百姓带来深重灾难，造成中外闻名的黄泛区，淹没耕地1200多万亩，89万多人死亡，1200余万人受灾，390多万人流离失所，抗战结束时很多人还陷于水深火热之中。蒋介石得不偿失的逆行，举世震惊，受到全中国人民的谴责。

毛泽东东渡黄河（西柏坡纪念馆供图）

毛泽东对黄河则是有感情的，他曾多次赞美黄河的壮阔、激流的力量和黄河艄公的豪迈。他感念黄河，为陕甘宁边区提供了屏障，哺育了陕甘宁的人民及其军队。毛泽东深情地说："黄河真是一大天险啊！如果不是黄河，我们在延安还住不了那么长时间，日本军队打过来，我们可能又到什么地方打游击去了。过去，黄河没有很好地得到利用，今后，应当利用黄河灌溉、发电、航运，让黄河为人民造福。"①

转战陕北，蒋介石和胡宗南千方百计赶毛泽东到黄河那一边，但毛泽东几到黄河边而未过，即使是最危急的时刻。毛泽东说，长征后，我党像小孩子生了一场大病一样，是陕北的小米，延河的水滋养我们恢复了元气。在人民最需要我们的时候，怎么能离

① 中央文献研究室：《毛泽东传》（二），中央文献出版社2011年版，第847页。

开他们。陕北问题不解决，我决不过黄河。[①]

撤离延安后的1947年8月，中央纵队已经到了黄河边上的岔口，胡军紧追不舍，上有飞机下有追兵，天又下着大雨。胡宗南手下干将刘戡率领着4个旅的敌兵尾随而来，中央纵队只有4个半连的兵力，情况万分危急，众人都劝毛泽东渡过黄河。毛泽东点燃一根烟，一口气抽完，断然下令不过黄河，带着部队掉头向另一座山梁奔去。

毛泽东此时发誓不打败胡宗南不过黄河，那是为了牵动全国的战局，因为不舍陕北的父老乡亲；今天更大的舞台在等待着他，历史需要他跨过这条母亲河。

蒋介石、胡宗南得知毛泽东过了黄河，望河兴叹：今后再没有什么可以困住毛泽东的了；外国评论家预见，中共中央和毛泽东过了黄河，如蛟龙入海，将搅起翻天覆地的大潮。

毛泽东过了黄河，是又一番心境。站在黄河东岸的河滩上，毛泽东用手里的木棍指着东边说，这一次，没有任何力量能够阻止我们前进了。

他知道，跨过黄河向东，前面依次是吕梁山、汾河、太行山、滹沱河，神京锁钥、九省通衢的华北平原已遥遥在望，更大、更艰巨的使命在等待着中国共产党人。

"光明在前"。这一段时间，在毛泽东的笔下，不断出现这样的字句。

转战陕北时，任弼时的儿子远志掏出小本子请毛伯伯题字，后者提笔写了"光明在前"4个字。

---

① 《习仲勋文选》，中央文献出版社1995年版，第470页。

渡黄河之前，叶子龙的爱人蒋英收到了毛泽东为她写的题词“光明在前，努力奋斗”。

在奔向华北途中，给晋绥日报人员题字时，毛泽东同样也写了“光明在前”。

大家知道，这题词既是对革命者的激励和鞭策，也是党的领袖对未来斗争必胜的强烈信念。

通向西柏坡之路已经打通，前途一片光明。

第二章

『石破天惊』——西柏坡的奠基礼

距离毛泽东、周恩来、任弼时等人东渡黄河的地点，向东大约500多公里的地方，有一个原来叫石门、后来称石家庄的城市。这是一个有历史故事的地方。

说起它的历史，说短又很长，有狭义和广义之分。

说短，是因为20世纪初，狭义的近代石家庄本是正定府获鹿县的一个小村庄。只是由于贯穿大江南北的平汉铁路与连接山西河北的正太铁路的修建和交会，使它令人咂舌地迅速崛起，成为一个拥有铁路枢纽的工商重镇。

建市之初，民国政府各取石家庄村和附近休门村一字而称石门，一直延续到日据时期和国民党占领期间，新中国成立后人民政府改名为石家庄。

此兴彼衰。铁路以其生机勃勃的发展力推动了石家庄的崛起，也使离它北边十几公里远、滹沱河旁有1400多年荣耀历史的正定府，渐渐走了下坡路。正定，这个自东晋之后一直是河北中南部郡、州、府、路治所的地方，自铁路兴起之后，逐渐失去了辐射带动力，其中心地位被弱化，石家庄则蜕变为这一带新的政治、军事、经济、文化中心。

说长，是指广义的石家庄这一带（石家庄区域）历史很悠久，建制沿革相对稳定，春秋战国时期的鲜虞国、古中山国，秦汉时期的恒山郡、常山郡、真定国，唐宋时期的恒州、镇州，明清时期的真定府、正定府，与今天的石家庄辖制范围大体一致，当然也有盈缩之时；新市、灵寿、东垣、元氏、真定、正定这些古城，都是它曾经的治所。

“风水轮流转，今日到石门”。从这个意义上说，石家庄（石门）是这一带的新治所，也不由自主地承接了这一带中心城市的地位和功能。

除了重要交通枢纽、华北商埠集散地之外，它最重要的城市属性，莫过于军事重镇了。

偶然中有必然。历史的车轮来到20世纪40年代，石家庄这一城市地位，直接与中共中央移驻西柏坡联系起来。

一、石门，石门

历史上的石家庄人，常以太行和滹沱儿女自称。

这是因为，石家庄地处太行山东麓中段及山前冲积平原的接合部，山区与平原各占50%的面积。太行山中，有一条属于子牙河水系的滹沱河，从晋东北繁峙发源，沿途画了一个大大的“L”形，向南经五台、定襄等晋中之地，折向东进入河北，流经石家庄全境。

太行山山高水长，地势险峻，纵跨冀、晋、豫3省，绵延400多公里。

古来出太行，从北到南仅有8条隘道，谓之“太行八陉”。大山深处的晋中人出太行，也只有八陉之一的“井陉”。而石家庄处在井陉的东端，如同它的旧称石门一样，的确像一道石门，横亘在太行山口，大有“一夫当关，万夫莫开”之势。加之滹沱河水宽浪急，难以逾越，常常阻断南北交通。

因此，石家庄被称为“冀晋咽喉”，南北要冲，依太行而踞平原，扼滹沱而控通衢；明代以后，又成为京畿之地，肩负拱卫皇城之责，自然更成了名副其实的军事重镇，也历来是兵家必争之地。

历史上这里发生过许多与改朝换代相联系的、惊心动魄的大战，留下来一些令人感慨唏嘘的故事。

楚汉相争，在石家庄西部的井陉一带演绎了中国战争史上经典的“背水一战”。汉军大将韩信利用赵军的轻敌，在绵蔓河畔摆下兵家大忌的背水阵，激励 1.2 万多将士置之死地而后生，一举击败赵军陈列于井陉关的 20 多万大军，创造了以少胜多的著名战例。韩信也因此一战成名，被后人称为“战神”。

唐代安史之乱，这里是成德军节度使的辖地，自然是官军与叛军反复争夺之地。官军与叛军在这一带，上演过 3 次惨烈的大战，长达 7 年之久，滹沱河两岸刀光剑影，血流成河。

常山郡太守颜杲卿及儿子在常山城（今正定）拼死抵抗叛军，城破被俘，父子二人宁死不屈。颜杲卿骂不绝口，被叛军安禄山割了舌头，削去手足，儿子也受尽酷刑，一同壮烈殉国。他的从弟、一代书法大家颜真卿，时任平原太守，闻讯满怀悲愤地写下了千古名帖《祭侄文稿》。北宋政治家、民族英雄文天祥在著名的《正气歌》里，列举诸多大义凛然的英烈壮举，有“为颜常山舌”的描写，就是颂扬此事。他还赞扬颜杲卿，“人生谁无死，公死万万年”①。

① 孙万勇：《品读石家庄》，人民出版社 2018 年版。

北宋时期，石家庄一带是农耕民族与游牧民族反复争战对峙的地方。燕云十六州的割让，使河北西路（路治真定，今正定）成为北宋的边塞之地，金戈铁马，烽火连天，生灵涂炭。后宋、辽签订澶渊之盟，以白沟、古恒山（曲阳县大茂山）、南拒马河一线为界，也就是现在的雄安新区附近，杨继业守边关的故事也长久流传民间。南宋年间，金朝开国皇帝完颜阿骨打及其后人，又赶走辽兵，牢牢占据了这里。

近代以来，随着京汉铁路、正太铁路、石德铁路的先后修建，石家庄成为铁路交通十字枢纽，是上京津、下湖广、到晋陕、去齐鲁的要道，地位更加冲要。稍有军事常识的人都知道，谁占领了石家庄，谁就掌控了华北的命门，有了进出南北东西的主动权。

在推翻清廷的辛亥革命中，民主革命义士吴禄贞，曾在此策划与山西新军、驻滦州的革命义军共同直捣清廷的南北夹击起义。

吴禄贞，字绶卿，湖北云梦人。少小立志，为雪国耻，毅然投军，先考入湖北武备学堂，后到日本士官学校学习，是我国第一批赴日留学生。留学时，正值甲午战争后日本利用中国的巨额赔款，一跃成为世界强国，他深感清政府的腐败无能，立下了救国救民的志愿，决心以推翻清廷为己任，走上革命道路。

1911 年 10 月 10 日，敲响清王朝丧钟的武昌起义爆发，极大地鼓舞了全国人民的革命斗志，各地革命党人纷纷起义响应。石家庄作为扼守京汉路、直隶与山西交通的军事要地，成为革命党与满清王朝角斗的舞台之一，一时间风云汹涌。

10 月 20 日，山西革命军击毙清山西巡抚陆钟琦，宣布独立，推举阎锡山为都督。清廷紧急任命时任清军第六镇统制的吴禄贞为山西巡抚，命其进剿山西新军。吴禄贞利用此机会，轻装简从赶到冀晋交界的娘子关与阎锡山谈判。双方一拍即合，燕晋联军宣告成立。推举吴禄贞做燕晋联军大都督，阎锡山、张绍曾（清军驻滦州第二十镇统制）为副都督，温寿泉为联军参谋长，并约定 11 月 7 日凌晨晋军与六镇在石家庄会师，举行起义。成功后，与驻滦州的起义军南北夹击，直捣清廷老巢。

很多人讲，如果吴禄贞的壮举成功，辛亥革命可能早些完成，清廷统治可能早些被推翻。

可惜这一有可能改变历史的壮举，在起事前夜，因吴禄贞被清廷收买的内奸所害，血洒石家庄火车站而告失败，留下了壮志未酬、“出师未捷身先死”的千古之憾。

为表彰先烈，南京临时政府成立后，追授吴禄贞以陆军大将军衔，孙中山亲自撰文哀悼。祭文曰：“荆山楚水，磅礴精英，代有伟人，震我汉声，觥觥吴公，盖世之杰，雄图不展，捐躯殉国。”①

历史不能重演，但民主革命先贤在石家庄留下的伟大精神，值得后人长久地尊敬与怀念。

辛亥革命的成功，并没有使华夏大地国泰民安。在之后连年的军阀混战中，石家庄又是各方拼抢争占之地。“你方唱罢我登场”，“城头变幻大王旗”的大剧不断在这里上演，袁世凯、张作霖、阎锡山、冯玉祥、蒋介石等风云人物及其兵马，都在此留下足迹。

石家庄的知名医生、书法家何子丰，1926 年与叔父在石家庄开设“普惠药房”，亲身经历了民国时期那个兵荒马乱的年代。他

① 孙万勇：《品读石家庄》，人民出版社 2018 年版，第 265 页。

回忆道：

1927年2月，奉军第三、第四方面军开驻石家庄，至9月30日，晋（阎锡山）、奉（张作霖）两军在石家庄对战，先是晋军将奉军击退，后是奉军又攻进石家庄，发生激烈巷战，死伤军人很多，狼藉于街头。1928年5月9日，奉军从石家庄撤退，晋军复进占了石家庄。1年来，晋、奉两军几进几出石家庄，商民所受蹂躏不堪言状，特别是正太铁路中断半年之久，石家庄发生了严重的煤荒。

1928年6月，蒋介石的军队开到石家庄，取消五色国旗，换挂青天白日旗。1930年7月，国民党石友三部队攻进石家庄，奉军飞机连日轰炸，市民死伤惨重，房屋毁坏很多。①

后有人心有余悸地说，那个年代，碰见当兵的，老百姓轻易不敢称呼，只敢叫老总，因为不知今天又换了哪拨军队，生怕叫错了番号挨一顿打。

民国军阀混战刚刚过去没几年，日寇的铁蹄又接踵而来。1937年10月10日，在中华民国成立25周年国庆日，日本侵略军占领了石家庄。为宣传侵华战争的重大胜利，日本画报刊载了那个黑暗时刻的场景。

日寇看中石家庄的战略地位，一直将其视为整个华北地区重要的战略堡垒基地。为了“以战养战”，日军开始大肆扩充军事设施，修建大规模的兵营和集中营，安置重要军事机构，将华北兵力的1/3屯集在石家庄——正太铁路地区，千方百计加强军事

① 政协石家庄市委员会：《转折——1947石家庄》，中国文史出版社2007年版，第185、第186页。

控制。

为弥补没有城墙的缺憾，日军在石家庄强力推行军事城池计划，修建“地下城墙”，即当地百姓通称的封锁沟。封锁沟大体为一个长方形，宽 5 米，深 3 米，全长 3 万多米，其面积约 38 平方公里。石家庄由一座没有城墙的工商业城市，转变成了有地下城墙的军事城池。在地下城墙之外，还修筑了大量炮楼和碉堡，炮楼和碉堡周围设铁丝网，以巩固防守。日军还在市郊的大郭村扩建了军用飞机场，强化与外界的军事联系。

进入解放战争时期，石家庄的战略地位更加凸显。国共双方都不约而同地把注意力投放在这里。因为彼此都知道，谁夺取了石家庄，谁就占有了华北乃至整个北方局面的主动权。

抗战甫一胜利，躲在峨眉山的蒋介石“下山摘桃子”，石家庄被认为是华北较大的一个“桃子”。

庆祝胜利的爆竹声未落，蒋介石先派驻河南的一战区先遣军侯如墉部星夜兼程，抢在八路军前“接收”了石家庄。这时，中共方面任命的以王昭为市委书记兼市长的接收班子，已经到了市郊，准备进城。

王昭，河北平山县人。1932 年 7 月加入中国共产党。抗日战争时期先后任中共平山中心县委书记、中共北岳区第四分区地委书记、中共冀晋区党委副书记兼组织部部长，同时兼八路军冀晋军区副政治委员，参与领导发展扩大冀晋解放区。解放战争初期曾参加军调处执行部驻石家庄小组工作。新中国成立后，曾任公安部副部长、青海省省长。

接着，蒋介石又急令驻西北的国民党第 16 军、第 3 军迅出潼关，疾驰石家庄抢占地盘，先控制平汉铁路和冀晋通道，进而占领了整个华北地区。

在敌众我寡的情况下，王昭等人又被迫撤回解放区根据地。

内战爆发，蒋介石在全面进攻失败之后，把兵力龟缩在重点城市，石家庄就是国民党在华北苦心经营的一个堡垒。

相比于国民党方面的现实性，中共方面对石家庄的重视，则更具战略性和全局性。

内战初期，中共中央和毛泽东从战略全局考虑，通盘谋划，制订出南北两线的作战计划。其中北线提出夺取“三路四城”的计划：准备以晋察冀野战军和晋绥野战军的主力部队协同作战，逐步占领平汉、正太、同蒲三路和保定、石门（石家庄）、太原和大同四城。[①]

这是一个相互联系、互为作用的完整作战方案，石家庄处于平汉、正太两路的交会点，夺取了石家庄，犹如中心开花，无疑有着非常重要的战略意义。

后来，随着战情的变化，“三路四城”计划虽有调整，但毛泽东的目光始终没有离开这座城市，就是在转战陕北的紧张日子里，他也在密切关注北线的战局，不断寻找战机夺取石家庄。

晋察冀野战军更是念兹在兹。大约是1946年10月的一次军事会议上，晋察冀军区司令员聂荣臻分析敌我形势和石家庄的战略地位时说，石家庄是华北的要塞，华北的门户，不能久在敌手，一旦条件成熟，就要坚决夺取之。解放石家庄是我们目前主要战役目标，从现在起，我们的军事斗争和民政工作，都要围绕着夺

① 参见中央文献研究室：《毛泽东传》（二），中央文献出版社2011年版，第783页。

取石家庄来做，这叫有钢用在刀刃上。现在敌我力量悬差很大，石家庄又有坚固的设防，不可轻易去打，要创造条件，只要消灭了第 3 军几个团以后，就可以打。①

二、黎明破晓

机会终于来了。

1947 年下半年，随着人民解放军战略进攻的开始，平汉路的战情发生重大变化。如聂荣臻所说，解放军创造条件，夺取石家庄的计划，正式进入实施阶段。

而条件之一，是将驻守石家庄的部分敌军调出来消灭，以减轻解放军夺取石家庄时的压力。

清风店，保定以南 50 多公里的一个小镇，被解放军确定为“引君入瓮”的歼敌战场。

先用调虎离山之计。10 月上旬，晋察冀野战军以围点打援的战术，发起保（定）北战役，围攻徐水。蒋介石亲自在北平召开会议，下令驻守石家庄的第 3 军疾驰保北增援。

此时的石家庄随着周边地区的解放，已渐渐成为一个孤岛。驻守的是国民党第 3 军，军长罗历戎是胡宗南的属下，还是比较有战斗力的。自抗战结束占领石家庄后，第 3 军一直在此经营“安乐窝”，坚固的防守设施，就像一身铠甲。

离开石家庄，罗历戎很是矛盾，既怕石家庄这个孤岛不好守，想尽快向平津靠拢，又怕出了石家庄无险可守遭到意外。当他听

① 郑维山：《从华北到西北》，解放军出版社 1985 年版，第 90 页。

到解放军用兵徐水，主力在100公里以外的消息时，满以为时机已到，于10月16日，亲率第3军一半的人马，即一个师又一团兵力，从石家庄北上保定增援。

罗历戎哪里料到，出城即是他覆灭的开始。他的行踪早已被解放军掌握，出了石家庄这个堡垒，他的命运已经被紧紧扼住，一步步落入晋察冀解放军张开的覆灭大网中。

罗历戎一出城就步步受阻、行动迟滞，到保定100多公里的路程，3天还没有赶到。原因在于，罗历戎辎重繁多，光在石家庄2年多搜刮的金银细软、古董文玩就装了10余车（他已准备不再回石家庄），还带着一个十三四岁孩子组成的魔术团；更主要的是，沿途解放军的地方部队、民兵层层阻击，地雷战、麻雀战、游击战，使他不胜其扰，步步难行。

而对解放军来说，这个仗打好打不好，关键是时间。因为此时解放军主力距离清风店都在百公里之外，要迅速形成对敌人的合围，真是十万火急！

时任晋察冀野战军司令员的杨得志回忆说，没有别的办法，就靠我们的铁脚板！要强行军，昼夜不停地、高强度地行军！为了尽早一分钟赶到清风店，部队舍去了吃饭和运送伤病员的时间，这些全由地方负责解决。

地方党、政府和解放区的人民，在短时间里为部队准备的一切，是我们没有完全想到的。

解放军行军路上，每隔50米左右就有一口大缸，分别装的是开水、带枣的稀饭、加了糖的玉米粥。缸与缸之间是临时架起的锅灶，锅里贴的是当地老百姓爱吃的玉米饼子，送到战士手里还是热乎乎的！守候在路旁的妇女提着篮子、端着簸箕，里边装着馒头、大饼、红枣和鸡蛋，还有军鞋、毛巾、慰问袋和撕成绑腿那么宽的新布。有些鸡蛋是染红的，老大娘一边往战士手里塞，一边说："这是俺儿媳妇'坐月子'用的，带上吃吧，多杀顽固军保俺过好日子。"[①]

有人民群众做坚强后盾，晋察冀野战军各纵队不怕疲劳，奋力前进，如插上翅膀，一昼夜强行军100多公里，绕过保定从四面八方赶来。19日下午，罗历戎发觉时，已经被解放军密不透风地包围在保定以南的清风店镇里。

迫于无奈，罗历戎仓促在附近的西南河村一带构筑工事，摆了个"梅花桩"式的防御阵形，作困兽犹斗。但运动战是野战军的强项，到手的"肥肉"岂能丢掉！罗历戎四面楚歌，无险可守，国民党派出的援军步步受阻，近在咫尺又不能靠近，注定了灭亡的命运。

惊慌和无可奈何是罗历戎此时的心境，他后来回忆说，战斗打响后，"解放军轮流更番进攻，使该军所占各据点的部队无法喘息"。他即向国民党11战区司令长官孙连仲、34集团军总司令李文请求，速派援兵和空军前来助战，但"直到二十一日上午六时，未见援兵到来"。多次突围未成，"八时许我与李用章（第七师师长）同时被俘。至此北上的第三军第七师、二十二师六十六团及直属队全部被歼。此时国民党空军战斗机四架到战场作了扫射的低空飞行，但已无济于事，战事即告结束，该部彻底干净地被歼灭了"[②]。

晋察冀野战军则大获全胜。在这次战斗中，歼灭了国民党第3

① 杨得志：《横戈马上》，载《杨得志回忆录》，解放军文艺出版社1984年版，第320—353页。

② 摘自《石家庄文史资料》第三辑，第119、第120页。

军主力 1.7 万多人，军长罗历戎也成了阶下囚。

罗历戎的被俘颇富有戏剧性。在所率人马被歼之时，他化装成伙夫混在俘虏堆里，企图蒙混过关，但还是被冀中军区独立 8 旅旅长徐德操认出。

无巧不成书。徐德操与罗历戎是老相识，并且有个“三年之邀”。1946 年国共谈判期间，徐德操担任过军调处执行部石家庄执行小组中共方面的代表，与执行小组国民党方面代表、第 3 军军长罗历戎打过交道。谈判破裂，徐德操离开石家庄时，罗历戎带着胜利者的口吻说，你要在那边过不下去，就到我这里来吧！徐德操用肯定的语气说，不出 3 年，我到俘虏营里找你。罗历戎听后只作戏言。

清风店战役，罗历戎全军覆没，俘虏就有 1.14 万人。清点俘虏时，独独不见罗历戎。这时，徐德操视察俘虏营，看见一个肥胖的俘虏头低低的，脑袋上缠满了纱布，就多看了几眼，越看越觉得面熟，就问，你不认识我了吗？俘虏连连说，啊，徐代表。这个俘虏就是罗历戎。就这样，实现了徐德操对罗历戎的“三年之邀”，不过提前了两年时间。

清风店战役还是一场老乡间的“师徒战”。罗历戎与他的参谋长杨光钰、副参谋长吴铁铮都是黄埔军校的毕业生，与指挥这场战役的聂荣臻将军同是四川人，并且还是师生关系。战败的罗历戎要求与老师见面。当年任黄埔军校政治教官的聂荣臻对他们并没有太多印象，但还是接见了这 3 位被俘的昔日学生。

罗历戎对败于老师心悦诚服，只是以这种方式见面颇为尴尬。难为情之余，罗历戎将石家庄的防守情况和盘托出，同时将第 3 军一支 40 多人的乐队献给老师，算是个“见面礼”。

聂荣臻询问被俘的罗历戎

听到这个消息，晋察冀军区抗敌剧社的音乐队长罗浪喜出望外，他骑着缴获的自行车四处奔走，把已经做了俘虏分散在各地的乐手连同他们的乐器收拢在一起，加上原有的人员组成了华北军区第一支军乐队。

后来，以这支乐队为基础，成立了中国人民解放军的联合军乐团，在开国大典上，由罗浪指挥奏响了庄严的国歌。从这件事上说，罗历戎也算作了一点“贡献”。

这只是一个小插曲。无论如何，清风店大捷撼动了石家庄。守军兵力损失过半，敌我力量对比发生重大变化；被解放军俘虏后又放回城的近千名蒋军官兵更是义务宣传员——解放军并不可怕，缴枪不杀。这一切，使得守卫石家庄的敌军军心动摇，士气低落。

清风店战役为石家庄的解放拉开了序幕，成为解放石家庄的前奏曲。

水到渠成，攻取石家庄的条件已经成熟。

清风店战役刚刚结束 20 天，在陕北杨家沟的毛泽东，即为中央军委起草批复晋察冀野战军乘胜夺取石家庄的请示，指示“以攻石门打援兵的姿态实行打石门”①。

一场围绕夺取石家庄的战役即将打响。这是一场正义与非正义的较量，又是关乎国共两党前途命运的、谁也输不起的战役。

对于国民党来说，石家庄是其北方反动统治大棋盘的重要棋子，是华北的中心城市，是连接京津与中原、西北的纽带，输，则陷入全局的变动；赢，可振奋士气，延缓败局，赢得决战的机会。

对共产党来说，拿下石家庄，就切断了平汉路的联系，使北京、天津、保定之敌彻底孤立，便于我军分而歼之，从而大大加快解放战争的进程。

国共双方虎视眈眈，大战一触即发。

然而，要真正打下石家庄并非易事。此时的石家庄今非昔比。

国民党抢占石家庄的两年多，在日据时代的基础上，对城市防卫体系又作了多层次、立体式的强化。先是修建了以外市沟、内市沟和市区相连的 3 层防御阵地，几丈宽的沟内布满了地雷、尖桩，沟外修筑了 6000 多个钢筋水泥造的地堡和岗楼，后又加上 20 多公里长的环市铁路，日夜有铁甲车巡逻。

清风店战役之后，蒋介石唯恐石家庄有失，接连发电报、下手令给其嫡系部属、守城的 3 军师长刘英。

① 尹浩：《新中国实验田（石家庄 1947—1949）》，河北人民出版社 2017 年版，第 21 页。

蒋屈尊其为"吾弟"，半是笼络半是威吓地称，"党国存亡与革命成败全在石门之得失，务希激励所部团结上下，发挥我总理大无畏之传统精神，尤其主将能抱定不成功便成仁及生而辱不如死而荣之决心，以创全体官兵乃必誓与上官同生死阵地共存亡，且可以以一当百完成歼灭共匪扬光荣之史诗……至应需粮弹与增援各事，皆由（我）中负责主持"，并从外地空投 1 个野炮营和 2 个步兵团到石家庄加强防守。

蒋介石预感到石家庄之战将是一场惨烈的决战。石家庄能否守住，他也没底。不成功便成仁，则是他给刘英的底线。

此时的石家庄守军还在夜郎自大，感觉良好。3 军师长刘英吹嘘石家庄是"铁壁铜墙，固若金汤"，"国军可坐守三年"。

攻城的解放军也遇到了难题。过去擅长的游击战、运动战派不上用场，面对一座设防坚固的大城市，要打的是一场攻坚战，晋察冀野战军还没有成功的战例，甚至是吃了亏的。

之前，晋察冀野战军在攻打大同时，围城月余，虽然也消灭了外围的一些敌人，但没有有效的进攻手段，最终没有拿下坚固的城市，无功而返，还失守了察哈尔的重镇集宁。之后，又不得不撤离张家口。显然，如何消灭敌人的有生力量，是晋察冀部队面临的主要问题。

为此，中共中央给先期到达西柏坡的中央工委的任务之一，就是指导解决晋察冀的军事问题。

中共中央和中央工委对石家庄战役极为重视。朱德总司令亲自部署指导夺取第一座大城市的攻坚战。他亲临晋察冀野战军司令部，参加旅以上干部会议，作了 2 个多小时的报告。

朱老总告诫大家，"要把石家庄当作一所难得的学校，从战争中学习战争”。同时他提醒大家，从日据时代到国民党时期，石家庄的工事修了10多年，拿下石家庄，只有勇敢是不够的，“石家庄战役打的是攻坚战，要勇敢加技术”，并号召以“勇敢加技术”为原则，发扬军事民主，想出攻坚克难的招数。[①]

总司令倡导军事民主，言传身教，“一竿子插到底”，接连到一线部队的连、排、班，与干部战士座谈如何打石家庄，还找俘虏兵了解敌方情况。

10月的一天，“从上午七时半到下午八时，总司令在我旅整整工作了12个半小时。年过花甲的总司令，又骑马又步行，在6个村庄中视察了2个团、2个营和4个连队，并给部队讲了3次话。”晋察冀野战军炮兵旅政治部主任陈靖回忆当时的情形。

朱德视察晋察冀野战军炮兵部队

① 中央文献研究室：《朱德传》下卷，中央文献出版社2016年版，第696页。

普通士兵与最高级将领在即将打响的战场面对面地共商破敌之策，这实在是中外战争史上难见的场景。以至于远在陕北的毛泽东得知朱德到了前线，很不放心，致电刘少奇，叮嘱在作战时，请劝朱德回工委，不要亲临最前线。

朱德还力求精准，与攻城部队一起琢磨难点。与炮兵、工兵干部一起，研究阵地攻坚战；研究如何打低堡、找暗堡的问题；研究如何进行坑道作业和炮兵、工兵如何配合的问题；如何突破内外市沟，演练挖坑道爆破外壕、对付装甲车、打巷战等问题。在朱德的启发下，攻城各部队集思广益，制定了地面进攻与地下坑道推进相结合、步兵与炮兵协同作战、折叠梯子破壕沟、巷战分割歼敌等一系列新式战术，开创性地解决了攻坚战的难题。

与此同时，部队也深入进行了军事和思想动员，消除部分指战员轻敌或信心不足的问题。担任主攻的晋察冀野战军第 3 纵队政委胡耀邦，用生动的语言这样说：

"石家庄不是'钢'家庄、'铁'家庄，也不是'泥'家庄、'土'家庄，石家庄是'石'家庄，石头虽不像钢铁那样坚硬，但也不像泥土那样一击即溃，要捣碎石头，是需要下功夫、用大力气的，只要用力气，它是可以捣碎的。"①

1947 年 11 月 6 日，晋察冀野战军在充分准备后，开始对石家庄发起进攻。虽然遇到一些顽强抵抗，但解放军勇敢的精神加新的攻坚战术，大大加快了进攻的速度，减少了伤亡，不断突破

① 尹浩：《新中国实验田（石家庄 1947—1949）》，河北人民出版社 2017 年版，第 22 页。

敌人一道道防线。11 月 7 日，攻占西北方向的大郭村飞机场，切断蒋军空运渠道；11 月 8 日，拿下市区东北方向的云盘山制高点，摧毁发电厂；11 月 9 日，市区外围据点被扫清，突破外市沟；11 月 10 日，突进市区，开始巷战；11 月 12 日中午，解放军冲进市中心敌核心工事大石桥内，摧毁了敌人的指挥部。

此时，那位宣称“国军可坐守三年”的少将师长刘英，狼狈地藏在指挥部的床下，被解放军揪出来做了俘虏。他早已忘记了蒋介石“不成功便成仁”的训诫，选择保命为上。

一把手枪顶着刘英脑袋，晋察冀野战军第 3 纵队 10 旅政委、新中国成立后曾任北京卫戍区司令员的傅崇碧，让他下令负隅顽抗的部下投降。刘英用颤抖的手在停战书上签了字。这一幕，被新华社特派记者杨朔写成战地特稿，以《床下将军》为题发表在《晋察冀日报》上。

杨朔写道，蒋匪 32 师少将师长刘英被送到旅指挥所时，解放石门之战正在市中心的大石桥前展开。这一带是蒋匪认为不可攻破的核心工事，现在却变成被聚歼的核心了。刘英 40 多岁，长脸，高颧骨，瞳仁灰暗无光。满身灰尘，原来他是被从大石桥下的师部地下室床下拖出来的……

战斗在当天（12 日）正午 11 点胜利结束。到此，蒋匪 3 军的全班人马从匪军长、师长、团长，直到伙夫、马夫，除已经打死的外，全部被我活捉。13 日，蒋匪国防部新闻局局长郑文仪于记者招待会上说：“石家庄国（匪）军由于战略关系，主力早已转移。”的确，现在已经全部“转移”到解放区了。

至此，人民解放军用 6 天 6 夜时间，解放了石家庄，全歼守敌 2 万余人。

解放军冲向敌人核心工事

直到这时，被俘虏的刘英还懵懵懂懂。晋察冀野战军第4纵队司令员曾思玉问他有什么感想，他说，万万没有想到解放军打得这么快，我想起码得2个月。

他哪里想得到，6天与60天，不仅仅是时间的差距，更是双方意志品质和战争智慧的比拼。武器装备是决定战争胜败的重要因素，但不是决定因素，决定的因素是人，是代表正义、勇敢、智慧和训练有素的人。

石家庄是人民解放军战略进攻之后，夺取并保有的第一个大城市。晋察冀野战军也由此走上了大规模作战、攻城拔寨之路，彻底扭转了战争初期不能歼灭敌人有生力量的局面。

捷报飞来，朱德总司令诗兴大发，挥笔写下《七律·攻克石门》："石门封锁太行山，勇士掀开指顾间。尽灭全师收重镇，不教胡马返秦关。攻坚战术开新面，久困人民动笑颜。我党英雄真辈出，从兹不虑鬓毛斑。”[①] 朱老总付出的心血，终于收获了胜利之果。

毛泽东则立即发来贺电，并为《人民日报》撰写社论指出，这是一个重要的胜利，并且是今后一系列胜利的开端。

与人民大众的热烈欢呼相反，蒋介石的心绪极为恶劣，他在《本月反省录》中写道，“石家庄的陷落，使得北方之民心士气完全动摇”。他已经感觉到，在战争失败的下坡路上，国民党的战车滑得越来越快了。

石破天惊。一城破，全局动。作为“攻坚第一城”的石家庄战役，在解放军光荣战史上写下浓重的一笔，具有重大军事意义。核心的是，它提供了攻坚战的范例，标志着人民解放军的战略战术有了一个质的飞跃，实现了由游击战、运动战向攻坚战的转变；壁垒坚固的城市，再也不是解放军不可逾越的障碍，南北方一个个更大的城市将被他们攻占。

正如朱德指出的，石家庄战役的政治意义在于，打破了蒋介石集团散布的解放军“打不下大城市”的谬论，“敌人因此失掉了、动摇了保卫大城市的信心，保定、北平的敌人怕得很厉害，我们自己却有了打大城市的信心，以后还可以像这样打下第二个、第三个，以致许多的‘石家庄’”[②]。

中共中央军委将石家庄攻坚战的经验，作为“夺取大城市之创例”，推广到各野战军和解放区，并在后来解放运城、临汾、洛阳、开封、襄阳、济南、四平等一系列城市的战役中开花结果。

---

① 孙万勇：《品读石家庄》，人民出版社 2018 年版，第 58 页。

② 尹浩：《新中国实验田（石家庄 1947—1949）》，河北人民出版社 2017 年版，第 31 页。

“从此，已经没有什么国民党的设防城市打不开的了。”[①]

更重要的是，解放了的石家庄，犹如在华北中心开花，拔除了平汉路上的隔断，使晋察冀解放区与晋冀鲁豫解放区连成一片。北方的军事政治格局发生重大变化，人民解放军已经在华北站稳了脚跟，也直接为中共中央移驻华北、移驻西柏坡举行了奠基礼。

大凡一个指挥部地址的选择，通常有安全和便利两个主要因素。而石家庄在一定程度上，都满足了这两个因素。

西柏坡地处太行山中，地势安全，易于隐蔽，离此 90 多公里的石家庄地处华北平原交通十字线上，有较为完善的城市功能和服务设施，可以提供坚强的护卫和有力的联勤保障。两者互为依托和支撑，不能不说是天时地利，得天独厚。

中共中央在农村最后一个指挥部选择在石家庄附近的西柏坡，也就是一件顺理成章、水到渠成的事了。

三、惊为天下先

1948 年 5 月 27 日，在石家庄解放半年之后，毛泽东到达西柏坡。

在离开延安、经历一年多的转战后，中共中央和人民解放军终于有了一个相对安全稳定的环境，得以继续改天换地的伟业。

后来形势的发展，完全证明中共中央决策的正确性。石家庄为党中央在西柏坡指挥战略决战、绘就蓝图，筹建新中国，提供

① 中央文献研究室：《毛泽东传》（二），中央文献出版社 2011 年版，第 864 页。

了政治上安定、军事上安全、经济上保障等全方位的条件，作出了这座城市独特的贡献。

石家庄是拱卫西柏坡的坚强屏障和可靠“门户”。

石家庄解放不久，国民党不甘心这座城市落入共产党手里，又企图破坏中共中央领导机关，派飞机多次轰炸石家庄市，疯狂破坏正在恢复的工矿企业和城市设施，人民生命财产遭受严重损失。仅从 1948 年 4 月到 12 月，长达 9 个月的时间，在北平的傅作义部就派出飞机共 87 架次、轰炸袭扰石家庄 46 次，造成近 300 军民的伤亡，炸毁房屋 2200 多间，铁路大厂、大兴纱厂、井陉煤矿等一批企业遭受重大损失。

在缺乏有效防空武器的条件下，石家庄军民同仇敌忾，顽强抗敌，不畏艰险，坚守岗位，顶住了压力，没有退缩半步。正太铁路、平汉铁路、大兴纱厂、炼焦厂、井陉煤矿、发电厂、自来水公司，在最紧张的备战中也没有停止运输和生产。城市虽然遭受重大损失，但依然正常运转，社会稳定，西柏坡需要的人力、物资、电力、交通和情报信息没有中断，敌人企图摧毁石家庄而截断中共中央对外联系的梦想破灭。石家庄这个党中央的“门户”仍然坚不可摧，通向西柏坡之路依然畅通无阻。

隐蔽战线的斗争同时在进行中。中共中央机关和毛泽东进驻西柏坡，使石家庄的战略地位更显重要。国民党蒋介石集团处心积虑，除了派飞机轰炸、派地面部队偷袭，妄图通过石家庄，进犯西柏坡之外，还频繁派特务人员潜入石家庄刺探中共中央机关情报，伺机搞暗杀破坏活动。

深挖“钉子”，清理、破获敌特组织，成了当时石家庄保卫西柏坡的特殊重要任务。

解放前的石家庄，是个特情十分复杂的城市。抗日战争结束、国民党接收后，石家庄成为华北地区的反动堡垒之一，特务满天飞，有国民党中统、军统的，有国民党市县党部的，有隶属于平汉铁路和三青团的。还有地方保安团、还乡团、党政工作队，也都搞特务情报活动，总计有 7000 多人。石家庄刚刚解放，清查任务异常繁重。

为此，刘少奇亲自帮助石家庄求援。他致电叶剑英、杨尚昆、李克农等人：石家庄是华北最大的特务据点之一，现正集中力量发动群众肃清特务……李克农是否可再派干部前去帮助工作。[①]

老的敌特分子在肃清，新的还在产生。石家庄解放后，国民党反动派仍不甘心失败，还在千方百计搞特务活动。当年从中央社会部调往石家庄接任公安局局长的陈叔亮回忆，各个特务系统纷纷从国民党还占领的北平、保定、新乡等地往石家庄派遣特务，计有：华北“剿总”六处二组、二处七组、三处军事组，国防部第二厅军事联络组、第二厅保密局保定站、0760 部队保定组、华北“剿总”技术大队、空军情报组、河北省政府统计处、河北省第八专署、暂编新二军谍报队、人民自救先锋、北平党员通讯局、空总、国防部绥靖总队新乡指挥室等。

这些特务组织和特务分子活动任务，除了发展组织、刺探情报、组织策反外，还有更重要的阴谋活动，就是伺机潜入解放区进行暗杀活动，或指引敌机，企图轰炸中共中央、中央军委驻地。

面对如此复杂的斗争形势，石家庄市党政机关和公安部门紧

① 中央文献研究室：《刘少奇年谱（增订本）》第二卷，中央文献出版社 2018 年版，第 288 页。

紧依靠人民群众，加强侦破斗争，破获敌特案件多起，抓捕敌特首要分子，持续给敌特破坏活动以沉重打击。特别是破获了北平敌特机关派遣来石刺探中央机关情报、派飞机来石轰炸的重大案件；挖出了藏在晋察冀边区企业内侦测中央领导行踪的敌特分子。还一举摧毁了敌特派到西柏坡附近进行暗杀活动的“八一三”组织，彻底清除了分布在石家庄周边针对西柏坡的特务网络。这个特务组织，先后派多人到平山县一带侦察，企图为国民党飞机轰炸中央机关指示目标，危害极大。

石家庄解放初期，专政机关与人民群众密切配合，先后抓捕国民党特务分子400余人，打了一场漂亮的歼灭战，有力地保卫了西柏坡的安全。

在这场没有枪声的战斗中，打入国民党军统内部任中校组长的我党情报人员李智，机智勇敢，利用假身份和掩护手段，多次截获敌特重要情报，还进入敌占的北平、保定等地，诱捕已经逃跑的国民党原驻石家庄的高级特务任福如、赵振华等人，对敌特在石家庄的组织和活动，给予了摧毁性的打击。这段精彩的侦破故事，新中国成立后被改编为电影剧本《虎穴追踪》，影片上映后，风靡大江南北。

斗争还没有结束。1948年10月下旬，蒋介石为挽救败局，又命国民党傅作义军从北平派重兵偷袭石家庄，企图一举破获中共中央首脑机关。傅作义任命94军军长郑挺锋为总指挥，骑4师师长刘春芳、新2军暂32师师长刘化南为副总指挥，率3个军、10个师、1个旅共10万兵力，并配属爆破队及汽车500辆，携带100吨炸药，分偷袭、策应两个梯队，从北平、涿州地区沿平汉线及两侧，兵分3路秘密向南开进。傅作义甚至还计划占领石家庄后，由竹生任市长、刘化南任守备司令。

此时，华北野战军主力远在几百公里外的察哈尔、绥远地区作战，石家庄、西柏坡及其周围解放军兵力空虚，只有少数警卫部队。

危急时刻，石家庄人民紧急动员起来，全民皆兵，护厂、护路，一两天内组织起以工人、普通市民为主的治安护卫队 4500 多人，疏散设备、物资 1 万多吨；郊县的民兵则与晋察冀野战军一起，在平汉路沿途层层阻击进犯之敌。

在西柏坡的毛泽东则以超常的勇气和智慧，用如椽的大笔，连发 4 篇新华社电讯，揭露蒋傅军的阴谋，吓退敌兵，唱了一出现代版的“空城计”。

毛泽东在第 4 篇电讯稿中以嘲弄的口吻写道，这里发生一个问题：“究竟他们要不要北平？现在北平是这样的空虚，只有一个青年军二〇八师在那里，通州也空了，平绥东段也只有稀稀拉拉的几个兵了。总之，整个蒋介石的北方战线，整个傅作义系统，大概只有几个月就要完蛋，他们却在那里做石家庄的梦。”[1]

蔣傅匪妄圖突擊石家莊
我軍嚴陣以待決予殲滅
【新華社華北二十五日電】確息：當我解放軍在華北和全國各戰場連獲巨大勝利之際，在北平的蔣匪介石和傅匪作義，妄想以突擊石家莊破壞人民的生命財產。據前綫消息：蔣傅匪首決定集中九十四軍三個師及新二軍兩個師經保定向石家莊進襲，其中九十四軍已在涿縣定興間地區開始出動 消 又稱：該匪部配有汽車，並帶有炸藥，準備進行破壞。但是蔣傅首此種窮極無聊的舉動是注定要失敗的。華北黨政軍各首長正在號召人動員起來，配合解放軍，堅決、澈底、乾淨、全部地殲滅敢於冒險的匪軍。

毛泽东为新华社写的电讯稿

① 《西柏坡历史》，中央文献出版社 2013 年版，第 115 页。

为了配合这出空城计，打入石家庄军统组织内部的李智等人，从10月24日至11月6日，用军统在石家庄的电台，围绕石家庄地区解放军的兵力调动、民兵动员情况，向北平国民党方面发送假情报17份之多，使国民党相信石家庄不是一个空城，而是已经有所准备。

偷袭石家庄的傅作义原本信心不足，听到广播和接收到的情报，又闻悉我野战军第3纵队已迅即赶到，十分惧怕重蹈罗历戎第3军被歼的覆辙，更加忐忑不安。此时，阵前大将郑挺峰也出了“情况”，他闻讯其堂弟郑庭笈（中将军长）在辽沈战役中阵亡（实际是被解放军俘虏），想以母病重为由请求调离。傅作义内外交困，便急令偷袭部队赶快收兵回家。其中一部撤退到徐水时，被解放军团团包围，南北夹击，聚而歼之，损失了官兵3700多人、汽车90余辆、战马240多匹及其他大宗作战物资。

“偷鸡不成蚀把米”。蒋介石和傅作义精心策划的偷袭石家庄、捣毁中共统帅部的阴谋，就这样破产了。石家庄转危为安，西柏坡安然无恙。

敌兵退却不几天，恰逢石家庄解放1周年。亲历这场斗争的聂荣臻，发表了文章《石家庄永远是人民的》。文中充满自豪地说，石家庄，这人民的城市，紧紧掌握在人民手中，对蒋傅匪来说，是永远可望而不可即的……华北军民将以石家庄为出发点，迈向平津解放、全华北解放，以及配合其他友邻区人民解放军，迈向全中国解放的胜利大道。①

① 西柏坡纪念馆：《西柏坡记忆》第二卷，中央文献出版社2010年版，第43页。

石家庄还成为进出西柏坡的中转站和对外窗口。

中央机关来到西柏坡之后，和石家庄之间连接起一条桥梁和纽带。那时人们称西柏坡是“西边”，石家庄是“东边”，骑马、坐车当天就能往返，人流、物流、信息流快捷方便，源源不断。

中央领导和机关干部到各地去公干，各解放区、野战军的领导来西柏坡开会、汇报工作，都要在石家庄打尖落脚。

与紧张的战斗环境相比，这里是一个稍事休憩之地，可以顺便在繁华的街市上买些必要的生活物品，与警卫员一起用结余的伙食尾子打一次“牙祭”，吃些烤红薯、缸炉烧饼、饸饹、扒糕等美食解解馋。

许多民主人士和国际友人来西柏坡，也是先飞到石家庄，再乘车去西柏坡，其中包括斯大林派来与中共中央会谈的苏联领导人米高扬，促成北平和平解放的爱国将领傅作义，以及由颜惠庆、邵力子、章士钊、江庸等人组成的“上海人民和平代表团”。

作为苏共中央和斯大林的代表，米高扬对这次西柏坡之旅印象深刻，对于毛泽东与他比吃辣椒的情景念念不忘。同时，他沿途随机走访了一些村子，就西柏坡老百姓对共产党的信任与拥护赞叹不已。

如今在石家庄市西建街，还有一处不起眼的小院，曾经做过当年的石家庄市政府交际处，对外代号“309号院”。这个由日本人修建、后为正太铁路局局长公馆的院落，曾经接待过毛泽东、刘少奇、周恩来、朱德、任弼时中央五大书记，以及彭德怀、邓小平、陈毅、刘伯承、董必武、聂荣臻、徐向前、李先念等老一辈革命家，可谓“卧虎藏龙”之地。

新中国成立之后，他们中间有两位又来到石家庄短期居住。

毛泽东、陈毅居住过的小白楼

一位是毛泽东，1951年2月至4月，抗美援朝战争局势稳定后，毛泽东利用休养时间来到石家庄，边休养、边审定《毛泽东选集》第一卷，居住在一个叫做小白楼的地方。18年后，陈毅元帅在"文化大革命"期间来到石家庄车辆厂参加劳动，同样住在小白楼。此地与"309号院"咫尺之遥，不知道两位老人家是否故地重游。

石家庄还是中央机关重要的后勤保障基地。这座城市尽其所能，为党中央运转提供优质的物资和服务。

有着丰富煤资源和水资源的石家庄，为党中央办公生活提供了充足的能源。1948年1月，利用落差水流和一台老式德国发电机，平山县沕沕水发电站正式发电。朱老总亲手打开水门，拉下了电闸，一股电流翻山越岭进入柏坡岭，西柏坡成为第一个通电的革命圣地。毛泽东和他的战友们告别了井冈山时期的马灯、延安窑洞的煤油灯，在明亮的电灯下，书写着改变历史的雄文。

平时，石家庄每天还有马车、汽车、胶皮车载着大量的日用品和其他物资，源源不断运往西柏坡。包括毛泽东和其他中央领导在西柏坡用的办公桌、沙发和公文橱，以及人们熟悉的那张帆布躺椅。

此外，石家庄还在中共中央的直接领导下，承担起试验田和摇篮的任务，为中华人民共和国的建立做准备。接收管理城市做法，基层民主建设经验，陆续从这里走向全国刚刚解放的城市，发挥着积极的引领作用。

1947 年至 1949 年，石家庄是一座充满朝气与活力、勤勉且高效的城市。它摆脱了自开埠之日起，就一直被帝国主义、殖民主义、军阀集团争夺的欺压与困扰，第一次按照人民的意愿，在解放了的大道上迅跑，为正义的事业而发力。

西柏坡的灯光愈加明亮，战略决战的捷报纷沓而来，新中国的曙光喷薄欲出。

第三章

因时谋策——天下归心的要义

许多中外政治家评论，中共之所以取得解放战争的胜利，一个重要的原因，是在西柏坡时期下了一盘赢得民心的“大棋”——土地改革。这是一个十分客观而准确的评价。

毫不夸张地说，土地改革的成功，有其载入史册的里程碑意义，不仅为解放战争的胜利，而且为新中国社会长期稳定、长远发展奠定了政治、经济和社会基础。同样，也为中国共产党夯实了全面执政的群众基础。

不过，中共这盘“大棋”，并不始于西柏坡。诞生在半殖民地半封建、以农民为主体社会的中国共产党，从成立那天起，就把开展土地革命、解决土地问题作为重中之重的任务，贯穿革命奋斗的全过程。

而在西柏坡时期，中共下出的则是关键的“胜负手”，连接起一条不可切断的“大龙”，最终取得了具有历史意义的完胜。

胜利来之不易。早已实现工业化的西方国家无法理解中国土地改革的复杂性。因为土改直接涉及中国亿万人的根本利益，搞得好，万民皆大欢喜，天下归心，社会稳定发展；搞不好，就会扰乱阶级阵营，造成社会撕裂，影响国家安定，带来不可估量的损失。

这种特殊性，客观上要求在进行土地改革时，必须采取符合实际的正确的政策策略。

因时谋策，乃天下归心之要义。西柏坡时期，在全国兴起的土地改革运动这盘大棋之所以取胜，恰恰是因为中国共产党人从实际出发，牢牢把握正确方向，精准制定政策、及时调整策略。

而这种政策策略意识的确立和坚持，也为共产党人接收管理城市、制定正确的经济政策发挥了重大作用。

一、“命根子”之争

土地，中国有史以来，就是这个农民占大多数的社会的“命根子”。

《管子》认为，“地者，万物之本原”，“夫民之所生，衣与食也；食之所生，水与土也”。土地对于农民来说，就犹如植物与阳光雨露、鱼儿与水一样重要，须臾不可离开。有了土地，就有了粮食；有了粮食，人们就能活下来，社会才能延续下去。

可悲的是，中国土地占有不均，自奴隶社会起延续几千年，地主阶级少数人占有大多数土地，贫困农民多数没有或有很少土地，是一种社会常态，由此成为产生阶级、阶级冲突和斗争的直接源头。

于是，土地均分，耕者有其田，是几千年来农民最大的渴望。

中国改朝换代的历史说明，最能拨动人们神经的就是土地，最能引起革命的也是土地。起义的农民、叛变的士卒、市井的流氓，以及政治失意者、宫廷野心家，只要一挥动起“均田”的大旗，身边马上就会聚集起大批的追随者。

中国社会的发展史，某种程度上可以说是围绕土地争夺的革命史、换代史，也是不断回到原点的循环史。因为，只要封建地主阶级当权，包括那些造反成功、很快又蜕变为剥削阶级的既得利益者，不可能“自我革命”，让穷苦农民的希望变为现实。

明朝农民起义军领袖李自成，打出“均田免粮”的旗号，迅速唤起了千千万万的农民追随。起义军席卷大半个中国，喊着“迎闯王、不纳粮”的口号，攻进北京城，推翻了朱家王朝。可那些美好的愿景还没有着手实施，由于新政权自身的内乱和腐败，就烟消云散了。

自称“受于天命”的天王洪秀全，在太平天国时期，也颁布了《天朝田亩制度》，给千百万穷苦的百姓带来了无限的期望，最终也只是画了一个大大的“饼”。天朝的首领因为胜利果实分配不均，先腐败起来，需要更多的财富供他们享受，根本无暇、也不可能推行均分土地的改革。

近代民主革命的先行者孙中山，也把“平均地权”“耕者有其田”主张，作为三民主义之一民生的主要内容，并且毕生追求。他在家乡香山县（今中山市）翠亨村时，就调查过土地的占有情况，发现80%的土地被不到百分之十几的富豪占据，80%以上的贫困农民只能靠租种地主的土地为生，因而下决心实行“平均地权、节制资本”的革命纲领。可是，他一生忙忙碌碌，为生存和革命而奔走，从未有机会真正实施自己的主张。

他刚刚去世、尸骨未寒之际，代表大地主、大资产阶级利益的蒋介石就发动了四一二反革命政变，其不利于地主阶级的“耕者有其田”的土改，自然就名存实亡了。

蒋介石背叛了三民主义的主张，极力维护封建土地所有制，甚至不承认中国存在农民土地问题。1933年蒋介石曾说过，今日中国之土地不患缺乏，亦不患地主把持，从理论上彻底否定了土地改革的必要性。不仅如此，红军长征后，国民党还帮助地主反攻倒算，对已经进行土改的苏区，实行“地归原主”。

真正的希望来源于1921年7月。在上海法租界望志路106号（今兴业路76号）的一个石库门里、继而在嘉兴南湖那条红船上，由13个代表参加的中国共产党一大召开。中国劳苦大众千百年来，第一次有了代表自己利益的革命政党，遥不可及的“耕者有其田”的大同社会目标，有了实现的希望和可能。

中国共产党之所以从小到大、从弱到强、最终取得胜利，是因为她一直把土地问题当作中国革命的根本问题，十分明确地主张彻底推翻封建地主土地所有制，实现耕地农有。初心就是为劳苦大众谋利益，让农民翻身做主人，而让一切没有土地的农民都有土地，则是一个基本的使命。

为此，她经过无数风雨曲折，为土地“回家”而展开的革命运动此起彼伏，持续奋斗了28年，直到新中国成立。

中共最早发动的农民运动在广东，最早的农运领袖，是处在今天大亚湾合作区的海丰县人彭湃。

彭湃是当地一位富家公子，也是位传奇的共产党人。他忠于理想，以改变不公平的社会为己任，毅然放弃优渥的生活，革了自己家庭的命。为了取得农民的信任，他把家里分给自己的地契租约当众付之一炬，田地全部分给佃户，被农民称为“彭菩萨”。

彭湃在海丰县成立了全国第一个农民协会，建立了全国第一个苏维埃政权。他主持制定了《没收土地案》，宣布实行土地革命，烧毁地主的所有田契、租簿，取消旧债、旧租等一切债务，按照人数、劳力、家庭经济和土地肥瘠分配田地，实现了“耕者有其田”的理想。这是中国实行土地革命的伟大开端，为中国共产党领导土地革命运动积累了经验，也为全国的农民运动提供了借鉴。

彭湃倾其一生都奉献给了“耕者有其田”的理想。为此，他先后担任了广东省农民协会会长，中共中央农民运动委员会委员长，开办了农民运动讲习所，培养了大批的农民干部，在全国布下了土地革命的星星之火；为了捍卫土地革命成果，他带领亲属拿起枪杆子投身战斗，有 6 位亲人包括自己的妻子，都血洒在土地革命的道路上，后来他牺牲时仅有 33 岁。

当时在上海中共中央机关工作的周恩来，总结彭湃战斗的一生，挥笔写下悼词：“谁不知广东省彭湃，谁不知彭湃是中国农民运动的领袖！”

后人评价，他是一个生死于理想的人，他靠理想活着、工作着，最后也为理想欣然死去。

受彭湃革命行动影响，海陆丰地区加入苏维埃政权土地革命的仁人志士数不胜数。另一位有影响的人物是彭湃的亲密战友方凤巢，惠来县清末一个穷秀才的独生子，后来成为中国共产党早期党员，惠来县委和县苏维埃政府主要领导人。

方凤巢一生都在为土地革命打拼，最终把生命献给土地革命。1928 年春，彭湃带领东江特委机关、中国工农红军第 4 师部分队伍转移到惠来，领导农民暴动。惠来县委在方凤巢的领导下，出色地指挥赤卫队和农民配合红军作战，连克葵潭、隆江等军事重镇和封建堡垒。

同年 3 月上旬，彭湃决定攻打惠来县城，实行总暴动的计划。

以方凤巢为首的惠来县委，在短期内，在全县范围组织起庞大的农民武装，发动潮阳、普宁2县近10万人配合红军作战，于该月中下旬，两度攻克惠来县城，击溃国民党11军2个团及1个独立营，并成立惠来县苏维埃政府。

同年9月29日，国民党派重兵围剿东江特委驻地羊公坑，为掩护特委机关和彭湃转移，方凤巢率领惠来县委负责人及警卫人员浴血奋战，不幸中弹牺牲，时年36岁。

第一个苏维埃政权虽然失败了，但它留下的土地革命的火种并没有熄灭。在中国共产党领导下，土地革命蓬勃兴起，全国陆续创建了许多个红色根据地。它们是：

以毛泽东、朱德为领导人创建的井冈山革命根据地。

以方志敏、邵式平、黄道为领导人创建的闽浙赣革命根据地。

以张国焘、徐向前为领导人创建的川陕革命根据地。

以冯白驹、李振亚为领导人创建的五指山革命根据地。

以郭述申、许继慎等为领导人创建的鄂豫皖革命根据地。

以邓小平、张云逸、韦拔群等为领导人创建的广西右江革命根据地。

以王首道、任弼时为领导人创建的湘赣革命根据地。

以刘志丹、谢子长、习仲勋为领导人创建的陕甘宁革命根据地。陕甘宁革命根据地为红军长征提供了落脚地。

以程子华、吴焕先、徐海东为领导人创建的鄂豫陕革命根据地。

以贺龙、周逸群、邓中夏为领导人创建的湘鄂西革命根据地。

以任弼时、萧克、王震、贺龙等为领导人创建的湘鄂川黔革命根据地。

几乎与彭湃开展土地革命的同时，在离广东不远的湖南，也有一位搞农民运动的革命者，他就是湘潭县人毛泽东，也曾担任广州农民运动讲习所的主任兼老师。

与彭湃不同，毛泽东是农民的儿子，更加感同身受地了解农民，了解他们的渴望，因而也很早就懂得土地问题的重要性。毛泽东说过，中国革命的中心问题是农民问题，而农民的中心问题是土地问题。

因此，毛泽东投身革命初期，就开始关注农民运动和土地改革问题，第一次国共合作时期，担任国民党中央的农民运动委员会委员。1926年11月，中共中央决定组成中央农民运动委员会，毛泽东任书记。可以说，他是中国共产党最早的农民运动领导人之一。

当北伐战争节节胜利、湖南农民运动蓬勃兴起时，毛泽东就以极大的热情给予鼓励，发表了那篇著名的《湖南农民运动考察报告》，为农民革命运动正名，驳斥“糟得很”，疾呼“好得很”。

他极为振奋地写道：“孙中山先生致力国民革命凡四十年，所要做而没有做到的事，农民在几个月内做到了。这是四十年乃至几千年未曾成就过的奇勋。这是好得很。”①

针对攻击农民运动是“痞子运动”“糟得很”的论调，他针锋相对地说：“革命不是请客吃饭，不是做文章，不是绘画绣花，不能那样雅致，那样从容不迫，文质彬彬，那样温良恭俭让。革命是暴动，是一个阶级推翻一个阶级的暴烈的行动。”②

其实，暴烈并不代表蛮干。人们只记得毛泽东那句“不能那

① 《毛泽东选集》第一卷，人民出版社1991年版，第15—16页。

② 《毛泽东选集》第一卷，人民出版社1991年版，第17页。

样文质彬彬，那样温良恭俭让”的充满“虎气”——雄壮威武的警句，而很少记得毛泽东在《湖南农民运动考察报告》之前，还有一篇《中国社会各阶级的分析》的文章，相对应地带有“猴气”——原则下的灵活性。毛泽东后来也说过，在我身上有些虎气，是为主，也有些猴气，是为次。[①]

在这篇被收入《毛泽东选集》首篇的文章中，毛泽东十分冷静地分析了中国社会各阶级的经济地位和对革命的态度，回答了谁是真正的朋友，谁是真正的敌人的问题，对应当怎样分别对待的策略问题，作了清晰的阐述。

此时的毛泽东已经认识到土地问题的复杂性，深知要有斗争精神，更要有正确纲领和政策。此后，他更加关注土地革命的斗争与政策策略问题，不断深入研究。

1927 年 4 月，在国民党中央土地委员会第一次扩大会议上，毛泽东就巩固农民政权、没收和分配土地等问题，提出解决土地问题应有一个纲领，内容包括：（一）解决土地问题的意义；（二）土地没收的标准和分配的方法，这是解决土地问题的中心问题；（三）农民以什么政权机关来没收和分配土地；（四）禁止买卖土地和土地国有问题；（五）征收地税问题。[②] 无疑，这 5 条都带有很强的政策性。

古田会议之后，毛泽东与朱德带领红 4 师回赣南，分兵发动群众，开展土地革命，形成了比较稳定的赣南根据地。为了深入了解农民和土地问题，毛泽东抓住时机，亲自动手，对寻乌县进

① 唐春元：《毛泽东的 81 个第一次》，中共党史出版社 2012 年版。

② 中央文献研究室：《毛泽东年谱（一八九三——一九四九）》上卷，中央文献出版社 2013 年版，第 192 页。

行了一次全面的社会调查。

调查内容林林总总，包括地理、历史、自然环境、土特产品、商业流通、税收制度、土地关系、阶级状况、地主的剥削方式、农民的斗争形式等，极尽全面详细而避免偏颇。

调查结出丰硕之果。毛泽东用极为朴实的笔调，为人们描述了一幅形象生动的农村社会阶层图，重点弄清了富农与地主的问题，提出解决富农问题，以及如何争取广大贫困群众的办法，进而探索中国农村特色的土地革命策略。

寻乌调查，为中共形成正确的土地革命路线和方针，发挥了重要作用。

此时距西柏坡时期有 20 多年时间，毛泽东已显露了土地革命政策与策略方面独到的才华。

二、砸碎千年锁链

真正让毛泽东在土地革命中显身手是 4 年之后。

1931 年 11 月，毛泽东被“左”倾主义领导排除在中央核心领导之外，来到中华苏维埃共和国中央临时政府任主席。史料记载，这是“毛主席”称谓的最早由来。

毛泽东并没有在意这个头衔，而是利用这段时间，把主要精力放到研究和推进农民运动，尽快让农民拥有土地翻身解放上来。他第一次主持立法，就制定和颁布了《中华苏维埃共和国土地法》。

据此，瑞金苏区实行了比较彻底的土地改革，不仅贫苦的农民分到了土地，而且来自外省的红军战士也分到了土地，然后以公田的形式委托当地农民耕种。农民群众第一次成了土地的主人，农民生产的能量获得极大释放，红军绝大多数官兵第一次拥有了属于自己的土地，谁来进攻苏区，每个官兵都会舍生忘死保护它，土地改革的成果迅速显现。

与此同时，毛泽东仍然十分注意斗争策略问题。一方面，放手发动群众进行土地斗争；另一方面，就如何对待各阶级人士，都作了详细的分析和政策性的指导，目的是使土地改革的正能量放到最大，把可能引发的副作用减到最小。

1933 年 11 月，结合苏区开展的查田运动，他再次到长冈乡等地开展了 1 个多月的调查，写出了《怎样分析阶级》及《关于土地斗争中一些问题的决定》两个重要文件，对于纠正侵犯中农等“左”的机会主义倾向，进一步完善斗争纲领和政策指导，促进苏区的土地改革平稳进行，发挥了重要的指导作用。

中华苏维埃共和国虽然还不是一个完整意义上的国家，但中华苏维埃政府的土地革命实践，是第一次面向全国的土地改革宣言，为日后彻底铲除封建腐朽的土地制度、实现人民的土地主张开辟了道路。

1937 年卢沟桥“七七事变”的枪声，改变了中国革命的进程，国内的阶级矛盾让位于中日之间的民族矛盾。为了更加广泛地建立抗日战争的统一战线，在整个抗日战争中，中共的土地改革作了某种改良，由没收平分地主土地的革命，改为实行“减租减息”的方针。在未实行土改的地区，允许地主出租土地，但原则上须按照抗战前原租额减少 25%，也称“二五减租”。

这又是一种斗争策略，某种退，是为了更好地进。共产党人并没有忘掉初心，他们在积蓄力量，作更加长远的打算。

抗日战争胜利不久，土地改革问题再次提上议事日程，中共中央开始着手下那盘没有下完的“大棋”。

1946 年 5 月 4 日，延安通过了《中共中央关于土地问题的指示》，即“五四指示”，明确宣布坚决拥护农民从地主手中获得土地，实现耕者有其田，并且准备于 1947 年 5 月召开土地会议，只是由于撤离延安，会议才推迟召开。虽至此，土地改革的进程仍然在各解放区不断推进。毛泽东在给中央工委的电报中，明确要求将土地会议开好。

以刘少奇、朱德为首的中央工委，在向华北转移途中，一路调查研究土地改革情况，到达西柏坡后不久，立即筹备召开了全国土地会议。

1947 年 7 月 17 日，西柏坡村外的一个打麦场上，由中央工委和刘少奇、朱德主持的全国土地会议正式举行。刘少奇当时正患着较重的胃病，身体消瘦，但精神矍铄，一直站立着、打着手势大声讲话。

负责会议记录的是两位年轻的女同志：朱德秘书黄华的爱人何理良和中共中央妇委代理书记邓颖超的秘书陈楚平。

会议在露天召开，可谓是一次最开放、最接地气的会议。为了遮阳，在临时摆放的主持会议的桌子上方，4 根竹竿支起来一块白布。来自全国各解放区的几百名代表，有的坐一个小板凳，有的坐一块石头，有的坐着高低不平的木墩和草墩，有的干脆席地而坐，聚精会神地参加会议。

朱德享受了一点特殊待遇，警卫员给他找了一把椅子。朱德接了过来，放在面前当作桌子，在上面认真地作记录，自己则坐在一块石头上。

会场虽然简陋，但研究解决的问题，却是惊天动地、关乎中国前途命运的大事。

会议开了 2 个月时间，其间讨论总结了各解放区土地改革的经验教训，研究分析了土地改革的形势和任务，通过了具有历史意义的《中国土地法大纲》。

之所以有历史意义，因为它是中国有史以来第一部土地大法，确定了“耕者有其田”的总目标，制定了土地改革的纲领和基本方针政策。这是一个有里程碑意义的文件，某种意义上，也可称为“土地宪法”。

大纲的核心，就是消灭封建土地剥削制度，彻底废除一切地主的土地所有权，平均分配一切土地和财产，实行“耕者有其田”的土地制度。

1947 年 10 月 10 日，中共中央公布经毛泽东修改的《中共中央关于公布中国土地法大纲的决议》和《中国土地法大纲》，印发各解放区执行。同时，中共中央对这个大纲并没有一发了之，要求各地对这个建议加以讨论及采纳，并制订出适合当地情况的具体办法，从而给了各解放区结合实际贯彻落实的空间。

一石激起千层浪。一场轰轰烈烈的土地改革运动如暴风骤雨般在古老的中国农村兴起，几千年来的封建土地制度一朝土崩瓦解，祖祖辈辈受剥削压迫的农民，第一次拥有了自己的土地，翻身做了主人。

土地回家，天下归心。土地改革极大地激发了广大农民参军参战的积极性，共产党和解放军获得了空前的兵力、财力和物质支持。

美国人韩丁在他的《翻身——中国一个村庄的革命纪实》中评论说，新发布的《中国土地法大纲》在中国内战时期，恰如林肯的《黑奴解放宣言》在美国南北战争时期的作用。

平分土地的翻身农民

毛泽东则在 1950 年召开的中共七届三中全会上说，北方有一亿六千万农民人口的地区完成了土改。我们的解放战争就是靠这一亿六千万人民打胜的。[①]

西北野战军领导人习仲勋深情回忆说，翻身的广大群众宁肯吃糠咽菜，也要把仅有的一点粮食送给自己的军队。妇女模范刘大娘，听说转战陕北的毛主席也和大家一起吃黑豆、榆树叶干面，难受得热泪直流，把自己坚壁的一点种粮取回来，连夜磨面擀成面条，托人送给毛主席。[②]

① 《建国以来毛泽东文稿》第一册，中央文献出版社 1987 年版，第 397 页。

② 《习仲勋传》上卷，中央文献出版社 2013 年版，第 562 页。

“动员了全国的老百姓，就造成了陷敌于灭顶之灾的汪洋大海。”在淮海战场上，国共双方兵力是80万人对60万人，我军处于劣势，可支援解放军作战的民工达到500多万人次，兵民比例达到1∶8。

解放军所到之处，老百姓箪食壶浆以迎王师；国民党军所到之处，清野坚壁，缺吃少穿。在战役后期，天降大雪，龟缩在陈官乡狭窄阵地上的蒋军饥寒交迫，吃树皮、草根，为了取暖，只好烧房子、布料和家具，有的冻饿而死，解放军用一筐箩馒头，就能争取对面阵地的国民党军士兵反正。

在这种状况下，民心已经决定了战争的胜负。

三、纠偏

中国共产党是一个坚持真理，善于修正错误、自我完善的政党。为了人民的利益，可以坚持根本宗旨，也可以随时纠正某些偏差。

而毛泽东等中共领袖的与众不同之处，在于他们见微知著，对事物的发展变化敏锐把握，并且能抓住关键问题解决之。

土地改革，借用围棋术语，有两个“棋眼”——突破口和关键点要盘活。

突破口是，如何发动亿万受压迫的农民踊跃参加土地改革，共同推翻封建土地制度的桎梏，这对千百年来饱受压迫、从来没有直起过腰杆儿的农民来说，并不是一件容易的事。

关键点是，在复杂的农村社会里，要准确地划分阶级，枪口准星要紧紧锁定斗争目标，既满足贫苦群众的革命愿望，又避免伤及团结对象，在实施中防止和纠正偏差。否则，就会事倍功半，过犹不及。

而这一切，都离不开制定正确的政策和策略。

西柏坡时期，土地改革的第一个“棋眼”已经做活。中共中央和毛泽东对土地改革运动的兴起和广大农民的参与已经不再担忧，而将注意力集中在第二个“棋眼”上，即把握土改过程的政策策略、针对性地“纠偏”，确保土改的正确方向。

毋庸讳言，土改运动广泛兴起后，在取得重大成果的同时，一些解放区也发生了“左”的偏差。破天荒第一次当家作主，激愤的农民搂不住火，不管三七二十一，毫无约束地四面出击，出现斗争过火问题：侵犯部分中农利益，错划成分；对地主、富农不加区别，一律“扫地出门”，不给出路，甚至发生乱打乱杀等现象，一些为解放区建设作过贡献的民主人士也受到伤害。这引起中共中央领导的重视。

中共中央书记处书记任弼时，以敏锐的目光和较多的精力，关注各解放区执行《中国土地法大纲》情况和土改的具体政策问题。

有“人民的骆驼”之称的任弼时，向来坚持原则，实事求是，重视端正和贯彻党的政策，对解决土改中出现的问题更是严肃认真。

此时他身体不大好，移驻到陕北钱家河。但他还是抱病在附近进行土改的村子调查研究，亲自访问农民，征求他们对土改的意见，并布置身边工作人员一个村一个村地调查户人口数、土地数及评定阶级成分的情况，共汇总分析了周围 30 多个村子的基本情况。得出的结论是，“左”倾错误产生的一个重要原因是阶级划分标准紊乱。纠正群众运动中“左”的倾向，关键是要确立划分阶级成分的正确标准，应当参照历史的做法，颁发一大体通用的“怎样划分阶级”的文件。

为此，曾经在中央苏区工作的任弼时，多方查找到1933年毛泽东为苏维埃政府起草的《怎样分析阶级》和《关于土地斗争中一些问题的决定》两个文件，建议中央重新下发，以推动“左”的倾向的纠正。

在深思熟虑之后，任弼时在西北人民解放军会议上作了《关于土地改革几个问题》的报告，提出了划分阶级的唯一标准，即“依据人们对生产资料的关系的不同，来确定各种不同的标准”。在斗争策略和方法上，他提出了3个区别对待：对地主与对富农，斗争应有区别；对地主的大小，恶霸与非恶霸应有区别；对新式富农与旧式富农的财产处理又应有所区别。[①] 应当说，任弼时提出的意见，具有极强的政策性。

毛泽东对这个报告非常重视，亲笔批示新华社转播全国各解放区。

1948年1、2月间，一封发自陕甘宁边区的报告进一步引起了毛泽东的注意。时任中共中央西北局书记、西北野战军副政委的习仲勋心急如焚地反映，一些地区土改运动中普遍存在“左”的偏差，许多地方不讲政策，胡乱划成分，乱扣、乱打、乱没收财物，弄得人心恐慌。一些为抗战作出很多贡献的开明绅士被斗争。习仲勋痛陈“左”的错误的危害，急切地向党中央和西北局提出4条意见建议：

① 中央文献研究室：《任弼时传》下卷，中央文献出版社2014年版，第793页。

（一）陕甘宁边区约有130万人口的老区，土地都大体上平分了。现在这些地区，不是地主、富农占有土地多，而是中农占有土地多。故要平分，一般都是要动用大部或全部中农的土地，甚至还要动用10%贫农（村户数）的土地。这对农民土地所有权的信心发生动摇，普遍现象是农民都不愿积极生产，认为这次平分了，又不知几年之后，再来平分。故不宜搞平分。

（二）在老区不能坚持贫农团领导一切的方针，因为老区的贫农团很复杂，有的是由于地坏、地远，或人口增加，经济困难；有的是遭到灾祸，生活下降；有的是因为吃、喝、嫖、赌，不务正业而致贫。这种贫农团在老区一组织起来，就必然向中农身上打主意，"左"的偏向也就由此而来。

（三）老区的地富一般可不扫地出门，在过去分配土地搞得彻底的地方，他们要真正参加劳动、成为中农或新富农者，就不要再动他们的财产。

（四）要把发扬民主与土改生产相结合，反对干部强迫命令作风；解决中农负担过重的问题。

尤其是关于"负担不公平"问题，习仲勋特别作了说明："土改以来，各地强调满足贫雇农要求，负担又大，都完全落在中农身上。"并指出这种现象可能造成的严重后果："这一倾向，十分危险，有压倒中农破坏农村经济繁荣之势。"①

习仲勋的意见和建议，体现了实事求是的原则和勇气；在一个运动形成热潮的时候，保持客观冷静态度很不容易，因而受到中共中央的重视。毛泽东两次在习仲勋报告上批示，"完全同意"，

① 《习仲勋文选》，中央文献出版社1995年版，第48页。

还亲笔修改校订了习仲勋发来的电报稿，并批示：转发晋绥、中工委、邯郸局、华东局、华东工委、东北局，[①] 望照所提意见指导土改工作循正轨进行，少犯错误。

怎么循正轨进行，少犯错误？实际也是毛泽东一直关注和思考的大问题。

有历史学家认为，在解放战争时期，毛泽东抓了两件大事。一件是军事斗争，一件是土地改革，这就像解放战争的两个轮子，相辅相成，缺一不可。没有军事斗争，维护地主阶级、封建主义利益的国家机器就打不碎；没有土地改革，阶级关系理不清，为谁而战、依靠谁来战，也就无从谈起。

更重要的是，毛泽东一贯认为，战争最深厚的伟力存在于群众之中，动员了千百万觉悟起来的老百姓，就使解放战争有了强大的后盾。而这个动员，最有效、最直接的方法，就是将大多数人的根本利益解决好。土地改革做的就是这件事。

如此重要的事，毛泽东当然要紧抓不放了。从转战陕北到西柏坡期间，毛泽东在处理繁忙战事的同时，一直关注各解放区的土改情况，用了极大气力，研究解决土改中的政策策略问题。

通过自己的调查、任弼时的意见以及习仲勋反映的问题和建议，毛泽东敏锐感到不少解放区的土改政策出了偏差，党内“左”的倾向正在抬头，并且认为如果不坚决地克服这种倾向，共产党就会在一部分群众中失去支持，而把自己孤立起来，也就不能顺利地实现“打倒蒋介石，建立新中国”的目标。必须毫不犹豫地纠正此种倾向。这种判断，在中共领导层达成了共识。

① 《习仲勋传》上卷，中央文献出版社 2013 年版，第 553 页。

为此，毛泽东为中共中央起草了一系列关于土地改革运动纠正偏差的政策指示。

1948 年 2 月，毛泽东为中共中央起草致东北局并告林彪、罗荣桓，中央工委电："东北土改打击面过大，这是非常危险的，必须立刻着手改变政策。""你们应将打击面大大缩小，弄错了的必须纠正。"①

同月，毛泽东为中共中央起草关于新解放区土地改革要点的指示，新区土地改革"不要性急，应依环境、群众觉悟程度和领导干部强弱决定土地改革进行的速度"。为了纠正扩大化的问题，他针对性地指出："总的打击面，一般不能超过户数百分之八，人口百分之十。"② 量化的数据，来自科学谨慎的评估，更体现了共产党团结教育大多数群众、集中打击极少数敌人的一贯思想。

之后，在向西柏坡移驻途中，毛泽东在山西兴县蔡家崖晋绥干部会上，就什么是共产党的土地政策，应当怎样把握土地改革的方针政策，作了完整的表述。

他在讲话结尾强调说，"无产阶级领导的，人民大众的，反对帝国主义、封建主义和官僚资本主义的革命，这就是中国的新民主主义的革命，这就是中国共产党在当前历史阶段的总路线和总政策。

依靠贫农，团结中农，有步骤地、有分别地消灭封建剥削制度，发展农业生产，这就是中国共产党在新民主主义的革命时期，

---

① 中央文献研究室：《毛泽东年谱（一八九三——一九四九）》下卷，中央文献出版社 2013 年版，第 279 页。

② 中央文献研究室：《毛泽东年谱（一八九三——一九四九）》下卷，中央文献出版社 2013 年版，第 280 页。

在土地改革工作中的总路线和总政策。[①]”

同年5月25日，毛泽东为中共中央起草1948年土地改革工作和整党工作的指示。同日，中央决定将1933年的《怎样分析阶级》及《关于土地斗争中一些问题的决定》两个文件略加修改，印发各级党委及工作团，当作正式文件遵照实施。

为了表明纠偏态度，毛泽东还亲自复信受到不公正对待的开明绅士刘少白，向他致歉。

刘少白，1937年加入中国共产党，以开明绅士身份进行革命活动，曾任晋西北临时参议会副议长，为抗战和解放区的发展作出过贡献。但土改中家庭受到冲击，本人被错误批斗，不久被中共中央发现和纠正。毛泽东在信中真诚地说，我们的工作是有错误的，好在现已一般地纠正，并在继续纠正中。

这时，毛泽东对土地改革的认识又有新的升华，概括性地强调，“反对党内‘左’、右倾向，必须依据具体情况决定方针”，“土地改革在群众尚未认真发动和尚未展开斗争的地方，必须反对右倾；在群众已经认真发动和已经展开斗争的地方，必须防止‘左’倾”[②]。今天看来，这个观点体现了群众性斗争的一般规律，对其他工作同样具有普遍意义。

由于中共中央的及时纠偏，克服了“左”的错误干扰，制止了一些地方土改过火的斗争，避免了更大的失误。

事实上，“左”的偏向在各解放区都或多或少地发生过。除了陕甘宁、晋绥地区存在的不讲政策，侵犯中农利益，乱扣、乱打、

① 《毛泽东选集》第四卷，人民出版社1991年版，第1316—1317页。

② 中央文献研究室：《毛泽东传》（二），中央文献出版社2011年版，第843页。

乱没收财物等问题外，东北、华东、华中、华北一些地区同样出现“左”的偏差。华北在整党中也出现了对基层干部严重不纯的误判，抛开原来党组织和村干部，单纯依靠贫民搞土改，出现了“搬石头”的错误。在大别山区，时任中原局书记的邓小平也指出，存在着“左”倾冒险的、急性病的害处等问题。

就连为改变中原战局，南渡黄河开辟豫西根据地的陈（赓）谢（富治）大军，也曾受到“左”的影响，一度出现“贫雇农当家”的口号，造成在新解放区不分对象、乱分浮财的问题，甚至影响到部队。

一些贫雇农出身的战士，受狭隘心理驱使，要地富出身的干部向他们悔罪，有的还查抄了其本人的随身浮财。兵团司令员兼前委书记陈赓也差点被查抄了行李。陈赓坚决反对这种做法并向中共中央反映，毛泽东回电说，“‘贫雇农打江山坐江山’的口号是错误的”，“是雇农、贫农、中农和其他劳动人民联合一道，在共产党领导之下打江山坐江山”[①]。陈赓按照中央的指示，迅速纠偏，使得新区土改和根据地建设平稳进行。

随时准备修正错误，是共产党人的优秀品质。对于土改中出现的问题，作为领导者之一，刘少奇也认真反思纠正。他主持中央工委会议与各解放区领导人一起作专题检讨。刘少奇严肃地说，各地发生“左”的错误，确是华北、华东较晋绥、陕北更为严重，华中在政策上特别在工商政策上，亦犯了不少的错误。这些错误政策执行的时间不长，但损失很大。这些都在会议检讨中。

① 中央文献研究室：《毛泽东年谱（一八九三——一九四九）》下卷，中央文献出版社 2013 年版，第 269 页。

毛泽东致电刘少奇予以肯定，“彻底检讨各项工作上的错误缺点，并由此获得纠正，走上正轨，极为欣慰”[①]。

中共中央土地改革纠偏的实践，给全党的领导干部上了一堂实事求是的政策理论课。时任晋绥中央局书记的贺龙感受颇深。

1948 年 9 月，中共中央在西柏坡召开政治局扩大会议。在机关食堂吃饭时，毛泽东与贺龙有关于对待富农问题的讨论。说到有的地方对富农扫地出门时，毛泽东认为应当纠正。贺龙有些不以为然，认为将富农问题一起解决了，也无所谓。毛泽东说贺龙同志的看法有片面性，不正确，并希望他好好地、全面地考虑问题的实质。

散会后，贺龙没有马上离开西柏坡，利用短暂的时间，对晋绥、陕甘宁土改整党工作进行了反思，并以极为严肃的态度，向中央提交检讨报告。贺龙写道：“这二三年来，我们在工作中发生了不少错误，特别是去年以来，在土改、整党工作和工商业政策上发生了‘左’的错误。”写完这些后，意犹未尽，他又写道：“这些错误产生的主要原因，是由于我们政治理论素养的薄弱和对于党的政策缺乏深刻的了解，以致在某些问题上，存在不正确的认识，因而就不能及时地发现和纠正。”[②]

实事求是地讲，晋绥地区土改过程中的“左”的问题，原因复杂。当时以中央的名义、在晋绥解放区抓土改工作的康生、陈伯达的偏激做法带来恶劣影响。他们否定阶级划分的合理政策，另出一套标准，甚至荒唐地提出“查三代历史、看政治态度”定

---

① 中央文献研究室：《刘少奇年谱（增订本）》第二卷，中央文献出版社 2018 年版，第 316 页。

② 《西柏坡人物》，中央文献出版社 2013 年版，第 73 页。

阶级成分，严重扩大了打击面，有的村定为地主富农的达到40%多，远远超过中央对地主富农占农户8%的正确估计。就此问题，康生曾经在七届二中全会上作过检讨。贺龙严肃反思，勇于承担责任，体现了共产党人的高风亮节。

“英雄所见略同”。另一位在井冈山时期就与毛泽东并肩战斗、时任华东野战军司令员的陈毅，在野司驻地濮阳谈感受，主题是胜利与反“左”。他直爽地说，我们不怕美援，只怕“左”援。对于蒋介石政权，美援已被证明是无法挽救其灭亡的，但如果我们自己一任“左”的错误泛滥，失去民心，那倒是对蒋介石最有力的援助。①

今天看来，土地改革犹如一场大剧，没有剧本——斗争纲领，戏没法演下去，因而剧本（纲领）是重要的；而在演出（实施）中，又要注意把握演出（斗争）的节奏和分寸感（政策界限），欠之不达，过之有害。为了实现剧本（斗争）主题，及时发现纠正某些错误和偏差，则更为重要。

总结土地改革发生偏向到纠偏的过程，促使中共中央举一反三，又将相当的精力放到研究制定新形势下党的各项政策策略上来，包括城市接收和管理、新民主主义的经济方针等方面。

在城市工作方面，随着一些大城市的先后解放，许多新的问题摆在共产党人面前，初期在一些地方也出现过侵犯工商业、乱取物资、不注意城市的生产建设等“左”的倾向。商店被关门歇业，老板被纠斗，城市物资被当作战利品索取的情况时有发生。

尽管时间不长，也需纠偏。中共中央先后向全党批转了接

① 《西柏坡的故事》，河北人民出版社2010年版，第180页。

收石家庄、沈阳等地的经验，强调我们在城市工作中的方针是建设，而不是破坏，禁止任何团体和个人没收财产及逮捕殴打任何人，不能以游击战争的观点或是以农村的观点看城市，要求入城后，抓紧解决有助于在政治上、经济上稳定人心的关键问题。各项社会改革工作应在条件具备时有计划、有步骤地进行，不要操之过急。

怎样开展城市的建设？中共中央要求加紧开展经济政策方面的研究。此时，刚解放的城市里，民族资本家和工商业者都惶惶不安，生怕共产党一批二斗三没收，对今后的经济发展没有信心，有的还想一走了之。

受中共中央委托，刘少奇专门到刚解放的天津市调研，并草拟了《天津工作问题》调查提纲。在这份提纲中，刘少奇明确写道："为在党的总路线之下实现发展生产的目的，必须正确建立与改善以下各方面的关系：即公私关系，劳资关系，城乡关系，内外关系。这四面八方的关系即全面关系都必须很好地照顾到。"

毛泽东肯定了这一提法，并归纳整理指出："我们的经济政策可以概括为一句话，叫做'四面八方'。什么叫'四面八方'？'四面'即公私、劳资、城乡、内外。其中每一面都包括两方，所以合起来就是'四面八方'。""我们的经济政策就是要处理好四面八方的关系，实行公私兼顾、劳资两利、城乡互助、内外交流的政策。"[①] 这一政策，后来写入《中国人民政治协商会议共同纲领》。

共产党的表态，就像一剂安神药，打消了民族资本家的顾虑，

---

① 中央文献研究室：《毛泽东传》（三），中央文献出版社2011年版，第1026页。

天津、上海等一大批城市的工商业者迅速稳定下来，经济建设渐次展开。不夸张地说，“四面八方”政策，在解放初期稳定城市经济中起到了“定盘星”的作用。

西柏坡时期及其前后，在为中共中央起草文件、演讲中，在为新华社撰写的评论和文章中，毛泽东都有对政策策略方面的大量阐述。新中国成立后收入《毛泽东选集》的这方面文章就有15篇之多。

为什么毛泽东如此重视政策和策略问题，是因为他已经敏锐地察觉，在革命发展顺利、胜利来临之际，人们容易自满骄躁，忘乎所以，产生“左”的错误。而“左”的错误，会给革命事业带来极大的危害。从这个角度，也可以理解为毛泽东日后强调力戒骄傲思想的实践基础。

毛泽东不止步于此，还举一反三，教育全党把对政策策略的把握，上升到坚持实事求是思想路线和思想方法的高度。他说：“按照实际情况决定工作方针，这是一切共产党员所必须牢牢记住的最基本的工作方法。”[①] 同时，也提出了那句经典名言：“政策和策略是党的生命，各级领导同志务必充分注意，万万不可粗心大意。”[②]

斗争纲领与政策策略的完美结合，从土地回家、天下归心，到城市稳定、民心所向，国共双方的胜负结局已定。

作为失败的一方，国民党跑到台湾后也在反省，总结教训。蒋家父子找了若干条，其中一条就是，中共实行了土改，我们错

① 《毛泽东选集》第四卷，人民出版社1991年版，第1308页。

② 《毛泽东选集》第四卷，人民出版社1991年版，第1298页。

过了机会，人心不在，失败在所难免。国民党的中央常委张道藩曾经痛心疾首地说，共产党在积极倡导国父“耕者有其田”和我们的“二五减租”的制度。我们根本没有付诸实施，这真是可耻之极。

这一点，倒是与毛泽东的看法殊途同归，“根本上是我们有土地改革，蒋介石没有”[①]。有了土地改革这个胜利，才有了打倒蒋介石的胜利。

作为“亡羊补牢”之举，蒋介石出于巩固统治的需要，后来在台湾也推行了赎买式的土改。办法是用从大陆带去的黄金和其他财富，强迫购买地主土地的所有权，然后再卖给农民，10 年内分期付款。这一举动，客观上缓和了岛内的阶级矛盾，为日后台湾经济振兴打下了基础。这也算是国民党“学习”共产党的一个成果。

西方人的评论，则体现了另外一个角度。美国传记作家布赖恩·克罗泽将蒋介石的失败，归于两个因素：一个是“历史的偶然使蒋介石不得不和另一个更加独特的人物——毛泽东共同统治中国并在这个国家里决一雌雄，这是蒋介石的不幸”；一个是缺乏“政治家流芳百世的先决条件——运气”[②]。

现在看来，他说的第一个因素是客观现实的、无法改变的；第二个因素则有些偏颇或表述不彻底，如果再加上缺乏民心这个最大的“运气”，也许就完整了。

他的另一句话是对的，“蒋介石是一个战术家，而不是一个战

---

① 中央文献研究室：《毛泽东年谱（一八九三——一九四九）》下卷，中央文献出版社 2013 年版，第 260 页。

②〔美〕布赖恩·克罗泽：《蒋介石传》，国际文化出版公司2010年版，第304页。

略家”[①]。不幸的是，蒋介石的对手恰恰是一位高超的战略家和高明的策略大师。

针对实际情况，因时而策，制定正确的斗争纲领和政策策略，是西柏坡时期中国共产党实事求是思想路线和重要领导方法的体现。

从一定意义上说，土地改革的实践，以及围绕城市政策、经济政策的探索，也是一次解放思想、提高领导能力的过程，共产党人的政策策略意识由此前进了一大步，这对于取得执政地位后尽快走上正轨，少犯错误，无疑是大有裨益的。

“一切都是辩证的，一切都是发展变化的。”毛泽东很欣赏这句话，在延安时期一连四五年都提到过。说此话的人，就是邓小平。毛泽东认为这句话很厉害，抓住了马克思主义的实质，富有哲理。[②]

什么是马克思主义的实质，列宁在《共产主义》一文中曾对此有一个重要概括，“马克思主义的最本质的东西、马克思主义的活的灵魂：具体地分析具体的情况”[③]。

革命导师们告诫人们，一切要从实际出发，而不要僵化地、一成不变地看待马克思主义的经典，看待既定的方针政策；贯彻落实上级的方针政策，必须与当地的具体实际相结合，解决实际问题，才能奏效。

进入新时代，在新的伟大斗争中，紧密结合实际，准确把握政策策略，仍然万分重要。那种口中念念不忘坚决贯彻，而执行

① 〔美〕布赖恩·克罗泽:《蒋介石传》，国际文化出版公司 2010 年版，第 312 页。

② 《在历史巨人身边——师哲回忆录》，中央文献出版社 1995 年版，第 238 页。

③ 《列宁选集》第四卷，人民出版社 1995 年版，第 213 页。

中僵化地照本宣科，完全不与本地实际结合、不研究政策策略、不解决实际问题的做法，群众称为“挂着空挡踩油门”，是会贻误事业的。

列宁还说过，真理只要向前一步，哪怕是一小步，就会成为谬误。

恰恰有一种不好的作风，就是习惯于给上级的指示加码，擅自延伸或紧缩政策尺度，认为这样才是坚决地贯彻落实。殊不知，超越客观实际，超出一定的范围和限度，真理就变成了谬误，结果不仅贻误工作，还会使事业受损。

人们常常看到，某些任务目标被层层拔高，省里规定达到50%，市县扩大到80%，乡镇加码到100%；完成时限层层压减，省里规定1年，市县提前到10个月，乡镇规定半年，基层能不能完成再说；上级要求明明是治理污染，某些地方却不问青红皂白，对企业“一刀切”地关停，“把孩子与脏水一起倒了出去”，结果劳民伤财，也严重损害了干群关系。这是官僚主义、形式主义新的表现，是与党中央的要求相悖的。随便扩大范围，一再加码，这使人想起当年的过火斗争。

为什么会重复出现这样似是而非的现象？一直是中共核心领导层成员的周恩来有过尖锐的剖析。他在强调土地改革注意反“左”问题上指出：“我党历史上右倾错误时间短，易纠正，‘左’倾错误的时间长，不易纠正。因为你以为很左就很光荣，但客观上是帮助敌人。你脱离了群众，一个人革命，敌人还不欢迎吗？”①

① 中央文献研究室：《周恩来传》，中央文献出版社2018年版，第781页。

我们不得不说，今天，这种“以为很左就很光荣”的问题，还在有的地方改头换面地存在着，必须引起人们的注意。

“明者因时而变，知者随事而制。”习近平总书记在2013年博鳌亚洲论坛主旨演讲中引用这样一句古语，意思是说，聪明的人会随着时代的变化而改变策略，有智慧的人会按照世事变化的情况而制定法则。

新时代面临世界百年未有之大变局，面临复杂多变的情况和问题，政策和策略仍然是党的各级组织“万万不可粗心大意”的为政之要。欲掌握工作的主动权，欲赢得人民群众的理解支持，共产党人一定要有强烈的政策意识，要做“因时而变”的明者、“随事而制”的知者。

第四章

敢于斗争——勇者的胆略与气魄

“几千年以来的封建压迫，一百年以来的帝国主义压迫，将在我们的奋斗中彻底地推翻掉。一九四九年是极其重要的一年，我们应当加紧努力。”[①] 这是伟人毛泽东在西柏坡写的1949年新年献词中的一段话。

献词的题目是《将革命进行到底》。美国驻华大使司徒雷登后来描述说，毛泽东的宣言中有浓烈的火药味。

与此同时，蒋介石在南京总统府邸举行的新年团拜会上宣读了《新年文告》，宣称“国家能否转危为安，人民能否转祸为福，乃在于共党一转念之间……中正毕生革命，早置生死于度外，只望和平果能实现，则个人的进退出处绝不萦怀，而一惟国民的公意是从”[②]。关心时事的人们在读了《新年文告》后，已能清晰地看到蒋家王朝垂死挣扎的态势。

这就是革命与反革命两大阵营新一年截然不同的表态。看得出来，在两篇新年献词（文告）后面，酝酿着更加激烈的斗争。

西柏坡时期，特别是1949年新年前后，是中国

① 《毛泽东选集》第四卷，人民出版社1991年版，第1380页。

② 《中央日报》1949年1月1日。

民族独立、人民解放大业的紧要关头。在战火纷飞的同时，一场围绕将解放战争进行到底还是半途而废、中国一统还是划江而治，涉及中国前途命运、影响国际格局的重大政治博弈，也在紧张激烈地进行着。

这场惊心动魄的博弈，犹如一台多彩的政治舞台剧，参与者有三国四方：除了中国共产党和国民党之外，分别代表东西方阵营的苏联、美国也卷入其中。当然，这种博弈实际上贯穿整个解放战争，只不过这个阶段表现得更加激烈罢了。

博弈的结果，在人民解放军渡江战役后揭开，以人民彻底胜利、反动派彻底失败而告结束。

一、“温情”的攻势

如果评选1949年的中国革命新闻大奖，无疑非毛泽东为新华社所撰写的电讯稿《我三十万大军胜利南渡长江》莫属。

70多年后，重读这篇不到200字的文稿，我们仍然被那朴素而简洁的叙述、生动而充满豪情的描写所感染：

> 【新华社长江前线二十二日二时电】英勇的人民解放军二十一日已有大约三十万人渡过长江。渡江战斗于二十日午夜开始，地点在芜湖、安庆之间。国民党反动派经营了三个半月的长江防线，遇着人民解放军好似摧枯拉朽，军无斗志，纷纷溃退。长江风平浪静，我军万船齐发，直取对岸。不到二十四小时，三十万人民解放军即已突破敌阵，占领南岸广大地区，现正向繁昌、铜

陵、青阳、狄港、鲁港诸城进击中。人民解放军正以自己的英雄式的战斗，坚决地执行毛主席朱总司令的命令。

一天后，人民解放军占领南京，挂在伪总统府门楼上的青天白日旗被扯下、而代之以红旗的情景，永远定格在历史的画册里。

百万雄师过大江

捷报飞来，毛泽东重抒因繁忙公务而耽搁的诗性，喜作《七律·人民解放军占领南京》："钟山风雨起苍黄，百万雄师过大江。虎踞龙盘今胜昔，天翻地覆慨而慷。宜将剩勇追穷寇，不可沽名学霸王。天若有情天亦老，人间正道是沧桑。"①

诗言志。这是毛泽东此时心境的表达。因为他知道，人民解

① 中央文献研究室：《毛泽东年谱（一八九三——一九四九）》下卷，中央文献出版社 2013 年版，第 487 页。

放军过江意味着什么：那场是和是战的博弈已经结束，之前那些阻碍历史前进的羁绊和嘈杂之音，在共产党人的勇气和决心面前，已经荡然无存、随风而去；划江而治的历史悲剧得以避免，一个统一的新中国将矗立在东方地平线上。

复盘一下这场博弈过程，也很耐人寻味。博弈的背景是，人民解放战争发生的重大变化。

“运筹帷幄之中，决胜千里之外”，横扫千军如席卷，世界战争史上的奇观在西柏坡创造。周恩来说，西柏坡“一不发人，二不发枪，三不发粮，就是天天发电报，把国民党打败了”。三大战役期间，中共中央、中央军委从西柏坡发向各解放战场的电报有408封之多；转瞬间，变成一份份捷报向西柏坡纷至沓来。

从1948年9月12日开始，到1949年1月31日结束，历时4个月19天，中共中央在西柏坡指挥了辽沈、淮海、平津三大战役，

毛泽东、周恩来在西柏坡运筹帷幄决胜千里（西柏坡纪念馆供图）

共消灭国民党军队154万多人，国民党赖以进行内战的军队基本上被消灭。曾经声称6个月剿灭解放军的蒋介石，此时像泄了气的皮球，再也鼓不起劲来，人民彻底胜利，敌人彻底失败的大局已定。

毛泽东一锤定音地说，中国人民将要在伟大的解放战争中获得最后胜利，这一点，现在甚至我们的敌人也不怀疑了。[①]

蒋介石在年终检讨写下，“各地败战消息如雪片飞来，华北和关内岌岌可危”[②]。

恰恰在此时，仿佛要给这段历史增添一些情节和花絮，一个“要和平”的闹剧开幕了。

国民党政府面对惨败状况，一改悍然发动内战、将和平大门关死的狂妄姿态，开始唱起和谈的曲调来，企图获得喘息时间，阻止解放军打过长江，依托江南半壁江山，重整军力，伺机反扑。

1948年12月中旬，蒋介石在军事上惨败、政治上众叛亲离、经济上迅速崩溃，又面临美国政府减少援助的情况下，表示要“主动下野”换取同中共的和谈，并提出要以保留所谓“宪法”“法统”“国军”等作为谈判条件。一时引发社会舆论纷纷攘攘。

国民党集团内部和不同的社会阶层在发生变化。

国民党桂系的领袖、一向与蒋介石面和心不和的李宗仁、白崇禧等人，趁机以和谈的名义，要求蒋介石下野，自己取而代之。而李、白等人的小算盘，则是利用长江天险，暂时把持国民党在江南的半壁江山，再图未来。

① 《毛泽东选集》第四卷，人民出版社1991年版，第1372页。

② 〔美〕陶涵：《蒋介石与现代中国》，中信出版社2012年版，第350页。

作为民族资产阶级和上层小资产阶级的代表，一部分民主人士心态也很复杂。一方面，他们反对国民党的独裁统治，厌恶内战。另一方面，害怕革命进一步发展，会侵害自身的利益，因此，也大声疾呼“和谈”，反对“除恶务尽”，希望革命适可而止，就此停下来。

这些人有些社会基础和影响，有点儿迷惑性，被人称为“温情”的攻势。

此时，一篇名为《呼吁和平》的文章在当时颇有影响的《观察》杂志发表。

作者张申府，与中国共产党渊源颇深。他早期是一位共产主义思想的积极拥护者，与陈独秀、李大钊一起创办了《每日周刊》《新青年》杂志，后来3人成为中共的创始人，北京的共产主义小组，是李大钊与张申府一起创建的。张还有“领袖引路人”的光环，他是中共领导人周恩来和朱德的入党介绍人。张还几次在北大图书馆代理主任，是当时图书馆助理员毛泽东的顶头上司。他曾表情严肃地让青年毛泽东将抄好的图书目录重新再抄一遍。新中国成立后毛泽东开玩笑地说，当时“张申府的老板面色很难看”。

张申府可谓是一位传奇人物。此人自视甚高、意气风发，颇有性格，有时一言不合就“退群”。第一次，是“被退群”，他在旅欧做留学生时，据说是因为经常以“老大哥”自居，不参加组织活动，被他发起创建的少共旅欧总支部（旅欧中国共产主义青年团）除名。第二次，是在中共四大上，因与蔡和森、张太雷等人为中共党员是否加入国民党产生激烈争论，自己的意见未被采纳，一气之下而退出共产党，之后一直从事教育工作，参加民主运动。

张申府在《呼吁和平》这篇文章里，通篇以国家和人民的名义，呼吁无条件的停战和平。看起来十分真诚，可是他忘记了一个基本的常识，战争正义与否、是非观何在。

尤其不合时宜，文章是在错误的时间、错误的背景下发表的。如果在国共谈判时期，内战尚未爆发，发表这样的文章，那是令人称道的；而在解放战争取得重大胜利、发动战争的蒋介石注定失败的时候，作出这样的呼吁，无疑是在帮反动派的忙，开历史的“倒车”。特别是这篇文章以“呼吁和平”为主题，颇有迷惑性，因而更加有负能量影响。

正因为如此，这篇文章一发表，就受到中共方面的严厉批评。《人民日报》发表文章，“痛斥叛徒张申府的卖身投靠”。作为主要负责人之一，张申府参与创建的民主同盟中央也作出决定，开除了他的盟籍。算起旅欧那次被除名，这已经是他第二次被自己创建的组织开除了。另一个打击是，他那位带着孩子到达解放区的太太刘清扬——中共第一位女党员、也是周恩来留法的同学、著名政治活动家，宣布与他离婚。

此时，大多数民主人士对国民党所谓“争取和平”的伪善面目已经彻底看透。

1949 年 1 月 22 日，李济深等 55 位民主人士发表《我们对时局的意见》。文中说道，我们认为，革命必须贯彻到底，革命与反革命之间绝无妥协与调和之可能……人民民主革命在中共领导之下有了今天的成就，绝非轻易得来。在今天谁如要偷安纵敌，而使革命大业功亏一篑，谁就成为中国革命的罪人，民族的罪人了……一句话归总，就是人民革命必须进行到底。革命进行到底的一天，便是真正的和平到来的一天，全国解放到来的一天。

据说，张申府在晚年对那段往事有所反省，认为是自己做的最为后悔的一件事，说这篇《呼吁和平》是“毁灭了一生政治生命的东西”。

李宗仁在晚年回忆道，如果当时划江而治成功，中国的结局很可能像德国、韩国、越南一样悲惨。幸亏划江而治没有搞成，否则，我就是分裂国家的千古罪人！无论是他，还是别人，都不愿意做这个历史的罪人，所以划江而治是不可能实现的。

与此同时，有些民主人士为国共之间和谈做了一些穿针引线的事。中共出于维护最广大人民利益的愿望，并不拒绝和平谈判，也作了善意的回应。

1949 年 2 月，蒋介石下野、李宗仁代理总统。受李宗仁委托，由颜惠庆、邵力子、章士钊、江庸等为代表的“上海市人民和平代表团”，专程经北平飞往石家庄，随即转赴西柏坡。

时任中共中央办公厅主任、中央军委秘书长的杨尚昆专程到石家庄机场，迎接“上海市人民和平代表团”一行。这 4 人都是很有来头的。颜惠庆曾任国民党政府的秘书长，当过外交部部长、驻美大使；邵力子原是中共早期的党员之一，后任蒋介石政府的教育部部长、陕西省政府主席；章士钊是个大律师，当过袁世凯时期的教育总长；江庸曾任国民政府的司法部部长、国民参政员。

这个代表团带来了上海金融界、民族资本家等不同阶层的愿望，也带来了一些民主人士的期许。

毛泽东、周恩来以诚相待，与他们进行了会谈，并达成了 8 条秘密协定。其中第一条是，“谈判以中共与南京政府各派同数代表为之，地点在石家庄或北平”。

这个只交给李宗仁的秘密协定，显示了中共和谈的诚意。但并没有得到李宗仁的响应，他心里还在打着如何保留半壁江山的算盘，至于长江以南能不能保得住，他心里一点底都没有。

颜、邵、章、江等人不明就里，觉得为和平尽了一点力量，由去西柏坡前的忐忑不安到离开时松了一口气，感觉还好。他们不知道，“醉翁之意不在酒”，国民党的所谓和谈只是一个幌子，目的是稍作喘息，图谋再战。而他们的“好心”，恰恰像作了一回《三国演义》中懵懵懂懂的鲁肃，自己蒙在鼓里，还在替别人操心费力。

多年之后，李宗仁在回忆录中承认，当年请颜、邵、章、江等人去西柏坡，本意并不是促成和谈，而是为了试探摸清中共的底牌。

二、搅局“算盘”与朋友“忠告”

在国共双方博弈正酣的时候，一个搅局的角色——美国登场了。

此时代表美国利益的是美国驻华大使、曾做过燕京大学校长的司徒雷登。此人出生在美丽的杭州，是西方在华传教士的第二代。出生在中国，又长期在中国生活，被人称为“中国通”。他自己也说，我是一个中国人更多于是一个美国人。

从传教士到教育家、再到驻华大使，长期的在华生活和近距离观察参与，使他成为美国政界少数的“知华派”，也是较早看清国民党走上“下坡路”、蒋介石即将丢掉中国的人之一。

面对中国急剧变化的形势，如何维持和扩大美国在华的利益和影响力，是美国政府对华外交的核心要务。接替罗斯福出任美国总统的杜鲁门，颇费思量，正在踌躇之中，司徒雷登先生献出“高招”。

司徒雷登向美国政府提出建议，劝告蒋委员长退休，让位给李宗仁或者国民党内其他较有前途的政治领袖，并与中共商定划江而治。建议的核心是，抛弃蒋介石，扶植新的代理人，进而由美国作中间调停，说服国共双方划江而治。

实际早在之前，司徒雷登在给美国国务院的一份特别报告中就已经作了铺垫，他写道，“在一般学生心目中，象征国民党统治的蒋介石，其资望已日趋式微，甚至目之为过去人物者”，而“李宗仁将军之资望甚高”①。

美国的另外一些政客，也对蒋介石耗费了大笔的美元而没有换来战争胜利而懊恼，认为该换换代理人了。时任美国国务卿马歇尔措辞尖锐地说，“在很大程度上，中国共产党已成功地证明了他们的运动和目前大众要求变革的愿望是一致的。另外，今天的国民政府在传统和方式上没有任何迹象表明它能满足大众的这种要求，也不能为中国大众创造出令人满意的条件，更不能阻止暴力及国内混乱局面的进一步恶化”②。

因此，后来蒋介石夫人宋美龄飞到华府，求美国再提供援助30亿美元时，她再没有抗战时期在国会山庄演讲的昔日风光，备受怠慢，坐了“冷板凳”。要求援助无望，她无可奈何地对丈夫说，现在我们只能自己靠自己了。蒋介石知情后，则告诉宋美龄

---

① 全国政协文史资料委员会：《中华文史资料文库》第七卷，中国文史出版社1996年版，第278、第289页。

②〔美〕布赖恩·克罗泽：《蒋介石传》，国际文化出版公司2010年版，第241页。

“且将为人轻侮，不如速归”[①]。

其实，在李宗仁竞选“副总统”的时候，美国就给予过有力支持。在听说蒋介石隐退的消息后，司徒雷登即派自己的私人顾问傅泾波登门拜访李宗仁，传达美国政府的意图。

1948 年 11 月中旬，司徒雷登与李宗仁进行长谈，李宗仁表示，美国政府应劝告蒋介石“在目前军事上尚未完全失败前离职”，并表示新的领导如果能够得到美国政府“毫不含糊的支持”，那么“它就能取得中国西南地区的有力支持，以便把共产党的部队阻遏在长江以北地区”[②]。

不能不说，司徒雷登的确对中国的历史了解甚多。但不管出于什么目的，划江而治都代表了美国政府的一己私利，意味着中华民族大分裂历史的重演。仅仅凭这一点，司徒雷登就足以毁掉他自诩的所谓热爱中国的形象。

因为，长江是中国的母亲河，是约定俗成的中国南北方的分界线。划江而治的情形，曾经在中国历史上出现过若干次，也一次次造成国家南北对峙、骨肉分离的悲剧。

长江水阔浪急、易守难攻，自古以来被称为“天堑”。历史上著名的淝水之战、赤壁之战都发生在长江流域，强悍的北军总是难以逾越这道天堑，著名军事家苻坚、曹操都折戟于此。曹操当时号称 80 万大军，孙权与刘备联军区区几万人，敌我力量悬殊，孙刘却凭着赤壁长江天险，设计借东风火烧赤壁，大败曹军。

① 〔美〕陶涵：《蒋介石与现代中国》，中信出版社 2012 年版，第 348 页。

② 《战后世界历史长编（1949 年）》，上海人民出版社 1980 年版，第 225 页。

因此，以大河为分割，划江而治，多次成为历史上各个利益集团、农耕民族与游牧民族旷日持久的争战之后、相互妥协而形成的界线。例如，南北朝时期，宋与辽金的对峙，很多发生在长江一带，有时甚至在黄淮河两边，这时的“江”已经成为代表分割的概念词，具体位置有所不同，但每一次划江而治的结果，都是山河破碎风飘絮，妻离子散家人亡。

划江而治，是祖国分裂的耻辱和代名词，也是历代爱国人士心中的痛。唐代著名诗人杜牧写的那首《泊秦淮》，其中“商女不知亡国恨，隔江犹唱后庭花”一句，就是在讽刺南朝陈国末代皇帝陈后主忘记国破家亡的耻辱，被俘后仍然醉生梦死，被人称为最没骨气、没有心肝的亡国之君。

另一位宋代诗人林升的《题临安邸》，“山外青山楼外楼，西湖歌舞几时休？暖风熏得游人醉，直把杭州作汴州”的描写，也把对南宋当政者一味休战言和、不思收复中原失地的激愤之情表现得淋漓尽致。

民族英雄岳飞一首《满江红》更是千古绝唱：“怒发冲冠，凭阑处、潇潇雨歇。抬望眼、仰天长啸，壮怀激烈。三十功名尘与土，八千里路云和月。莫等闲、白了少年头，空悲切。靖康耻，犹未雪。臣子恨，何时灭。驾长车，踏破贺兰山缺。壮志饥餐胡虏肉，笑谈渴饮匈奴血。待从头、收拾旧山河，朝天阙。”这首气贯长虹的词，唱出了对祖国统一的强烈愿望！

司徒雷登再怎么是“中国通”，也只是了解历史的片段和零散的故事，他怎么会懂得中国人民对祖国统一的无比渴望和坚定信念！一如今天西方某些人打“台湾牌”，都不会得逞！

敌对一方“司马昭之心”已昭然若揭，中间人士的“好意”

也已清楚。接下来，要看看我们朋友的态度。

作为第一个共产党领导的苏维埃国家领导人，本应是中共天然的朋友，但斯大林对中国革命发展进程的认识，似乎总是慢半拍，有时又含糊不清很暧昧，但有一点是明确的，那就是始终以维护自身利益为出发点。

第二次世界大战结束前夕，美、英、苏 3 国在雅尔塔会议上，制定战后世界新秩序和列强利益分配方案。美、英不惜牺牲中国主权，换取苏联出兵东北，严重损害了中国的主权、利益和领土完整。而那时的斯大林对中共的态度不明朗，或抱有怀疑态度，甚至认为毛泽东有可能是一个铁托一样的民族主义者。因而，苏联出于维护其远东的一己之利，多次主动与蒋介石政权谈判，最终与国民党政府签订《中苏友好同盟条约》。

在中国抗战刚刚结束、中共和毛泽东尚未决定是否去重庆谈判的时候，斯大林来电称，日本投降，国共应言归于好。如果继续打内战，中华民族有毁灭的危险。①

1949 年 1 月，国民党政府开始败退、南迁广州时，在美国等西方国家使馆仍然留在南京的情况下，作为中共盟友的苏联，竟行动迅速地将其使馆随迁到了广州。斯大林还在试图维持与国民党政府的外交关系。

在人民解放军取得三大战役胜利之后，斯大林对于解放军要不要继续进军全中国，能不能取得最终胜利，还持保留态度，而对划江而治的局面似乎也能接受。

---

① 中央文献研究室：《毛泽东年谱（一八九三——一九四九）》下卷，中央文献出版社 2013 年版，第 13 页。

关于斯大林是否曾劝阻中国人民解放军渡过长江、主张划江而治的问题，学术界一直存在不同看法。

从 1949 年 1 月间斯大林和毛泽东之间的往来电报看，斯大林并没有明确劝阻人民解放军渡江，但这并不表明斯大林没有使国共双方划江而治的想法。原因在于，保持苏联战略安全利益和苏美关系稳定，避免东西方之间产生大的冲突，始终是斯大林考虑的首要因素。苏联还在犹豫中，要等待时间，把“宝”押在稳胜的一方。

就在蒋介石 1949 年《新年文告》发表后不久，南京政府又向美国、英国、法国、苏联 4 个国家发出外交照会，请求调停国共战争，促成划江而治。

当西方记者询问苏联是否参加调停时，斯大林仍然还有参与调停的想法，发电报向中共征求答复意见。

毛泽东直截了当地建议苏联政府这样答复：“采取什么途径实现中国的和平、民主和统一，这是中国人民自己的事情。苏联政府基于不干涉别国内政的原则，认为参加中国内战双方的调解工作是不可取的。”①

同时，毛泽东也告诉斯大林，我们认为，“人民解放军在全国的胜利和国民党政权的灭亡已经指日可待”，“现在我们想据理拒绝国民党的和平骗局，因为现在考虑到中国阶级力量对比已经发生根本变化，国际舆论对国民党政府也不利，人民解放军在今年夏季就可以渡江进攻南京。好像我们无需再次采取政

① 秦立海：《民主联合政府与政治协商会议——1944—1949 年的中国政治》，人民出版社 2008 年版，第 373 页。

治上的迂回策略，在目前形势下，再次实行这种策略，弊多利少”[①]。

为中共领导与米高扬会谈做翻译的师哲回忆，米高扬的西柏坡之行，私下曾经流露苏联方面希望中国共产党不要再打下去，就此以长江为界与国民党南北分治，实际上反映了斯大林和苏共的态度。

在米高扬离开西柏坡回到莫斯科不久，斯大林又给中共中央发了一封很长的电报。建议中国人民解放军不要匆忙渡江南下，还是要高举和平的旗帜，不拒绝和谈，甚至想好了万一国民党方

周恩来与米高扬在西柏坡

① 〔俄〕С.Л.齐赫文斯基：《斯大林与毛泽东在1949年1月间的电报往来》，马贵凡译，载俄罗斯联邦总统档案，全宗45，目录1，卷宗330，第100—103页。

面接受中共的和谈条件，将来的联合政府如何组成的问题，设想中共在政府里，要占到2/3，1/3留给国民党和民主人士，等等。

这封电报究竟出于何意，历史学家也有不同的解读，但有一点是可以确认的，直到这时，苏共和斯大林仍然对中共解放全中国的决心和前景表示担忧，还在幻想成立所谓的联合政府。

直到渡江战役结束，人民解放军占领南京，中国革命胜利的大局已定，斯大林才开始全力支持中国共产党建立一个新中国。

今天看来，是坚持原则的中共及其坚定的斗争精神，才赢得了苏共和斯大林迟到的支持。

敌友的态度已经明确，现在“球”到了中共一边。

是战是和，是将革命进行到底，还是半途而废？这是关系中国前途命运的重大原则问题。在原则问题上，中国共产党人从来是不含糊的。

但也不是没有困难，此时中共还面临很大的压力。

看看当时的地图颜色可以发现，南方还是大片的白色地带。尽管国民党军队在北方已经没有立足之地，但还控制着全国人口的58%，城市的63%，南方、西北土地面积的73%，还有204万人的军队，同时，帝国主义的外来干涉也不排除。实际上这种干涉，从抗战胜利之时，就以明里暗里的形式进行着。

要真正取得胜利，解放全中国，中共尚需花很大的气力。

三、记住劳动者的遗嘱

敢于斗争、敢于胜利，从来就是中国共产党人的优秀品质。无论是艰难困苦之时，还是革命顺利发展之日，中共的领袖们越有压力，越有斗志。

在关乎国家前途命运的时刻，中共中央以大无畏的勇敢胆略和气魄，旗帜鲜明地提出了自己的主张。

1948年年底，毛泽东在西柏坡发表了《将革命进行到底》的新年献词，毫不含糊地指出：

必须“用革命的方法，坚决彻底干净全部地消灭一切反动势力，不动摇地坚持打倒帝国主义，打倒封建主义，打倒官僚资本主义，在全国范围内推翻国民党的反动统治，在全国范围内建立无产阶级领导的以工农联盟为主体的人民民主专政的共和国”。“如果要使革命半途而废，那就是违背人民的意志，接受外国侵略者和中国反动派的意志，使国民党赢得养好创伤的机会，然后在一个早上猛扑过来，将革命扼死，使全国回到黑暗世界。”①

为了让善良的人们清醒，毛泽东特意讲了古希腊伊索寓言中《农夫与蛇》的故事，用十分形象的语言告诫人们决不能让农夫的悲剧重现，要记住劳动者的遗嘱。

“一个农夫在冬天看见一条蛇冻僵着。他很可怜它，便拿来放在自己的胸口上。那蛇受了暖气就苏醒了，等到回复了它的天性，便把它的恩人咬了一口，使他受了致命的伤。农夫临死的时候说：我怜惜恶人，应该受这个恶报！”外国和中国的毒蛇们希望中国人民还像这个农夫一样地死去，希望中国共产党，中国的一切革命民主派，都像这个农夫一样地怀有对于毒蛇的好心肠。但是

① 《毛泽东选集》第四卷，人民出版社1991年版，第1375页。

中国人民、中国共产党和中国真正的革命民主派，却听见了并且记住了这个劳动者的遗嘱。况且盘踞在大部分中国土地上的大蛇和小蛇，黑蛇和白蛇，露出毒牙的蛇和化成美女的蛇，虽然它们已经感觉到冬天的威胁，但是还没有冻僵呢！①

1949 年 1 月，在西柏坡举行的中共中央政治局会议上，毛泽东亲自起草决议，号召全党决不做伊索寓言中的农夫，必须将革命进行到底，而不容许半途而废。

为了澄清对和平问题的模糊认识，回答国内外的疑惑，特别是善良人们的担忧，毛泽东又接连写了《评战犯求和》《四分五裂的反动派为什么还要空喊"全面和平"》《国民党反动派由"呼吁和平"变为呼吁战争》《南京政府向何处去？》等一系列评论，用犀利的语言揭露蒋介石求和的阴谋。

朋友的工作也在做。1949 年 1 月 31 日，苏共代表米高扬到达西柏坡，毛泽东告诉他："我们的口号是：打过长江去，解放全中国。面临的问题是建立新政权。"② 这就向苏共和斯大林正式表明了，中国革命不会半途而废的坚定态度和必胜的信心。

解放战争的彻底胜利教育了苏共，斯大林面对既成事实，开始转变看法，调整外交方针。

新中国成立前夕，刘少奇访问苏联。在谈到抗战胜利后的和平运动时，刘少奇对斯大林说，中共中央的头脑是清醒的，结果

① 《毛泽东选集》第四卷，人民出版社 1991 年版，第 1377 页。

② 中央文献研究室：《毛泽东年谱（一八九三——一九四九）》下卷，中央文献出版社 2013 年版，第 450 页。

是我们孤立了美蒋，后来推翻国民党，打倒蒋介石，没有一人说我们这样做不对。对此，斯大林这位“老大哥”稍显尴尬，但还是委婉地就苏共在中国革命问题上，曾经提出的一些不恰当的建议表示歉意，并说，胜利者是不能审判的，凡属胜利了的都是正确的！①

其实，中共对战争与和平的态度是一贯的。从一开始，就把和平作为第一选项，力争和平，不打内战，国共双方共商建设祖国大业。

蒋介石的态度也是一贯的，那就是实行独裁统治，他连非嫡系的杂牌军都不能容忍、除而后快，更岂容共产党“侧榻而眠”。他念兹在兹，与共产党如水火，剿灭共党，唯此唯大，就是抗战如火如荼之际，也不忘搞摩擦消灭八路军、新四军，不惜削弱抗战的力量。显然，指望他放下屠刀立地成佛，实现和平，无疑是缘木求鱼了。

对于李宗仁代理的南京政府求和，中共的态度也很明朗，那就是愿意谈，我们欢迎；愿意打，我们奉陪。谈，是为了和平；打，也是为了和平，而且是更长远的和平。

为了给和谈以时间，中共中央一再推迟解放军过江的时间，做到了仁至义尽。先是在西柏坡接待了“上海市人民和平团”，后又邀请南京政府张治中、邵力子等人组成的代表团来刚刚解放的北平谈判。毛泽东亲自与张治中等彻夜长谈，解疑释惑，周恩来当面磋商，促使双方达成《国内和平协定（最后修正案）》。

① 中央文献研究室：《刘少奇年谱（增订本）》第二卷，中央文献出版社 2018 年版，第 413 页。

其间有个小的插曲。毛泽东请代表团的黄绍竑、刘斐吃饭。席间，刘斐问毛泽东，您会打麻将吗？毛泽东回答说，晓得些，晓得些。刘斐接着问，您爱打清一色呢，还是喜欢打平和？毛泽东听了差点失笑喷饭，立即说，平和，平和，只要和了就行了。刘斐也会心地笑了，知道共产党并不想搞一党专政。[①]

是的，和为贵，只要和平就好。但中共的善意没有得到善意的回应。

此时的李宗仁才发现，他虽然当上了"代总统"，但一切实权仍然操纵在蒋介石手里，军事、财政、外交、内务各部门依然唯蒋介石马首是瞻，政令根本出不了"总统府"，他连一个兵、一分钱都调不动，完全是个孤家寡人。就连和谈这件事，也是行政院和国防部那帮人说了算，而他们身后面，都有那个隐退了的"总统"蒋介石的影子。

对此，毛泽东评价说："这样，李宗仁在石头城上所能看见的东西，就只剩下了'天低吴楚，眼空无物'。李宗仁自上月二十一日登台到现在下过的命令，没有一项是实行了的。"[②]

1949 年 4 月 17 日，面对尴尬的处境，"代总统"李宗仁不得不致电蒋介石，请求他重新出山，担任"总统"。

4 月 20 日，蒋介石回电并不表态是否再度出山，而是要在杭州见面检讨时局。当天，李宗仁见到蒋介石询问如何回复和平协定时，蒋介石拍案大骂，"文白（张治中）无能，丧权辱国"，并拿出已经准备好的草稿。草稿宣布与共产党和谈已彻底决裂，继

① 参见中央文献研究室：《毛泽东传》（二），中央文献出版社 2011 年版，第 936 页。

② 《毛泽东选集》第四卷，人民出版社 1991 年版，第 1410 页。

续对抗到底。李宗仁无奈只好同意，4月20日深夜，复电张治中等人，拒绝接受《国内和平协定》。

这封拒和的电报是李宗仁和何应钦共同签发的，不管是“代总统”，还是“行政院长”，都是幕后蒋介石的玩偶。李宗仁如被戏弄了一番，尴尬不已，当天就托病回桂林休养去了。

蒋介石彻底把和谈的路堵死了，结果并不出中共的意料。

中国人民革命军事委员会主席毛泽东和中国人民解放军总司令朱德联名发出《向全国进军的命令》，命令人民解放军：“奋勇前进，坚决、彻底、干净、全部地歼灭中国境内一切敢于抵抗的国民党反动派，解放全国人民，保卫中国领土主权的独立和完整。”①

早已万事俱备的解放大军万船齐发，直取长江对岸，国民党苦心经营的长江防线瞬间土崩瓦解。

渡江战役期间，还发生了震惊世界的“紫石英”号事件。侵入中国长江的英国皇家海军远东舰队“紫石英”号等4艘军舰，先后擅自闯入人民解放军防区，不顾警告强行溯江上行，双方发生激烈炮战，挂着大英帝国“米字旗”的“紫石英”号被人民解放军击伤停搁在江边，其余3艘英舰逃走。这一事件表明，即将建立新中国的共产党人捍卫国家主权的坚定决心和强大勇气，使饱受帝国主义欺压的中国人民扬眉吐气，也标志着西方列强在中国近百年来畅行无阻的“炮舰外交”就此终结。

渡江战役的胜利，不仅打破了国民党军事上的重要防线，而且冲垮了蒋家王朝、帝国主义的心理防线，蒋介石反动统治彻底

---

① 《毛泽东选集》第四卷，人民出版社1991年版，第1451页。

灭亡的挽歌已经唱响。

其实，国民党的败象早已被有识之士看透。1948 年 11 月，在辽沈战役之后，离南京解放不到半年时间，心力交瘁的蒋介石的撰稿人、有国民党“文胆”之称的陈布雷先生吞食大量安眠药身亡。此前不久，蒋介石刚允许他从国民党监狱中，保释出有共产党嫌疑的女儿陈琏和女婿袁永熙。

蒋介石写挽词，称陈布雷是“当代完人”，国民党政府说他“感激轻生”。

陈布雷留给蒋介石的遗书却表明，蒋对陈有知遇之恩，陈追随蒋公 20 余年，鞠躬尽瘁，但最近的所见所闻使他很难再苟活于世。陈布雷日记中有这样一句话，我现在已经到了油尽灯枯的时候了。

出于对逝者的尊重，国民党方面没人会说穿，生性敏感、有传统文人气质的陈布雷，是以死来表达对毕生为之效力的国民党的绝望。

此后不久，一对年轻的夫妇朝着光明奔去。陈琏、袁永熙由中共地下党组织秘密护送，逃离国民党统治的上海，像北飞的大雁一样，经过 1 个多月的艰苦跋涉，到达解放了的石家庄，回归革命队伍。他们来不及去西柏坡，即奉命进入北平，开启了新的革命历程。

“中国通”司徒雷登也不得不黯然离华。在中国生活了 50 多年，当美国驻华大使 3 年多的他，虽然使出浑身解数，但终难扭转大势所趋，面对惨败的结局，身心疲惫地离开“石头城”（南京）返回美国。此后再也没有踏上中国土地。司徒雷登昔日在燕京大学的两位学生，一位是新任的中共南京外事处主任黄华、一位是他的随身秘书傅泾波，目睹了这一幕。

毛泽东有《别了，司徒雷登》一文相送，称他是“美国侵略政策彻底失败的象征”。并且说他是“‘茕茕孑立，形影相吊’，没有什么事做了，只好挟起皮包走路”[①]。这篇文章，也使得司徒雷登老先生“名声大噪”，成为日后中国家喻户晓的一位名人。

有人说，不管什么原因，司徒雷登也曾为中国教育事业做过一点事儿，但这并不能否认他是美国侵略政策的代表，在解放战争时期的所作所为，损害了中国人民的根本利益，这是事实。所谓功是不能抵过的。

西柏坡时期围绕半途而废还是将革命进行到底的斗争，以中共和人民的胜利而告结束。这是一首勇者的颂歌，它所表现的敢于斗争、敢于胜利的精神，在中国历史上产生长久的影响。

在 1950 年爆发的抗美援朝战争中，这种精神再次得到升华。刚刚成立、一穷二白的新中国，面对打着联合国军旗号、武装到牙齿的帝国主义列强，世界上许多人怀疑、担心，国内也有不少人悲观、恐慌，但中国人民不信邪、不惧怕，同仇敌忾，浴血奋战，直至将敌人打到在停战协议上签字。

毛泽东说，打得一拳开，免得百拳来。

一场抗美援朝战争打出了中华民族的志气和威风，为中国的发展赢得了几十年的和平环境。

历史又过了几十年，到了中英香港回归谈判的时候，“钢铁公司”与“铁娘子”有一次激烈的碰撞。

撒切尔夫人看到中国收回香港主权已成定局，又幻想“以主

---

① 《毛泽东选集》第四卷，人民出版社 1991 年版，第 1491、第 1496 页。

权换治权”，在会谈中威胁说如果没有英国的管理，香港将面临严重的灾难性后果。

邓小平言简意赅，用坚定的口吻说道，主权问题不是一个可以讨论的问题。如果说宣布要收回香港就会像夫人说的“‘带来灾难性的影响’，那我们要勇敢地面对这个灾难，做出决策”[①]。

“我们要勇敢地面对这个灾难，做出决策”。“铁娘子”被这掷地有声的回答击蒙了，神情恍惚，花容失色，出了人民大会堂还缓不过神来，失足跌在台阶上。有政治家评论，这是历史性的一跤，大英帝国残存的最后一点殖民幻想被击得粉碎。

1984 年，邓小平在《保持香港的繁荣和稳定》中提道：“不能笼统地担心干预，有些干预是必要的。要看这些干预是有利于香港人的利益，有利于香港的繁荣和稳定，还是损害香港人的利益，损害香港的繁荣和稳定。如果发生动乱，中央政府就要加以干预。”[②]

30 多年后，抚今追昔，任何人读了这段话，唯有击掌赞叹，用“高瞻远瞩”和“深谋远虑”作评价了。

进入新时代，西柏坡时期敢于斗争、将革命进行到底的精神，仍然是难能可贵、有现实意义的。历史说明，一个民族的复兴，必然会不断遇到各种挑战和风险，我们必须有所准备，必须靠大智大勇的斗争取得胜利。

正如习近平总书记的告诫，在前进道路上我们面临的风险考

① 参见《邓小平年谱（一九七五——一九七九）》（下），中央文献出版社 2004 年版，第 855 页。

② 《邓小平年谱（一九七五——一九七九）》（下），中央文献出版社 2004 年版，第 998 页。

验只会越来越复杂，甚至会遇到难以想象的惊涛骇浪。我们面临的各种斗争不是短期的而是长期的，至少要伴随我们实现第二个百年奋斗目标全过程。

譬如中美之间的贸易摩擦，名义上是经济问题，实质是政治体制、经济模式、社会制度、科技创新之争，是遏制与反遏制的战略之争。这场斗争，在某种程度上，类似当年划江而治的博弈，而且是一场持久战。

中国的发展是继续阔步前行，还是半途而废？在新的博弈中，同样需要超常的勇气、智慧和韧劲，同样需要敢于斗争、敢于胜利的精神。

“天行健，君子以自强不息”。天佑中华，不如起而斗争，把命运攥在自己手中。丢掉幻想，准备斗争！共产党人只要有了敢于斗争、善于斗争的精神，就会挺起脊梁，就会坚韧不拔地走自己的路，不管有多少风险和挑战，我们仍然会“乱云飞渡仍从容”，坚定地迈过一道道“坎”，取得最终的胜利。

那一天，人们会想起毛泽东和他豪迈的诗句：

“待到山花烂漫时，她在丛中笑。”

第五章

主动转折——仓促被动到主动预见

回看历史，波澜壮阔的解放战争像一座险峻的山峰，“登山者”——中国共产党人，有上山过坎的吃力，也有攀登陡峭山顶的艰难，还有翻过山后一路下坡轻松快跑的顺畅。

当中共中央来到西柏坡时，人民解放战争已经走过最艰难的“爬沟过坎”时期，进入了势如破竹、大踏步前进的阶段。毛泽东比喻为“传檄而定。那时我们是‘下坡’，有的时候根本不用打仗了，喊一声敌人就投降了”①。

很多人没有预料到，在传檄而定、即将全面胜利之时，中共中央在西柏坡简朴的房屋内，除了继续指挥完成决战之外，还在酝酿一次重大的转折。

困难时需要转折，顺利时也需要转折吗？毛泽东的回答是肯定的。

在中共曲折的奋斗历史上，曾经有过多次路线和工作重心的转折。西柏坡时期的这次转折，与以往的转折不同，带有鲜明的时代特点。转折的背景、准备条件和内容都有所不同。

① 杨尚昆：《对毛泽东的几点回忆》，载《中共党史风云录》，人民出版社1990年版，第2页。

前几次的转折，是在党的事业遭受重大挫折或遭遇重大变故后，被迫作出的应对之举，不转折，革命就无法生存、无法延续，必须改变既有的方针政策，找到正确的方向和路线。

西柏坡时期的转折，则是在革命事业顺利发展、即将取得全面胜利的时候。这一次，是党的舵手们经过深思熟虑，对工作路线和工作重心作出的一次预见性的、自觉主动的转轨变形。

这意味着中国共产党人已经成熟地、充满自信地站在历史的大舞台之上。

而这种成熟与自信，也是共产党人经过多次磨难和长期锤炼的结果。

一、惨痛的“从头越”

1927 年，中共还在幼年之时。

共产党人在全力参与支持北伐战争。以共产党员为主的北伐军主力所向披靡，叶挺的铁军攻长沙、占武汉，直指北方军阀的老巢。乘北伐的威势，中共领导人周恩来与罗亦农、赵世炎等人领导上海工人阶级取得第三次武装起义的成功，赶走了盘踞在中国最大城市和工业中心的反动军阀。

一时间，整个中国都沉浸在国民革命即将成功的氛围中。

就在此时，以蒋介石为首的国民党右派突然在上海发动血腥的四一二反革命政变，篡夺了上海工人用生命和鲜血换来的革命果实，大批共产党人刚刚在欢庆胜利，就猝不及防地倒在敌人的屠刀之下。其中包括早期的共产党精英赵世炎、陈延年、汪寿华等人。

1927年5月21日晚，驻守长沙的国民党反动军官许克祥发动马日事变，破坏中共控制的机关、团体，解除工人纠察队、农民自卫军武装，枪杀共产党员、国民党左派和工农群众上百人。事变之后，许克祥叫嚣“宁可错杀三千，也决不放过一个”，又把屠刀挥向湖南，继续疯狂屠杀共产党人和革命群众，仅在长沙附近就达1万多人。

出身的不同，并不天然代表本阶级利益和人生取向。论及对共产党人的仇恨与残忍，长工出身的许克祥当属第一。

湖南湘乡人都知道，名门望族陈家祖上陈翼怀曾为湘军名将，后辈家中出了两个将军。一个是陈家公子、共产党的大将陈赓，一个是陈家长工的儿子、国民党的中将许克祥。陈赓与许克祥同时背叛了自己的阶级，结果一个为民奋斗、流芳百世，一个替法西斯卖命、遗臭万年，永远被钉在历史的耻辱柱上。

不到2个月后，以国民党左派领袖自居的汪精卫，也扯下伪装的外衣，在武汉发动清党分共的七一五反革命政变，与南京反动政府沆瀣一气，宁汉合流。这个后来沦为汉奸国贼的人，屠杀起共产党员和革命群众来，同样一点也不手软。

至此，第一次国共合作彻底破裂，国民革命宣告失败。在毫无防备的情况下，中共党组织遭受极大破坏，共产党人牺牲重大。在这个时期，死难的共产党人和进步群众达30多万人，共产党员由大革命前的6万多人锐减到1万人，全国笼罩在白色恐怖之中。时任中共中央政治局常委的周恩来，后来在中共六大上指出，“中国的白色恐怖可以说是全世界历史上所绝无仅有的残酷”[①]。

① 中央文献研究室：《周恩来传》(一)，中央文献出版社2018年版，第189页。

屠刀、枪杀、鲜血、镣铐，并没有吓倒共产党人，他们在思索、在反省，滴着血的教训是，没有革命的军队，没有主动的武装斗争，只能是死路一条，必须把枪杆子攥在自己手中。他们悟出了“枪杆子里面出政权”的王道。

中共历史上第一次重大转折，是在共产党人擦干身上的血迹，掩埋好同伴的尸体后开始的。

从来就没有什么救世主，解救共产党只有靠自己。拿起枪杆子，开展武装斗争，成为这次转折的主题词。中共迅即发动了南昌起义、秋收起义、广州起义等一系列的武装斗争，开始向国民党反动派发起反击。

转折之路艰难程度令人始料未及。李立三、王明“左”倾盲动主义，照搬照抄苏联革命首先在城市取得成功的摹本，将武装斗争的重点放在敌人力量雄厚的城市。他们否认大革命失败后敌强我弱的客观实际，竟然认为中国革命仍然处于高潮，要以占领大城市为目标，而热衷于轰轰烈烈的攻城行动，结果一次次以卵击石，铩羽而归，损失惨重。

“红旗到底能打多久？”出路在何方？人们陷入迷茫之中。

“洋面包”水土不服，“山沟沟里的马克思主义”却给人们带来希望。

在那些教条主义者眼里，能够成本大套地背诵马克思主义经典的人，才是真正的革命者，而从农村走出来的毛泽东等人，被时任中共中央政治局常委的张国焘称为“农家子”，说毛泽东游击观念、农民意识甚浓，充其量是机会主义者或经验主义者。

好多年后，历史事实告诉张国焘等人，这些“农家子”恰恰是中国革命成功的领路人。

毛泽东和朱德分别带领秋收起义和南昌起义剩余不多的人马，在井冈山会师，在湘赣边界建立了根据地，点燃了武装斗争的星星之火。由此，共产党领导工农红军开辟了中国革命农村包围城市、武装夺取政权这条符合国情的正确道路。

虽然他们还在受着“农民习气、游击主义”的指责，但改变不了一个事实：共产党人在敌人力量薄弱的僻壤农村扎下了根，武装夺取政权渐渐在全国形成燎原之势，革命拨云见日，扭转了颓势。

至此，党的第一次重大转折方告结束。

对于这次转折，毛泽东日后在延安整风时总结道：“马克思列宁主义之箭，必须用了去射中国革命之的。”“把马克思列宁主义书本上的某些个别字句看作现成的灵丹圣药，似乎只要得了它，就可以不费气力地包治百病。这是一种幼稚者的蒙昧”，“那些将马克思列宁主义当宗教教条看待的人，就是这种蒙昧无知的人”[①]。

然而，这种蒙昧无知的人，并没有轻易退出历史舞台。像“牛皮癣”顽症一样，一有机会，又故态重萌。

时间到了中央苏区反“围剿”时期。由于实行了正确的军事战略和灵活机动的战略战术，前四次反“围剿”都取得了胜利。第五次反“围剿”斗争敌我力量悬殊，形势更为严峻，领导权却掌握在了积极推行王明“左”倾冒险主义路线的博古和共产国际派来的德国人李德手里。

博古（秦邦宪），时任中共中央总书记，刚刚 27 岁，比毛泽东整整小 14 岁，是莫斯科期间被人称为“二十八个半”布尔

① 《毛泽东选集》第三卷，人民出版社 1991 年版，第 820 页。

什维克之一。他可以滔滔不绝地背诵马列的经典篇章，但除了在莫斯科留学和在中央机关短暂工作的经历外，几乎没有任何斗争历练和经验，他甚至没有在战斗中放过一枪！

李德，原名奥托·布劳恩，出生于德国慕尼黑，第一次世界大战期间参加德国共产党，1933 年 9 月任中华苏维埃共和国中央军事委员会军事顾问。红军长征开始时，是中共军事最高领导三人团成员之一。

李德刚从苏联伏龙芝军事学院毕业，他那套军事教科书上学来的战术，还没有经过实战的检验，就指挥残酷激烈的战役。真是咄咄怪事！而与此同时，中央苏区已经完成 4 次反“围剿”斗争的洗礼，不少红军将领已经是久经战火考验的指挥员。

“外来的和尚”不了解中国的国情、水土不服，李德只能依靠翻译（他不会讲中文）按照课本上的条条和苏军战例，坐在房子里按地图指挥战斗，硬碰硬地与敌人死拼，结果是迅速削减了红军的有生力量。红军将领彭德怀忍无可忍，怒斥李德是“崽卖爷田不心疼！”

可想而知，博古——一个“娃娃”、李德——一个洋人，不可思议地结合在一起，前者没有实践经验，后者不了解中国国情，加上都很自负，李德更是拿着“洋钦差”“太上皇”的架子，“不碰南墙不回头”，第五次反“围剿”斗争失败的结局不可避免。

这是一场惨败，是中共土地革命以来又一次重大挫折，中央苏区几乎丧失殆尽，红军由 8 万多人减损到 3 万多人，被迫战略转移，走上了艰苦卓绝的长征之路。

最为忧心的是，面对惨重的失败，中共本应马上进行路线和军事斗争的重大转折，却迟迟没有完成。“左”倾冒险主义者不愿意交出领导权，红军仍在黑暗中苦斗，这种局面使得革命几乎到了崩溃的地步。

长征初期，“左”倾教条主义者来了个一百八十度大转弯，从进攻中的冒险主义变成退却中的逃跑主义，并且把战略转移变成搬家式的行动，致使敌人有充分时间调集兵力围追堵截，红军在湘江战役中再遭惨重损失。成千上万能征善战的红军战士倒在汹涌的江水中，烈士的鲜血染红了整条湘江！

多少年后，红军将领谈及此事，无不痛心疾首。

毛泽东、周恩来、张闻天、王稼祥等人心急如焚，边应对敌人的围追堵截，边寻找革命的出路，还要在行军途中谈心、争取党内持不同意见的人。艰辛困苦，何其难哉！

转移途中，不知出于什么考虑，博古起初想让毛泽东随其他军团行动，毛泽东坚持与张闻天、王稼祥等人在一起，这才有了3人在行军路上沟通思想、酝酿转折的机会。

有时候细节可能改变命运！

其时，毛泽东因经受了几个月疟疾的折磨，差点丢掉性命，加上对红军前途忧心忡忡，身体非常虚弱，因此他不得不坐上担架行军。

凑巧的是，王稼祥因在第四次反“围剿”斗争中遭敌机轰炸，右腹部伤势十分严重。长征一开始，他就坐在担架上。张闻天身体没什么毛病，时而骑马，时而步行。

他们一路相谈。路宽时一左一右谈，路窄时一前一后谈，走上大路，就两副担架并列前进躺着谈；行军谈，休息谈，宿营时住在一起仍然在谈。

毛泽东深入分析第五次反“围剿”和长征以来中央在军事指

挥上的错误，得到王稼祥、张闻天及一些红军领导干部的支持。参与指挥作战的周恩来、朱德与博古、李德的分歧越来越大，也明确支持毛泽东同志的正确意见。

条件已经成熟，遵义会议水到渠成。

遵义小城，贵州军阀柏辉章的二层灰楼公馆，成为记载重大历史事件所在地。博古主持中共中央政治局会议并作了主要报告，虽然承认失败，痛心牺牲，但仍然为第五次反“围剿”失败的领导作辩护。李德则显得有些沮丧，坐在会议室的门口，一边听着伍修权的翻译，一边大口地抽着烟斗。

会议充满着“火药味”，博古讲完之后，人们长时间的愤懑得以爆发。张闻天拍案而起，针对性地作了批判“左”倾军事路线的“反”报告，斥责了博古、李德在军事问题上的一系列严重错误。

接着，毛泽东在会上作了振聋发聩的长时间发言，着重批评了“左”倾冒险主义在军事领导上所犯的根本性错误；并用前4次反“围剿”的事实，据理批驳了博古为第五次反“围剿”失败辩护的错误观点。

毛泽东以“橘生淮南则为橘，橘生淮北则为枳”的典故，比喻“左”倾冒险主义不懂中国国情，生搬硬套“本本”，给中国革命带来极端危害。毛泽东点名批评博古和李德，将其错误概括为“进攻时的冒险主义，防御时的保守主义，突围时的逃跑主义”[①]。

王稼祥除了批判“左”倾冒险主义错误外，第一个提出请

① 中央文献研究室：《毛泽东传》(一)，中央文献出版社2011年版，第346页。

毛泽东重新指挥红军。毛泽东后来称王稼祥投下“关键的一票”。

会议根据绝大多数同志的意见，改组了中央书记处和中央革命军事委员会，毛泽东被选为政治局常委，取消了博古和李德的最高军事指挥权。推选张闻天代替博古在中央负总责，毛泽东、周恩来负责军事。随后，又成立了以毛泽东为首，周恩来、王稼祥参加的 3 人军事指挥小组。从此结束了“左”倾冒险主义在党中央的统治，确立了毛泽东在红军中的领导地位。

中共领导核心以带着“血”的投票，与水土不服的本本主义作了果敢的决裂，对“左”倾冒险主义进行了清算，挽救了党、挽救了红军、挽救了中国革命。

遵义会议是中国共产党历史上一个生死攸关的转折点。后来人们用各种褒扬的文笔、赞扬的语言来叙述会议的重要意义。因为，它改变了历史，决定了一支军队的命运，决定了一个政党的命运，决定了一个国家的命运。

50 多年后，美国人索尔兹伯里在《毛泽东传》中写道，遵义会议结束了，长征继续进行，毛泽东在掌舵。中国的道路——至少今后半个世纪的路——就这样确定了。

中国革命日后尽管还有曲折和艰难，但从此结束了山穷水尽的寒冬，迎来了柳暗花明的春天。

红 3 军团 11 团政委张爱萍回忆道，遵义会议后不久，我们就在娄山关战斗中歼灭了蒋介石嫡系吴奇伟两个师，这是我军长征以来取得的首次大胜。部队换了好枪，补充了弹药、物资，战士们喜气洋洋地说，这是毛主席运动战的灵验啊！

转折来得晚了许多，但愈显得宝贵。最为艰难的转折，也成为共产党人最为刻骨铭心的经验：马列主义理论原则必须与中国革命实际相结合，实事求是地确定符合中国国情的斗争路线，才是真正的马克思主义。

有了正确的引领，陷于困境的红军脱胎换骨、绝处逢生，四渡赤水、强渡大渡河、飞夺泸定桥、巧取娄山关、奠基直罗镇，胜仗一个接着一个，战士们脸上开始绽放笑容。红军粉碎了白军的围追堵截，万里长征胜利到达陕北，中共有了一个稳固的革命大本营，开始了长达13年的斗争和发展。

转折的伟大意义，至此才充分显露无遗！

二、化危为机的“惊回首”

中共历史上又一次转折，发生在抗日战争初期。

与上两次转折不同，这次转折不是遭受重大挫折和失败，而是由国际、国内形势发生重大变故而引发的。

红军到达了陕北，在稍事休整之后，很快又面临蒋介石军队新的“围剿”。蒋介石亡红军之心不死，企图用更多的兵力围困陕甘宁边区，军事上进逼，经济上封锁，千方百计消灭中共和红军。中国革命又面临严峻的局面。

九一八事变的枪炮声，震醒了沉睡的中国。日本帝国主义铁蹄践踏华夏大地，中国革命被迫改变了进程。在国家危急存亡之际，国内阶级矛盾让位于国际的民族矛盾，抗击日本帝国主义的侵略成为革命斗争的主要任务。

面临国家和民族危亡之际，中国共产党人以民族大义为重，放弃一党恩怨，呼吁实行第二次国共合作，建立最广泛的抗日民族统一战线。

这次转折，也并不一帆风顺，经过一波三折才得以完成。

蒋介石在民族危亡的紧要关头，还在高唱“攘外必先安内”的老调，置敌寇外侵、国家面临生死存亡于不顾，顽固地坚持对内“围剿”红军的战略。

但历史不再给他为所欲为的机会。

背负着“不抵抗将军”名声的东北军将领张学良和不受蒋介石待见的西北军将领杨虎城，走在了一起。在国内空前高涨的抗日舆论面前，他们不再执行“剿共”的命令。蒋介石大发雷霆，亲自飞到西安督战，当面大骂张学良辜负了自己的期望，逼迫他立即参加第六次“剿共”行动。

但显然这一次是“瞎子点灯——白费蜡”。

张、杨二人再次呼吁抗战未果，忍无可忍，于 1936 年 12 月 12 日，发动了震惊中外的兵谏——西安事变，并公开提出停止内战、一致抗战的八大主张。

那一晚，蒋介石正住在离西安城外 35 公里的临潼华清池。他在睡梦中被枪声惊醒，惊慌失措、衣冠不整地跳出宾馆的高墙，摔伤了后背，又一瘸一拐地逃往华清池的后山，藏在一个山洞里。奉命行动的张学良的警卫营长孙鸣九十分紧张，带着手下人反复搜寻才找到他。恐惧至极的蒋委员长，几乎是哆哆嗦嗦地被孙铭九背着下了山，用汽车接进西安城。

一时间事变引发轩然大波。国内一片混乱，风云诡谲，各方势力纷纷登场亮相。

以汪精卫为首的亲日派，以“讨伐叛逆”为名，叫嚣轰炸西安，派兵进抵潼关，妄图灭蒋取而代之。

宋子文、宋美龄等“皇亲国戚”四处奔走、八方斡旋，兄妹二人先后冒着危险赶到西安，与张、杨交涉，要拼命保住蒋介石性命。

在延安、西安和全国各地的进步人士、革命群众则群情激奋，人心大快：沾满共产党人和革命群众鲜血的罪魁祸首也有今天！万人皆曰蒋贼“可杀”。

发动事变的东北军、西北军将领，也有一部分人力主杀蒋。以他们对蒋介石为人的判断，担心一旦放蒋会留下后患，招致报复、无立足之地。这种担心不无道理。西安事变后，张学良、杨虎城的下场，在一定程度上说明他们有先见之明。

苏联、美国、日本等国家，也在密切关注西安事变的走势和影响，或谴责，或威胁，或冷眼观望，生怕损害到自身的利益。

此时在旋涡中心的蒋介石不吃、不喝、不言、不语，仿佛还要保持一点残存的“领袖”威严。张学良、杨虎城面对这个“烫手山芋”，吃又吃不得，扔又扔不掉，不知如何了局。张学良日后自我评价是，我把天捅了个“窟窿”，可如何补上这个“窟窿”，事先想了很多，事到如今却不知有什么办法管用。以至于后来周恩来赶到西安时，张学良对人说，“他来了，一切就有办法了”[①]。

事变后的危机还在持续。西安就像一个火药桶，随时有可能产生更猛烈的爆炸。

人们把目光投向延安。没有团体和个人私利的政党，胸襟广博，站得高，望得远，棋高一着，中共恰恰具备这样的品质。

站在民族和国家前途命运的高处，共产党人权衡利弊作出决断，要以民族大义为重，抛弃一党恩怨，再次力挽狂澜，决心促

① 中央文献研究室：《周恩来传》（一），中央文献出版社2018年版，第363页。

成事变的和平解决。

事变发生后，中共中央政治局连续召开会议，对形势进行研判。不可否认，最初中共党内也有将蒋介石交付人民审判的想法，但冷静下来综合分析，还是敏锐地捕捉到事变带来的重大机遇，有可能改变中国的政治局面，最终从全国抗战大局考虑，制定出力促和平解决西安事变的方针。

毛泽东指出，西安事变是站在红军的侧面，受红军的影响是很大。只有结束内战才能抗日。现在应估计到这次是可能使内战结束。我们应变国内战争为抗日战争。我们要争取南京，争取西安。[①]

按照中共中央解决西安事变的方针，周恩来等人赶到西安，连明彻夜与张、杨两将军，与宋子文、宋美龄，与东北军、西北军的将领交谈，晓之以理，动之以情，以民族大义唤醒一众，排除干扰，力促西安事变的和平解决。

此时的蒋介石也开始考虑自己的处境，特别是听到宋美龄说的“南京的情形是戏中有戏”，某些人企图轰炸西安的动议，使他后背发凉。他知道，如果不能回到南京重新掌握政权，扔在西安性命不保不说，个人也会一文不值。反复权衡利弊，他被迫答应停止内战、一致抗战的要求。

在经过反复磋商，基本达成和平解决事变协议之后，周恩来会见了蒋介石。这次会面颇有戏剧性。周恩来的第一句话是，“蒋先生，十年不见了，你显得比从前苍老些”[②]。

蒋介石看到在黄埔军校的老部下、经过国民党 10 年“围剿”

① 中央文献研究室：《毛泽东传》（一），中央文献出版社 2011 年版，第 423 页。
② 中央文献研究室：《周恩来传》（一），中央文献出版社 2018 年版，第 375 页。

不灭的共产党领导人周恩来，想起这位在四一二反革命政变中从自己枪口逃走、后被悬赏8万元缉拿的人，今天成了自己命运的主宰者，十分尴尬，但也顾不上许多，赶快表态停止“剿共”，联共抗日。

为了保持所谓领袖尊严，蒋介石坚持只作口头承诺，不签署任何文件，包括正式接受扣押者提出的8项条件。但回到南京之后，迫不得已开始国共合作谈判和商谈红军改编的问题。

只不过，这些商谈进行得艰难而曲折。一直到七七事变爆发后，面对日本帝国主义的步步进逼，蒋介石已无退路，下决心全面抗战，才最终达成国共双方合作协议，陕甘宁革命根据地改编为中华民国政府特区，红军改编为国民革命军第八路军，随即开赴抗日前线。

事实上，放弃10年恩怨，与国民党再次合作，对中共内部和红军指战员来说，也是一个很大的转折，很多人想不通。时任红军总政治部组织部部长的黄克诚回忆，宣布改编命令时，大家都不愿意穿国民党军队的服装，不愿意戴青天白日帽徽。我们反复做工作，说服动员，大家才勉强穿上国民党制发的军服，但还有不少人把帽徽揪下来扔在地上。有许多人一边穿衣服，一边流泪。

随着时间推移，人们才逐渐认识到转折的重要性。

对中共来说，这是一次漂亮的转折。共产党人面对突发事变，抓住机遇，因势利导，顺势而为，是化危为机、由被动变主动的一次成功应对。它不仅站在道德与正义的制高点上，成功地将中华民族各方力量聚集到反对日本帝国主义的统一战线下，而且为中共的发展赢得了宝贵的时间和空间。

由此，天地豁然开朗。中国共产党从过去长期被封锁和隔离的狭小范围里走出来，踏上领导全国人民抗日这个更加广阔的政治大舞台，在国内外的注视下，全面施展救国救民的政治抱负。

8年过后，中国共产党像延安抗日军政大学的口号一样，“越抗越大”，在有效开展抗日作战的同时，发展壮大了自己。日本天皇发出投降诏书之时，中共已是一个领导着拥有10万多平方公里土地、150多万人口的独立自主边区，以及有1亿多人口的敌后根据地的政党；中共的军队，由长征到达陕北时的红军不足4万人，增加到包括八路军、新四军和其他地方部队的近百万人。这支重要的武装力量，为夺取解放战争胜利、解放全中国打下了坚实的基础。

客观地说，中共建立广泛的抗日民族统一战线的战略转折，有赖于蒋介石的合作，尽管他是不得已而为之。多少年后，国民党某些人对此还耿耿于怀，认为国共第二次合作这8年，给了共产党做大的机会。蒋介石在以后的岁月里，也一直认为，西安事变之后和共产党的和解是很大的错误，造成了1949年的失败。

但是，历史是不能重写的。历史的机遇稍纵即逝、不容错过，抓住机遇的人，才是最智慧的人。那句老话是对的：成功永远属于有准备的人。

三、自信的主沉浮

历史的车轮来到西柏坡时期。此时中国共产党人面临的形势与幼年、少年时期截然不同，将承担起新的更加繁重的任务。

在胜利捷报频频传来之时，中共中央和毛泽东没有陶醉，而是高度预见性地告诉全党，革命即将进入一个新的阶段，新中国的成立，将使斗争环境、工作重心和形式发生重大变化。以往人们熟悉的东西，很多可能用不到了，而不熟悉的东西要求去熟悉并掌握它。要把党的工作重心转移到城市中来，这也是不得不进行的一次重大转折。

后来遇到的一连串变化，完全诠释了这种高度预见性，许多干部发现：

以往人们熟悉的战争年代，现在发展为相对陌生的和平年代了；

以往人们主要是与农村里的农民、地主、富农、小商贩、手工业者打交道，现在要同城市里的工人、城市贫民、资本家、小业主、太太、小姐、地痞流氓相识了。

这是一个全新的环境带来的全新的任务，变化何其之大，不转折怎么行？

然而最大的转折还是人们思想的转折。

过惯了艰苦生活的战士，还能不能保持过去艰苦奋斗的作风？从偏僻的农村，进入繁华的城市，花花世界的环境，极易出现心理的变化。不少连城市都没有去过的人们，能适应那里的生活吗？能经受住灯红酒绿的诱惑吗？

这种顾虑并非多余。一个小战士进入石家庄后，看到明亮的电灯，以为里边点着火，拿出根烟直接凑到灯泡上去点。另外一位，则两脚踩在坐厕上方便，因为坐在上边，无论如何解决不了内急的问题。

与这些陌生的环境相比，更考验人的是，城市里资产阶级的香风臭气也在袭来。进入北京前门大街、上海南京路、天津劝业场等闹市的战士，经常遇到抛媚眼的妖里妖气的女人，也有不怀好意的人，故意把钱丢在地上，等着看我们战士的笑话。

国民党的余孽纷纷放出话来，解放军可以打下城市，绝对管不了城市，他们怎么进来的，还得怎么退出去！

事实上，在胜利即将来临之际，革命队伍内部也在悄悄地发生着思想变化。

西柏坡驻地的一个夜晚。毛泽东刚刚签署完一封电报，信步来到警卫班战士中间，询问大家，进北平以后干什么，有什么想法？有个战士说，进城之后，少出门，防止出车祸。毛泽东说，不对，应当多见世面，这样才能长知识。另一个战士说，进城以后，大概不吃小米饭了吧。我吃小米饭实在是吃伤了，看到小米饭就饱了。

毛泽东说，这不是思想问题出来了吗！吃小米吃了那么多年，不要忘掉我们是用小米加步枪，打败了日本侵略者和美蒋反动派的。尽管革命胜利了，进了大城市，中国现在还很落后，在短期内也很难做到想吃什么就吃什么。①

从不出门到不想再吃小米饭，毛泽东再次察觉到主动转折、敲响警钟的必要性。

一个成熟的政党有着高度的预见性、深邃的洞察力和果敢的行动力。中共中央在指挥战略决战、开始筹建新中国之时，即着手传达一系列工作重心转移的信号。

陆续在西柏坡召开的重要会议，其中有1948年9月的中央政治局扩大会议、1949年1月6日到8日的中央政治局会议，把工作重心从农村转移到城市成为一个重要议题；而1949年3月5日

① 西柏坡纪念馆：《西柏坡记忆》第二卷，中央文献出版社2010年版，第271页。

西柏坡中共七届二中全会旧址

到13日召开的中共七届二中全会，使这种信号更加清晰明确，并且形成了正式决议，成为全党的意志。

毛泽东在这次历史性的会议上说，从1927年到现在，我们的工作重点是在乡村，在乡村凝聚力量，用乡村包围城市，然后取得城市。采取这样一种工作方式的时期已经完结。“从现在起，开始了由城市到乡村并由城市领导乡村的时期。”城乡必须兼顾，决不可以丢掉乡村，仅顾城市。但是党和军队的工作重心必须放在城市，必须用极大的努力去学会管理城市和建设城市。①

毛泽东的报告是中共中央领导集体智慧的结晶，得到了全党的一致赞同。

① 中央文献研究室：《毛泽东传》（二），中央文献出版社2011年版，第928—929页。

参与这次转折决策的任弼时说，毛泽东同志的报告，提出了一个带历史性的问题，就是从现在起，我们党的工作重心要由乡村转到城市。这次会议（七届二中全会），要求全党在思想上认识由以乡村为重心转到以城市为重心的重要意义，没有城市或不能把城市搞好，我们是不可能获得最后胜利的。①

刚从前线回来、带着淮海战役硝烟味参会的邓小平说，拿到城市，才能实现对农民的领导，实现工农联盟，实行新民主主义，转到社会主义。总之，城市领导农村。有了城市，工作重点应转到城市，这是关系到革命胜败的问题，是一个战略问题。②

的确，中共中央这个关乎革命胜败的战略决策意味深长，开创了一个胜利时主动转折的新模式。

这意味着中共的目光没有仅仅停留在眼前阶段，而是作出长远的战略考量；

这意味着中共预见到未来可能遇到的新挑战，而主动作出提前的预防和应对。

为了实现这个转折，适应城市工作的需要，中共中央做了组织干部方面的积极准备，先后抽调数万名解放区干部南下，接收管理新解放的城市。

1948 年 9 月，中共中央在西柏坡召开政治局扩大会议。毛泽东在会上预见性地指出，为保证新旧政权的顺利过渡，要求党迅速地有计划地训练大批能够管理军事、政治、经济、党务、

① 西柏坡纪念馆：《中共七届二中全会实录》，中共党史出版社 2018 年版，第 154 页。

② 西柏坡纪念馆：《中共七届二中全会实录》，中共党史出版社 2018 年版，第 203 页。

文化教育等项工作的干部。“战争的第三年内，必须准备好三万至四万下级、中级和高级干部，以便第四年内军队前进的时候，这些干部能够随军前进，能够有秩序地管理大约五千万至一万万人口的新开辟的解放区。”①

会后，中共中央作出《关于准备五万三千个干部的决议》，并随即对南下干部抽调任务按区域进行了分解。其中，华北解放区1.7万人，华东1.5万人，东北1.5万人，西北和中原各3000人。之后随着解放区的不断扩大，解放城市越来越多，中共中央又发出3个抽调干部的指示，进一步增加了南下干部的数量。

令出即行。在不到1年的时间里，从松花江、鸭绿江畔、长白山下，到太行山、吕梁山、沂蒙山、冀中、冀南、冀东等各解放区迅速组成南下干部工作团。

第二、第三、第四野战军因为接管区域不断扩大，原有的南下干部已经难以满足需要，经中央批准，也在平津、沪杭、南京等城市学生和知识分子中招收了一大批南下干部。上述不同来源的干部，经过培训学习，随解放大军一路向南，进入各个刚解放的城镇。

这一时期，西柏坡、石家庄和华北解放区成为培训南下干部的大熔炉，一批批南下干部由此接受培训，再随大军走向南方大小城市。

石家庄解放不久，中共中央组织部就在西柏坡举办了南下干部训练班，人称“一斤半团体”（当时供养干部是每人每天一斤半小米的待遇）。参加的人员是从北平、天津等地国统区大城市来的

① 《毛泽东选集》第四卷，人民出版社1991年版，第1347页。

知识青年。刘少奇、朱德、彭真、陈毅等人亲自授课。10个月之后，他们脱胎换骨，陆续南下，奔向广阔的实践舞台，在不同的岗位上，谱写新的人生。

当年的学员冉申回忆说，听了刘少奇“参加了‘一斤半团体，’就要为人民利益而奋斗，甚至不惜牺牲自己的生命”的讲课，热血沸腾，坚定了革命到底的决心，这是难忘的、终身受益的10个月。

从华北解放区出发的南下干部团体还有第四野战军南下工作团，主要由华北地区干部1.2万人组成；

由华北局太行、太岳区干部组成的中国人民解放军长江支队，主要配置了1个区党委（行署）、6个地委（专署）、30个县委（县政府）、200个区委（区署）的机构，共计4500人。

由晋中区党委抽调的干部，与太行、冀中区干部组成的晋中南下干部工作团，计3000余人。在石家庄集中训练后，南下湖南衡阳、长沙等地。

南下，是从北到南、跨越千里的一次干部大流动，成为载入史册的一道亮丽的风景线。南下干部，又成为带有特定时代烙印、实现党的重心转移的一批人。

“我们共产党人好比种子，人民好比土地。我们到了一个地方，就要同那里的人民结合起来，在人民中间生根、开花。”[①] 全党工作重心的迅速转移，无缝隙地接管城市、建立共产党的地方政权，使新中国大厦矗立起来，南下干部功不可没。

与干部准备工作相比，更大的转折还在于全党思想的转变，

① 《毛泽东选集》第四卷，人民出版社1991年版，第1162页。

这是更加深刻的转折。

因为，它既不是惨败后的“从头越”，也不是突发事变的“惊回首”，而是主宰命运沉浮的有历史意义的重大抉择。

这是时间空间的转折，更是精神层面的转折，也是有所扬弃的转折。转移的是工作重心，转变的是斗争方式，但以往的优良传统和作风不能丢，而且要继续传承弘扬。重要的是，主动迎接新的挑战，在思想上牢固树立守成精神，经受住执政的考验，永葆共产党的本色。从某种程度上说，这是转折成功的关键所在。

知其然还需知其所以然。为了说明这个极其重要的问题，毛泽东在中共七届二中全会上，讲了一段深刻精彩而又颇具警示意义的话——日后成为有长久生命力的历史经典。

> 夺取全国胜利，这只是万里长征走完了第一步。如果这一步也值得骄傲，那是比较渺小的，更值得骄傲的还在后头。在过了几十年之后来看中国人民民主革命的胜利，就会使人民感觉那好像只是一出长剧的一个短小的序幕。剧是从序幕开始的，但序幕还不是高潮。中国的革命是伟大的，但革命以后的路程更长，工作更伟大，更艰苦。这一点现在就必须向党内讲明白，务必使同志们继续地保持谦虚、谨慎、不骄、不躁的作风，务必使同志们继续地保持艰苦奋斗的作风。①

---

① 西柏坡纪念馆:《中共七届二中全会实录》，中共党史出版社 2018 年版，第 139 页。

毛泽东在中共七届二中全会上作报告（西柏坡纪念馆供图）

这就是人们耳熟能详的"两个务必"的著名论断，把共产党人胜利时主动转折的历史意义、转折必须秉承的精神与作风要求，讲得十分透彻。从一定意义上说，这就是中国共产党转折进城、承担起新使命的宣言书。

思想转折的内涵，中共领袖们有自己的解读。毛泽东在离开西柏坡前往北平的时候，与周恩来有一段"赶考对"。

出发前，毛泽东只睡了四五个小时。他兴奋地对周恩来说："今天是进京的日子，不睡觉也高兴啊。今天是进京'赶考'嘛。进京'赶考'去，精神不好怎么行呀？"周恩来笑着说："我们应当都能考试及格，不要退回来。"毛泽东说："退回去就失败了。我们决不当李自成，我们都希望考个好成绩。"①

决不当李自成，一定要考个好成绩。这是对"两个务必"最好的注脚。它之所以成为西柏坡精神的内核，是因为蕴藏着胜利与失败、成功与守成、长治与久安的深刻哲思。

20 世纪 80 年代时任正定县委书记习近平，曾经骑着自行车、

① 中央文献研究室：《毛泽东传》（二），中央文献出版社 2011 年版，第 932—933 页。

循着曲折的山间公路，从古城来到西柏坡寻访初心。20多年后，他当选总书记，再次来到西柏坡，以党的领袖身份号召全党大力弘扬西柏坡精神，并指出，“两个务必”包含着对我国几千年历史治乱规律的深刻借鉴，包含着对我们党艰苦卓绝奋斗历程的深刻总结，包含着对胜利了的政党永葆先进性和纯洁性、对即将诞生的人民政权实现长治久安的深刻忧思，包含着对我们党坚持全心全意为人民服务根本宗旨的深刻认识，思想意义和历史意义十分深远。①

是的，几千年历史治乱的规律，不就是创业难守成更难吗？李自成、洪秀全们进城后放弃奋斗精神，迅速腐败起来、功败垂成的结局，对于胜利了的政党永葆先进性和纯洁性、实现政权长治久安，永远是一面令人警醒的历史镜子。

我们党艰苦卓绝的奋斗历程，不就是从失败、突变到被迫转折，再到胜利时主动求变吗？蒋介石的叛变、“左”倾冒险主义的危害，党内放松起来、不愿再过艰苦生活而坠入腐败深渊的典型，都是反面教材，是共产党保持先进性、实现长治久安的“磨刀石”。

真理是经得起时间检验的。西柏坡时期主动而及时的转折，保障革命航船顺利度过了新中国的前夜，也指引了未来航程的方向。

70多年过后，“轻舟已过万重山”。重温主动转折的精神，依然感觉温暖而亲切，依然可以做我们现实的指针。

如果说，井冈山、延安这些圣地，奉献了中国革命正确的道

① 《党面临的“赶考”远未结束——习近平再访西柏坡侧记》，新华社石家庄2013年7月13日电。

路，以及艰苦奋斗、实事求是、敢于胜利的精神，那么，以“两个务必”为核心的西柏坡精神，则站在历史的高度，给了共产党人作为执政者的永恒启示：

要保持一个政党的青春活力，延续一个国家的长治久安，必须保持清醒的头脑，必须把握新的形势，主动迎接挑战，不断适时调整转变，力争有所作为。

进入新时代，国内国际形势的急剧变化，共产党人在新时期需要进行具有新特点的伟大斗争，过去已经熟悉的某些东西可能用不上了，很多新的东西急需去认识，去学习掌握。完成新的任务，观念要创新，发展模式要创新，科学技术要创新。对我们来说，这何尝不是又一场重大的转折！

中国 40 多年的改革开放成果蜚声海内外，成就举世瞩目，但同时也面临许多发展中的问题，需要我们下决心推进经济结构的调整，提升发展的质量。不主动转折行吗？

“打铁还需自身硬”，关键是把自己的事情办好。

西柏坡时期中国共产党的主动转折，给了新时代伟大斗争重要的启示：

同样是取得伟大胜利、面临新的更伟大的路程；

同样是主动、预见性的战略转折；

同样是需要进行思想上、精神上的“淬火”和“充电”。

不一样的是，我们有了坚强的物质基础，我们有了与天奋斗、与地奋斗、与人奋斗的历史镜鉴，我们有了与西柏坡精神一脉相承的新时代中国特色社会主义思想导航。

相信转折的结果是一样成功的。中共七届二中全会公报曾经指出，“中国的兴盛是可以计日程功的。对于中国经济复兴的悲观论点，没有任何的根据”[①]。

党的十九大指出：“大道之行，天下为公。站立在九百六十多万平方公里的广袤土地上，吸吮着五千多年中华民族漫长奋斗积累的文化养分，拥有十三亿多中国人民聚合的磅礴之力，我们走中国特色社会主义道路，具有无比广阔的时代舞台，具有无比深厚的历史底蕴，具有无比强大的前进定力。”

我们有理由坚信，从历史的长河看，中华民族伟大复兴中国梦的实现，也是可以计日程功的。

① 西柏坡纪念馆：《中共七届二中全会实录》，中共党史出版社2018年版，第186页。

第六章

力戒骄傲——不被胜利冲昏头脑

在今天西柏坡纪念馆资料室里，存放着一本不太引人注目的小册子，虽然书本已经发黄，但它曾经是关于中共思想作风建设的重要资料。

中共七届二中全会刚刚落幕，中共中央宣传部和解放军总政治部就根据毛泽东的指示，再次印发了这本郭沫若著的《甲申三百年祭》。

郭沫若，出生于四川乐山，毕业于日本九州帝国大学，现代文学家、历史学家、著名剧作家。当时以无党派人士身份客居重庆。

郭沫若写的《甲申三百年祭》，近2万字，发表于1944年3月19日重庆的《新华日报》，连登4天，恰逢明王朝灭亡300周年之际。

文章叙述了李自成历经10多年艰难奋斗才建立政权，占领北京之后，不听重要将领、谋士李岩的谏言，被胜利冲昏了头脑，忽略敌人，不讲政策，首领生活腐化，发生宗派斗争，最终失败，丢掉刚刚到手的政权。

这篇文章引发了社会热议。国民党宣传机构对郭沫若的文章反应激烈，《中央日报》很快发表了题为《纠正一种思想》的社论，指责郭沫若“影射政府”“为匪张目”。

时在延安的毛泽东却对此文十分赞赏，先后两次推荐全党认真学习，并把它印成小册子，作为延安整风学习的重要文件之一，突出强调了文章对戒骄与防腐的重大意义。

为什么时隔5年之后，毛泽东旧事重提，再次要求印发这篇文章学习？自有他深远的考虑。

一、骄傲是一个原则问题

理论之箭，要射实践之靶。此时此刻，毛泽东号召全党重读这篇文章，反骄破满，不仅是知会的问题，更是践行的问题，有其特殊的现实意义。

叶子龙回忆，进京前夕，毛泽东在西柏坡紧张的工作间隙，多次阅读郭沫若写的《甲申三百年祭》，是在思考借鉴历史的教训，以启示于未来新的事业。

早年出版的《甲申三百年祭》

因为西柏坡时期，毛泽东注意到共产党人面临的形势与明末历史有某些相似之处。

305年之前，李自成金戈铁马、血战疆场18年，于1644年进了北京；305年之后，共产党人走过了28年的艰苦历程，也要进驻同一座都城，同样面临进城后的执政考验。

李自成失败了，共产党能不能坐稳来之不易的江山？

为此，毛泽东在重印《甲申三百年祭》的前言中特别说明，郭文指出李自成之败，在于进北京后忽略敌人，不讲政策，脱离群众，妄杀干部，“纷纷然，昏昏然”，大家都像以为天下就已经太平了的一样。对我们的重大意义，就是要我们全党首先是高级领导同志，无论遇到任何形势与实际胜利，无论自己如何功在党国，德高望重，必须永远保持清醒与学习态度，万万不可冲昏头脑，忘其所以，重蹈李自成的覆辙。①

要害是因骄而败。那么，共产党人在取得政权之后，如何力戒骄傲，不被胜利冲昏头脑，防止李自成式的失败，是西柏坡时期共产党人开始思考的重大问题。

中华传统文化对骄傲的人和骄傲的言行是憎恶有加的。历史上因为骄傲而失败的事例数不胜数。

自高、自大、自得、自傲、傲慢、骄纵、骄矜、骄横跋扈、自命不凡、狂妄自大、妄自尊大、故步自封、刚愎自负、坐井观天、夜郎自大，这些讽喻骄傲的词汇、成语、典故，在历史和现实生活中比比皆是。

也有告诫人们谦逊戒骄的成语和警句，如谦虚谨慎、虚怀若谷、从善如流、骄兵必败、傲卒多败、骄者必败，“满招损，谦受益”，毛泽东那句名言“虚心使人进步，骄傲使人落后”，更在此列。

应当说，谦虚谨慎，戒骄戒躁，一直是中国有识之士的座右铭；逢骄必败，也一直是失败者的惨痛教训，但似乎是为了证明

① 参见《谢觉哉日记》下卷，人民出版社 1984 年版，第 1191 页。

它的正确性，古往今来不断地有人在重蹈覆辙，演绎一次次因骄傲而失败的故事。

楚汉相争，出自贵族世家、被人看好的楚霸王项羽，瞧不起市井出身的刘邦，屡屡轻敌，给对手多次“咸鱼翻身”的机会，最终落得个“霸王别姬”的下场。就连霸王的死，从某种角度说，也是骄傲的一种表现，因为本可以东山再起的他，却因“无颜见江东父老”而拒绝过江东，拔剑自刎。

三国争霸中，诸葛亮挥泪斩马谡，是因为被重用的马谡傲慢轻敌，失了街亭。关羽大意失荆州，也是刚愎自用、骄纵跋扈的表现，被东吴孙权利用，最终败走麦城。

成功人士也有败招。被人称为军事家的曹操在荆州大战中，先是审慎用兵，轻骑300里，一举击溃刘备，几乎占了荆州全境；后打了胜仗而飘飘然起来，骄傲轻敌，对敌情、水战全无准确的研判和应对，结果在赤壁之战中惨败。

为什么久经沙场的老将也会如此呢？这就是人性弱点使然，骄傲轻敌，被胜利冲昏了头脑。

从另一个角度看，这也说明为人易骄的顽固性，可以说胜利后骄傲，自古以来就是个难以治愈的顽症！

在西柏坡时期，面临空前的胜利与辉煌，以及人们的喝彩和掌声，共产党人如何预防和克服骄傲的顽症，备受关注。

毛泽东对骄傲的顽固性心知肚明，他下决心像刮骨疗毒那样，一点一点地切除骄傲的毒瘤，哪怕有一点苗头，也决不姑息迁就。

对骄傲情绪的预防和纠正，中共中央和毛泽东的态度是一贯的，早在延安整风时期就已经开始，而且是出于对长期革命历史教训的深刻总结。

毛泽东对共产党在这方面的教训进行过系统回顾，他在延安时期曾经指出："我党历史上曾经有过几次表现了大的骄傲，都是吃了亏的。"

毛泽东历数骄傲的"罪恶后果"。他伸出手指头，一个个地具体罗列了4次教训：

> 第一次是在一九二七年上半年。那时北伐军到了武汉，一些同志骄傲起来，自以为了不得，忘记了国民党将要袭击我们。结果犯了陈独秀路线的错误，使这次革命归于失败。第二次是在一九三〇年。红军利用蒋冯阎大战的条件，打了一些胜仗，又有一些同志骄傲起来，自以为了不得。结果犯了李立三路线的错误，也使革命力量遭到一些损失。第三次是在一九三一年。红军打破了第三次"围剿"，接着全国人民在日本进攻面前发动了轰轰烈烈的抗日运动，又有一些同志骄傲起来，自以为了不得。结果犯了更严重的路线错误，使辛苦地聚集起来的革命力量损失了百分之九十左右。第四次是在一九三八年。抗战起来了，统一战线建立了，又有一些同志骄傲起来，自以为了不得，结果犯了和陈独秀路线有某些相似的错误。这一次，又使得受这些同志的错误思想影响最大的那些地方的革命工作，遭到了很大的损失。

为此，他在演讲中要求，"全党同志对于这几次骄傲，几次错误，都要引为鉴戒"，要放下高傲自大的包袱，"不要重犯胜利时骄傲的错误”[①]。

他将郭沫若写的《甲申三百年祭》作为延安时期的整风文件印发全党学习。在致郭沫若的信中毛泽东又写道："小胜即骄傲，大胜更骄傲，一次又一次吃亏，如何避免此种毛病，实在值得注意。"[②]

西柏坡时期，是革命面临空前胜利的时期，"大胜更骄傲"的问题如何避免？

毛泽东一再给大家"卸包袱"。他苦口婆心地告诫全党同志，胜利固然可喜，但要丢掉骄傲的思想包袱。

他在西柏坡中共中央政治局"一月会议"上说，"胜利冲昏头脑，今天更有可能，胜利越大，包袱越大，紧张困难时易团结。这必须要警惕，要教育干部，首先要使高级干部懂得，战争打完了，真正要做的事情才开始，届时很可能感觉打仗还容易些。列宁说过，'推翻敌人容易，建设国家难'。要把因为胜利而带来的思想包袱丢下，否则就会损坏一些干部"[③]。

毛泽东为了让大家卸掉骄傲的包袱，还从思想、原则上给骄傲定性。

以往人们往往把骄傲问题，看成干部个人思想修养不够的小节问题，经常作为干部鉴定中的不足而出现。譬如说，某某人优点有若干条，是他品德的主要方面，而说到他的一两条缺点和不足时，往往会说有时有骄傲情绪，意味着是次要的问题。现在，毛泽东则把它提高到党的思想作风建设、领导干部重要政治品德的原则问题来对待。

---

① 《毛泽东选集》第三卷，人民出版社 1991 年版，第 948 页。

② 《毛泽东书信选集》，中央文献出版社 2003 年版，第 217 页。

③ 西柏坡纪念馆：《西柏坡记忆》第二卷，中央文献出版社 2010 年版，第 9 页。

在《党委会的工作方法》一文中，毛泽东列举了12条工作方法。其中第11条专门列出，力戒骄傲。并说："这对领导者是一个原则问题，也是保持团结的一个重要条件。就是没有犯过大错误，而且工作有了很大成绩的人，也不要骄傲。禁止给党的领导者祝寿，禁止用党的领导者的名字作地名、街名和企业的名字，保持艰苦奋斗作风，制止歌功颂德现象。"①

为了防止骄傲，毛泽东强调，不仅要善于团结和自己意见相同的同志，而且要善于团结和自己意见不同的同志一道工作。

对于原则问题，毛泽东始终是抓住不放的。在中共七届二中全会报告上，他进一步把骄傲问题，列入因为胜利、党内可能滋长的4种必须防止的不良情绪，而且列为力戒之首，为全党敲响了洪亮的警钟。

毛泽东预见到的这4种情绪，包括骄傲情绪，以功臣自居的情绪，停顿起来不求进步的情绪，贪图享乐不愿再过艰苦生活的情绪。今天看来，这些不良情绪都与骄傲自满思想有直接联系，也都因它而引起：因为骄傲，所以以功臣自居；因为骄傲，停顿起来不求进步；因为骄傲，贪图享乐不愿再过艰苦生活。

总而言之，毛泽东认为，骄傲是胜利后党内可能出现各种问题的根源，必须大力克服之。

二、"来不及骄傲"

力戒骄傲，中共中央和毛泽东有综合诊疗的办法，打出一套

① 《毛泽东选集》第四卷，人民出版社1991年版，第1443页。

"组合拳"。首先是让人们来不及骄傲。

方法之一，是给任务，压担子。用新的更大的任务和目标警醒大家，让所有革命队伍中的人时刻紧张起来，没有机会松懈和停顿，来不及骄傲。

在西柏坡中央政治局召开的"一月会议"上，毛泽东在作结论时说："如果完成了全国革命的任务，这是铲地基，花了三十年。但是起房子，这个任务要几十年工夫。"他说，"打完一仗之后，要立即提出新任务，这样他就不骄傲了，否则就会停止前进。"①

淮海战役结束后，毛泽东在给第二野战军、第三野战军领导人的电报中，提醒他们在大胜之后，"不要轻敌一点，甚为重要。我们说国民党基本上已被打倒，以后可能没有像辽西、淮海那样规模的大作战了，绝不应当被引导到轻敌思想。敌人还是要挣扎的，我们还要打仗"②。

在中共七届二中全会上，毛泽东进一步重申了这个观点："要提出新任务，使全党同志来不及骄傲！"③

方法之二，是强化居安思危意识。从最困难的方面着想，争取最好的结果，把胜利建立在克服各种困难基础之上，这是毛泽东唯物辩证思想的一贯主张和做法。特别是在革命进展顺利、不断取得胜利的时候，尤其注意这个问题。

在中共七大会议上，毛泽东面对党内空前团结、抗日战争胜

① 中央文献研究室：《毛泽东传》(二)，中央文献出版社2011年版，第924页。

② 西柏坡纪念馆：《中共七届二中全会实录》，中共党史出版社2018年版，第110页。

③ 《杨尚昆回忆录》，中央文献出版社2001年版，第281页。

利指日可待的大好形势，却大谈困难，告诫全党要“准备吃亏”，并且一口气讲了17条可能遇到的困难，包括国内国际、党内党外、军事、政治、经济、天灾人祸等各个方面。其中第17条尤其耐人寻味，那就是，其他想不到的事。

“想不到的事”，单独列为一条，说明困难之多，或有的困难意料不到、难以预测，警示人们要做突然应对的准备。

这是毛泽东未雨绸缪的高明之处。有的老同志说，对于胡宗南进攻陕北、我军主动放弃延安这个局面，大家都没有意料到，但因为有以前应对各种困难的思想准备，全党同志没有慌乱，在党中央和毛主席的指挥下，全党步调统一，万众一心，这个大困难得到了克服。

越是胜利的时候，越是要居安思危，做好遇到重大困难和挫折的精神准备，使革命队伍始终不松懈，始终保持紧张的战斗状态。这是中共和毛泽东力戒骄傲重要思想的立足点之一。

西柏坡时期，在解放战争节节胜利的时候，毛泽东再次告诫全党对可能遇到的困难做充分的思想准备，要以历史为鉴，“我们党曾遇到两次大困难，是由两次大错误造成的，那就是一九二七年的失败和一九三五年的万里长征”①。

众所周知，这两次大困难，都给中共带来了几乎毁灭性的后果，毛泽东旧事重提，是提醒大家胜利时不重视和主动预见困难，不做好充分应对复杂困难局面的准备，发展顺利的事业也可能前功尽弃。

---

① 西柏坡纪念馆：《中共七届二中全会实录》，中共党史出版社2018年版，第88页。

在解放战争胜利之时，可能遇到什么困难呢？时任华北军区副司令员的徐向前回忆道，1949 年年初，他积劳成疾正在石家庄养病，接到通知后专程赶到西柏坡，参加中共中央政治局“一月会议”。会上，毛泽东指出，困难也要充分估计，好有精神准备。一是大战爆发；二是天灾，即“七大说过，大旱三年，赤地千里”；三是军事发展不顺利，战争延长，明年打不过长江去，只能在江北打；四是李宗仁、李济深出来组阁，另成立政府，搞个曲折。[①]

困难非空穴来风，也并非不能克服，关键是要有清醒的认识，居安思危，不能骄傲轻敌。在这方面，是有惨痛教训的。

1949 年 10 月 24 日，开国大典的礼炮声刚刚落下。人民解放军第三野战军 10 兵团乘木船渡海进攻金门。由于对敌情、海情缺乏周密调查研究，先头部队 3 个团渡海登岛后，因船只全部搁浅并被敌军炸毁而无法运送后续部队上岛。登岛部队陷于孤立无援的境地，虽顽强作战，大量杀伤敌军，却终致失败。

萧锋，作为野战军 10 兵团 28 军副军长、金门战斗前线的指挥员，留下了刻骨铭心的记忆：金门战斗的失利，震动了全军。毛泽东指出其主要原因，为轻敌与急躁所致。他即致电全军，“当此整个解放战争结束之期已不在远的时候，各级领导干部中主要是军以上领导干部中容易发生轻敌思想及急躁情绪，必须以金门岛事件引为深戒。对于尚在作战的兵团进行教育，务必力戒轻敌急躁，稳步地有计划地歼灭残敌，解放全国，是为至要”[②]。

① 西柏坡纪念馆：《西柏坡记忆》第二卷，中央文献出版社 2010 年版，第 20 页。

② 肖锋：《回顾金门之战》，人民出版社 1994 年版，第 42 页。

解放军在毛泽东的谆谆教导下，接受了金门失利的教训，力戒轻敌急躁情绪，扎实备战，先后顺利地解放了海南岛、舟山群岛和万山群岛，谱写了我军战斗史上的新篇章。

胜利到来之时，中共领袖一直在多个场合反复强调，要居安思危。

新中国筹建期间，在讨论确定国歌时，著名爱国人士、基督徒刘良模，知名画家徐悲鸿等人推荐田汉作词、聂耳谱曲的《义勇军进行曲》。但有的代表认为，新中国已经成立了，“中华民族到了最危险的时候”的歌词已经过时了，建议重新填词。周恩来不同意改，他认为“中华民族到了最危险的时候”这句话永远要用，“因为我们中国越强大，帝国主义越恨，所以一直保持忧患意识”。毛泽东也不同意。他说，过时了吗？我看没有，新中国虽然成立了，但帝国主义国家还在封锁我们，我们不能高枕无忧，还是要居安思危。

方法之三，是增强忧患意识。对于新中国成立后工作的艰巨性、复杂性，毛泽东也提前反复告诉大家，进入城市后，面临着管理城市和建设城市的重大任务，面临着在城市中与帝国主义者、国民党、资产阶级作政治斗争、经济斗争、文化斗争和外交斗争的复杂任务，如果我们不去注意这个问题，不去学会和这些人作这些斗争，并在斗争中取得胜利，我们就不能维持政权，我们就会站不住脚，我们就会失败。

其中，在中共七届二中全会报告中，毛泽东两次发出如果我们骄傲轻敌，不善于进行新的斗争并且取得胜利，“我们就不能维持政权，我们就会站不住脚，我们就会失败”这样振聋发聩的警示，在以往的讲话和文件中并不多见，体现了未来执政者强烈的忧患意识。[①]

毛泽东的秘书胡乔木回忆说，对以上问题，毛主席在西柏坡时期反复讲过多次，目的就是一个，防止胜利前夕再出现曲折，防止出现取得全国政权后因骄傲松懈又出现李闯王式的失败。

这样，在革命胜利前夕，力戒骄傲问题，与党的事业能不能继续推向前进，新中国能不能长治久安、行稳致远，紧密地联系在一起，给全党敲响了时代的警钟。

三、表率戒骄

理论联系实际、知行合一是中国共产党人的优秀品质。

落实力戒骄傲的警示与要求，中共中央和毛泽东身体力行，在政治上、工作上、生活上等各方面，给全党作了谦虚谨慎、不骄不躁的表率。

“拒改主义”。1948 年 8 月 13 日，古城正定，共产党创办的华北大学开学典礼正在筹备。

新任校长、老革命家吴玉章先生发电报给周恩来，建议在开学典礼的讲话中，“把毛泽东思想改为毛泽东主义”，并就“学习毛泽东主义”的想法，请示毛主席。

毛泽东在看到周恩来转来的电报后，迅速作出反应，即复电吴玉章，不同意“毛泽东主义”的提法。电报中说：“那样说是很不适当的。现在没有什么毛泽东主义，因此不能说毛泽东主义。

① 西柏坡纪念馆：《中共七届二中全会实录》，中共党史出版社 2018 年版，第 175 页。

不是什么‘主要的要学习毛泽东主义’，而是必须号召学生们学习马恩列斯的理论和中国革命的经验。这里所说的‘中国革命经验’是包括中国共产党人（毛泽东也在内）根据马恩列斯理论所写的某些小册子及党中央各项规定路线和政策的文件在内。另外，有些同志在刊物上将我的名字和马恩列斯并列，说成什么‘马恩列斯毛’，也是错误的。你的说法和这后一种说法都是不合实际的，是无益有害的，必须坚决反对这样说。”①

“不作总店作分店”，毛泽东对这个问题始终保持清醒和坚定的态度。在中共七届二中全会上有明确的阐述：中国革命的思想、路线、政策等，如再搞一个主义，那么世界上就有了几个主义，这对革命不利，我们还是作为马克思列宁主义的分店好。

新中国成立后，毛泽东的威望大大提高，又有人提出改“主义”的问题，毛泽东仍然不同意。1956 年 1 月，毛泽东在知识分子会议上再次强调，“马克思列宁主义的总店在苏联，我们是分店；主干是马克思列宁主义，我们只是枝叶”。

实事求是地说，吴玉章老先生是资深的老革命家，有很高的理论造诣，他提出“毛泽东主义”，并不是心血来潮或是曲意奉承、有吹捧之嫌，实际上也是出于公心，代表了党内一部分同志的想法。

毛泽东在这个问题上十分严肃，说出来“无益有害”这样的重话，显然也是对事不对人的。他是在告诫全党，中国革命的胜利是在马克思主义指引下取得的，要摆正老师和学生的关系，不

① 中央文献研究室：《毛泽东年谱（一八九三——一九四九）》下卷，中央文献出版社 2013 年版，第 337 页。

能有丝毫骄傲的苗头。

这次提议也有作用。那就是，促使中共中央日后专门作出中国同志不与马恩列斯并列的规定。

吴玉章老先生欣然接受毛泽东的说法，并作了准确的阐述。

他在开学典礼讲话中指出，华北大学要学什么呢？最主要的是学习马恩列斯的理论和中国革命的经验。这里所说的中国革命的经验，具体地说来，就是以毛泽东同志为首的中国共产党根据马恩列斯理论所写的某些著作以及我党中央各项规定路线和政策的文件，我们把这些叫做毛泽东思想。①

“不上人民币”。解放战争的迅速发展，新中国的成立，都迫切需要发行一套人民的货币。

设计为先。人民币的设计任务，落在了来自晋察冀边区印刷局的王益久、沈乃庸两位身上。

从无设计货币经验的王、沈二人，边学边干，参考了世界各国的图案，发现各国货币设计的惯例是，票面上大都有开国元首的头像。例如，美元上印有美国历史知名的几位总统华盛顿、林肯、杰斐逊等人头像，苏联卢布的纸币和硬币上，都带有列宁头像，英镑上的人物头像，则一成不变的是伊丽莎白女王。因此，他们最初的设计，也曾自然而然地画上了毛泽东的头像。

当设计图案报请中央审查时，却遭到了否决。毛泽东说，票子是政府发行的，不是党发行的。我现在是党的主席，不是政府的主席，怎么能把我的像印在票子上？将来当了政府主席再说吧。

1 年多后，毛泽东当选中央人民政府主席，担任中国人民银行

① 《西柏坡纪事》，中央文献出版社 2016 年版，第 559 页。

行长的南汉宸，在开国大典上对毛泽东旧事重提，您现在已经是政府主席了，人民币可以印您的头像了吧？

毛泽东笑了笑说，主席是当上了，但也不能印。进城前开会，已作了决议，就是务必要保持艰苦奋斗、谦虚谨慎的作风，制止歌功颂德，防止骄傲、以功臣自居的现象。现在也不能印我的像了。[①]

此后，1955 年发行第二套人民币时，也曾出现过印制毛泽东领袖头像的设计。其中，原稿 5 元券面是少数民族人物抬着一幅毛泽东肖像；1 元券面是天安门城楼正面挂毛泽东画像；2 角券面的火车头上也绘着毛泽东像。上报中央审批时，毛泽东又一次严肃指出，为了制止传统的歌功颂德现象，要遵守党的七届二中全会决议，不得在人民币上印刷我的头像。

毛泽东头像印上人民币票面，是在老人家去世 11 年、进入改革开放时期后的 1987 年，并且是毛泽东与周恩来、刘少奇、朱德 4 位开国领袖在一起。

新中国成立将近 40 年里，人民币上虽然没有领袖头像，但领袖谦虚谨慎、不骄不躁的美德却长久留在人民心中。

“不搞欢迎式”。革命节节胜利，大军一支支进城，人民群众欢呼“天亮了”，给进城的党的领袖搞个欢迎或庆祝仪式似乎是很正常的。毛泽东却敏锐地发现了“不正常”：容易滋长以功臣自居的情绪，应当加以节制。

1949 年 3 月 24 日，毛泽东在赴北平途中住在保定，听说当地要搞中央进入北平的庆祝大会，认为不妥，立即嘱咐周恩来电告

① 参见《西柏坡历史》，中央文献出版社 2013 年版，第 116 页。

华北局，望速停止北平和各地的庆祝活动。

此时，叶剑英主政的北平市也在积极筹备对中共中央和毛泽东的隆重欢迎仪式。

北平，这个六朝古都，在经过漫长的等待之后，成为新中国的首都，老百姓从没有见过自己的领袖，欢迎一下，似乎也在情理之中。

但毛泽东认为没有必要。在此之前，第四野战军已在北平搞了一个入城式，那是为了给西方帝国主义国家看的。毛泽东专门叮嘱，进城的部队要到外国使馆区、旧中国的租界东交民巷转一圈，要让帝国主义知道，中国人民从此站起来了。

对于专门欢迎中共中央和他的庆祝活动，毛泽东说，“我们进城，千万不要惊动老百姓，声势不要搞的太大。我们进入北平，不用宣传全世界也都知道，不必花银子搞仪式”[①]。

后来，考虑到许多民主人士已经到了北平，迫切想与中共领导人见面，毛泽东同意周恩来的建议，搞一个不扰民的活动：中共领导人一行不进市区，不搞庆祝活动，只在郊区搞个小型的阅兵式，请社会各界人士代表参加，大家见个面，也算是个安民告示。

3月25日下午5时，一个小型的阅兵式在西苑机场举行。毛泽东、刘少奇、周恩来、朱德、任弼时等与众多民主人士见面，阔别多年的老友、故交新朋，互道问候，亲切交谈，而检阅部队的时间，仅仅不到半个小时。

在简短的仪式后，毛泽东等人直接乘车前往香山双清别墅，

① 西柏坡纪念馆：《西柏坡记忆》第二卷，中央文献出版社2010年版，第262页。

风尘未洗，又开始繁忙的工作。

中共中央和毛泽东的谦虚谨慎的作风，教育了全党。时任（北）平（天）津卫戍区司令员的聂荣臻表示，平津两市的“解放热”要冷下来，迅速整编部队，发动群众，恢复秩序和生产，为新中国定都北平扎实细致地做好各项工作。[①]

“约法六章”。为了让全党保持谦逊态度，中共七届二中全会作出 6 条规定：（一）不作寿；（二）不送礼；（三）少敬酒；（四）少拍掌；（五）不以人名作地名；（六）不要把中国同志同马恩列斯平列。

为了进一步落实“约法六章”，1953 年 8 月 12 日，毛泽东在全国财经会议中谈到要倡导谦虚谨慎、学习和坚韧精神时，对六项规定又作了详尽的解释：“七届二中全会有几条规定没有写在决议里。一曰不作寿。作寿不会使人长寿。主要是把工作做好。二曰不送礼。至少党内不送礼。三曰少敬酒。一定场合可以。四曰少拍掌。不要禁止，出于群众热情，也不要泼冷水。五曰不以人名作地名。六曰不把中国同志和马、恩、列、斯平列。这是学生与先生的关系，应当如此。遵守这些规定，就是谦虚态度。”[②]

不给自己做寿，是毛泽东一生恪守的原则。身边的工作人员回忆，他每逢生日，大都是面条一碗，淡酒一杯，平静而过。

1953 年 12 月 26 日，是毛泽东 60 岁生日。党中央接到全世界马列主义政党、友好团体和友好人士发来的许多贺电、贺信，热情祝贺毛泽东的 60 岁大寿。毛泽东严格指示不准发表这些贺电、

① 西柏坡纪念馆：《中共七届二中全会实录》，中共党史出版社 2018 年版，第 202 页。

② 西柏坡纪念馆：《中共七届二中全会实录》，中共党史出版社 2018 年版，第 183 页。

贺信。

同时，国内人民群众热切希望表达自己的崇敬心情，于是纷纷向中央送来了许多祝寿贺礼。普通的小至甘草一束，名贵的大到虎皮、牛黄，特别是少数民族爱国爱教上层人士赠送的礼品，如班禅额尔德尼赠送的麝香，阿沛·阿旺晋美赠送的藏红花，云南碧土活佛赠送的鹿茸。

毛泽东知道后，指示将药材、皮毛和其他礼品统统送到故宫博物院保管、展览。后经由中央办公厅主任杨尚昆批准：药材类赠礼送卫生保健局，皮毛类赠礼交中央特会室，工艺类赠礼交有关博物馆处理。毛泽东一件也没留。

60 岁大寿这个在普通人看来是值得庆祝一番的特殊日子，毛泽东依然践行了自己的诺言，悄然度过。

1963 年 12 月 26 日，毛泽东 70 岁大寿的时候，更是过得与众不同，不仅没受一份礼，还自己掏钱请民主人士吃饭，他把过生日与工作放在了一起。

中共中央和毛泽东在西柏坡时期，留下的力戒骄傲的思想，是在革命发展顺利、胜利不断到来之时，主动地反骄破满、保持谦虚谨慎作风的成功实践。对于共产党人来说，无论是革命战争年代，还是在社会主义改造、社会主义建设时期，以至于改革开放的新时代，都是一笔宝贵的精神财富。

新中国成立之后，中国共产党人曾经犯过“大跃进”的错误，根源在于在成绩面前产生了急性病；同样，我们也在许多时候保持了谦虚谨慎、不骄不躁的作风。

20 世纪 70 年代，面临国际国内复杂局面，善于吸取历史经验的毛泽东，多次讲过明朝建立以前谋士朱升，向朱元璋提出“高筑墙，广积粮，缓称王”谋略，朱元璋采纳了朱升的建议，避虚就实，积蓄力量，最终取得了天下的故事。以史为鉴。毛泽东针对性地提出“深挖洞，广积粮，不称霸”的战略思想，采取不事张扬、内稳基础、外反霸权的战略，从而打开了外交局面，赢得了世界的尊重。

重温西柏坡那段历史，可以使人们深化对力戒骄傲思想、对“两个务必”精神内在紧密性的认识。

“两个务必”是一个有机的整体。现实生活中，人们更多地注意了“两个务必”的反腐倡廉意义，即丢掉艰苦奋斗作风，容易产生腐败，这是对的，但还应当关口前移，把第一个务必更加重视起来，时时刻刻力戒骄傲，并且应当成为一种常态，防患于未然。

实践一再证明，谦虚谨慎、不骄不躁，是保持艰苦奋斗作风的前提和基础，是保持纯洁性、永不变质的第一道防线；而骄傲自满，则是丢掉艰苦奋斗作风，不愿再做艰苦工作、追求享乐，甚至走向贪污腐化的开端。“千里之堤，毁于蚁穴”，保持艰苦奋斗作风，力戒腐化变质，须始于并时刻保持谦虚谨慎、不骄不躁的作风。

凡骄必败。犹如毛泽东指出历史上 4 次大的骄傲，都给革命造成了重大损失一样。然而，顺境时容易骄傲的问题，还是会经常出现，特别是进入新时代，应当更加注意。

这似乎是一个带有长期规律性的现象，也说明了力戒骄傲斗争的长期性和复杂性，需要持之以恒。

经过 40 多年的改革开放，中国已经取得举世瞩目的成就，这一点，连我们的对手都不得不承认。因为成绩与进步，人们来捧场，赞美的话、庸俗的话，会经常响在耳边，敌对势力也会来“捧杀”，人们容易忘乎所以，松懈自己的斗志。坚持“两个务必”，谦虚谨慎、反骄破满，应贯穿整个实现第二个百年目标全过程，须臾不可放松。放松了，就会吃亏，就会跌跤子。

一个地方的领导骄傲自满、头脑发热，必然会失去清醒的认识和判断，例如忘记人口多、底子薄、基础差的基本国情，结果不顾客观条件，急功近利，去干劳民伤财的政绩工程、形象工程，而忘记还有许多老百姓急迫期盼的实事要办。

一个人忘记了谦虚谨慎，头脑发热，骄傲自负，必然会失去理性，忘却了底线，干出许多趋利牟私、甚至违法乱纪、贪污腐化的蠢事，跌“大跤子。”

历史和现实已经反复证明，一个政党、一个国家欲长治久安，一个人欲行稳致远，实现既定奋斗目标，须时刻保持清醒，力戒骄傲，警钟长鸣！

第七章

拒腐防变——战胜不拿枪的敌人

1949年初春的西柏坡，虽然春寒料峭，但报春的蜡梅已然在山坡上悄然绽放。

如同自然界一样，新中国的春天就要来到了。

中共七届二中全会结束后，中央机关都在忙着做进入北平前的准备。对于进城，大家期盼已久，兴奋之余，也有许多新鲜想法。

毛泽东走进警卫班，亲切地问大家准备得怎么样？有没有进城享福的思想？当得到战士们否定的回答时，毛泽东很高兴地说，我们要进北平了，我们进北平不能像李自成那样，他们进了北平就变了，我们是共产党人，我们有远大的革命目标，进了北平还要继续革命，建设社会主义，直至实现共产主义。①

毛泽东和卫士李银桥还有一段对话。

毛泽东问："要进城了，你准备得怎么样啊？"

"东西都收拾好了，随时可以行动。"银桥说。

"这里呢？"毛泽东指了指他的太阳穴。见他不解其意，便又说："小心，不要中了资产阶级的糖衣炮

① 西柏坡纪念馆：《西柏坡记忆》第二卷，中央文献出版社2010年版，第290页。

弹，不要当李自成。”[①]

看得出来，毛泽东此时此刻，十分关注进城后如何拒腐防变的问题。

在战斗的枪声逐渐停歇、共产党人进入城市后，能不能击退资产阶级糖衣炮弹的攻击，战胜不拿枪的敌人，而不被腐化变质，成为胜利后的首要问题，也是共产党人能否在城市站稳脚跟的一个重大考验。

进城，进城，似乎成为历史的转折点，成为胜利或失败的分水岭。拒腐防变的战斗，将在没有硝烟的环境下展开。

一、预防进城“未病”

“治未病”，是中华传统医学宝库中的一个重要理念。《黄帝内经》载：“上工治未病，不治已病，此之谓也。”“治未病”，即采取相应的措施，防止疾病的发生发展。

一个健康的人进入毒菌滋生的场所，稍有不注意，就会闹病。共产党人进城后也面临病毒——不良思想习气侵袭；增强免疫力，防止疾病的产生和发展，使革命队伍保持纯洁性，是一个不可回避且十分急迫的问题。

西柏坡时期，与力戒骄傲的思想相一致，中共中央和毛泽东敏锐预见到进城后可能被腐蚀而变质的危险，高瞻远瞩地实行了“治未病”的战略举措。

还是在中共七届二中全会上，毛泽东有一段著名的讲话：

① 《走向神坛的毛泽东》，中外文化出版公司 1989 年版，第 140 页。

因为胜利，人民感谢我们，资产阶级也会出来捧场。敌人的武力是不能征服我们的，这点已经得到证明了。资产阶级的捧场则可能征服我们队伍中的意志薄弱者。可能有这样一些共产党人，他们是不曾被拿枪的敌人征服过的，他们在这些敌人面前不愧英雄的称号；但是经不起人们用糖衣裹着的炮弹的攻击，他们在糖弹面前要打败仗。我们必须预防这种情况。①

这里，毛泽东创造性地用了两个词语，一个是防止糖衣炮弹的攻击，一个是战胜不拿枪的敌人，引起党内外热议，也成为中国共产党反腐败理论的经典。

糖衣，本是包在药物外面的甜味薄膜，是为了让小孩子更容易咽下苦涩的药片；用糖衣裹着的炮弹，感觉甜蜜却危害巨大，比喻经过巧妙伪装使人容易接受的攻击方式。

不拿枪的敌人，形形色色，他们没有拿着致命的武器，外表并不吓人，但在不经意中，用温柔的言行、美丽的外衣作掩护，涣散你的斗志，放松你的警惕，解除你的武装，在没有枪炮声的斗争中达到消灭你的目的。

糖衣炮弹和不拿枪的敌人往往是结合在一起的，共同的特点是经过伪装，具有欺骗性和麻醉作用，像温水煮青蛙，足可以让人放松警觉，不知不觉地导致腐败和变质，置人于死地。

中共中央和毛泽东预见到这种极具危害性的侵袭，在西柏坡

① 西柏坡纪念馆：《中共七届二中全会实录》，中共党史出版社 2018 年版，第 182 页。

时期主动开展了一场针对进城“未病”的防疫。

全党上下警醒起来，准备迎击糖衣炮弹，不做李自成，成为革命队伍进城前“治未病”的主题词，“药方”是，开展广泛深入的教育与制定严格的纪律。

中央机关、解放军各总部广泛进行了入城教育，举行报告会，打“预防针”，告诫进城后不要中了资产阶级的糖衣炮弹。

教育“防疫”在各解放区、各部队同步进行。参加完中共七届二中全会的领导干部来不及停留，风尘仆仆地赶回解放区和野战部队，传达贯彻会议精神。

朱德轻车简从，到石家庄宣讲中共七届二中全会精神，号召党员干部坚决执行会议确定的方针政策，保持艰苦奋斗作风，依靠工人阶级管理好城市。

张闻天回到沈阳，彭德怀回到太原前线指挥部，邓小平、陈毅经济南回到徐州华东野战军驻地，习仲勋、王震回到西北，以及很多参加会议的人员，都在第一时间迅速传达贯彻中共七届二中全会精神，又很快层层传达到了机关、部队和广大干部群众。警惕进城后糖衣炮弹的侵袭，战胜不拿枪敌人的预防性教育，成为一个重要而普遍的内容。

进城纪律则从中央机关率先产生。在即将进入北平城前夕，中共中央发出《机关、部队转移前后应该遵守的事项》，对进城后的纪律守则作了详尽的规定。其中有“五不”，即不乱讲话，不乱吃东西，不乱跑，不乱动手，不乱收人。“五要”，即要认清环境，分清敌友，提高警惕，不为胜利麻痹；要爱护公共物资，遵守公共纪律；要保持艰苦朴素的优良传统；要向工人与劳动人民学习；

要切实执行我党我军各项政策法令。[1]

在西柏坡的解放军总政治部也召开大会，强调纪律。总政副主任傅钟对即将进城的总部人员提出 8 条具体的注意事项：（一）把党的艰苦朴素优良作风带进城市。（二）严格执行三大纪律八项注意。（三）不准进入民宅和不准随便进入戏院等公共场所。（四）绝对保守党中央机关的秘密。（五）出门不得带武器和秘密文件。（六）进城后 3 个月不准通讯、会客、访友和外出游览名胜古迹。（七）不许贪污浪费，不被金钱美女收买利用，不被阿谀奉承迷了心。（八）手不许乱动，嘴不许乱说，脚不许乱走。[2]

今天看来，这些要求近乎严苛，有的或许绝对了一些，但的确起到了很好的警示作用，一针有效的防腐“疫苗”，避免了糖衣炮弹攻击下的无谓伤亡。

深入开展入城前的教育，一批解放区的文艺团体也加入进来。解放区剧作家马少波以《甲申三百年祭》为参考资料，创作了大型京剧《闯王进京》。

剧本以明末腐朽没落的社会为历史背景，以李自成聚众百万取京师、亡明朝，然立足未稳即坠入“温柔”之乡，迅速失败的悲剧，揭示了骄兵必败、腐化必亡的历史规律。

由于极强的针对性，这个剧目在解放区巡演中大获成功。观众或鼓掌、流泪、唏嘘感叹，或点首摇头，说明他们都看懂了，并有所感悟。有人说，这个戏好，它演的是 300 年前的事，但让我们思考的是今天和明天。永远记住这个教训，就能立于不败之地。

① 《西柏坡档案》，中国档案出版社 2013 年版，第 1354 页。

② 西柏坡纪念馆：《西柏坡记忆》第二卷，中央文献出版社 2010 年版，第 305 页。

二、不同寻常的接收者

对于城市，共产党人原来并不陌生。她的诞生地——中共一大所在地，就在“十里洋场”的大上海。党的二大、三大、四大、五大，也都在城市里举行。

那个时期，中共的首脑机关在城市，决策在城市，斗争重点在城市，发动工人运动、与国民党第一次合作、北伐战争也都围绕中心城市展开。

中共这种以城市为中心，由城市领导农村的工作局面，因蒋介石 1927 年发动四一二反革命政变戛然而止。中共被迫作出调整，工作重心逐步由城市转向农村，走农村包围城市、武装斗争的路子。尽管这样，中共中央机关还设在上海，直到 1931 年后，中共中央机关和中央领导人才逐步转移到中央苏区。

10 多年过后，随着解放战争的胜利，中共的领袖和为数不多的干部要重新回到阔别已久、略感陌生的城市，而许多农村出身的干部和子弟兵，则是第一次进入光怪陆离的城市。

此时城市里的各阶层人士，也在用陌生的目光打量这支队伍。他们经历过军阀进城、日本侵略者进城、国民党进城，留下了痛苦的记忆，唯独没有见过共产党和解放军进城。

日本占领者的残酷欺压自不必多说，殖民主义的罪行罄竹难书。

但国民党的“光复”进城，却是一个万万意料不到的劫难。抗战的胜利，老百姓原以为解放了，但他们很快发现，“走了一只虎，又来了一群狼”，骑在他们头上的不过是又换了一帮人。

国民党政府派出的接收上海、南京、北平等各大城市的官员，像一群饥饿的狼扑向毫无反抗之力的羊群，张开血盆大口，疯狂地攫取国家财富和民脂民膏，眼里只有金子、房子、票子、女子、车子，被称为新的“五子登科”。

西方对这场接收的评述也充满着惊诧。美国人布赖恩·克罗泽在《蒋介石传》中写道，不光是重庆官员从接收工作中发了大财，还有不少外国人也跟着暴富。一个当时在美国新闻处工作的人，据说此人借美国新闻处的名义，搞到了12幢房子。这种带花园和阳台的英式3层楼房，每幢都应收200盎司黄金作为有关费用。此人却分文不花，就搞到了这些房子。在上海人眼里，他们都属于“重庆来的官员”[①]。

而老百姓的生活却无人问津，经济迅速恶化，物价一日三涨，老百姓生活苦不堪言。

上海如此，其他城市同样也逃脱不掉悲惨的命运。

刘壮飞，一位曾经参与“劫收石家庄”的国民党少将参议，带着悔意作了这样的回忆。

接收石家庄的国民党官员屁股未坐稳，就开始施展各种手段，抢掠国家资财和民脂民膏。

国民党先遣军进了石家庄，第一件事就是抢粮、抢钱。先把日军粮库占为己有，数量足够2万人吃半年多；又开着大卡车去银行，从仅有9亿元的库存里强行提取5亿元，第二天，给银行送去一张借款单了事。

上层官员强取豪夺发大财。国民党第3军军长罗历戎利用职

① 〔美〕布赖恩·克罗泽：《蒋介石传》，国际文化出版公司2010年版，第217页。

权派兵去山西抢煤炭，借口军用，向上海营销，无本经营，获取暴利，直到山西的国民党长官阎锡山直接干涉，才稍加收敛。从北平派来石家庄的行政专员高挺秀，竟然监守自盗，从仓库里盗窃白布5000多匹，还有其他物资；被人抓住送到北平地方法院，旋即被释放。而揭发他盗窃行为的另一位官员"前赴后继"，自己也盗走一批白布。

长官尚且如此，中下层军警宪特更是有恃无恐，随意编造罪名，公开敲诈勒索。谁家有钱谁就是勒索对象，手段就是扣"两顶帽子"，一顶是红色的（通八路），一顶是黄色的（汉奸）。不管是政府人员、医院院长、商铺老板，还是普通市民，只要被扣上这两顶帽子，就意味着倾家荡产。许多人谈兵色变，避之不及。①

接收成了"劫收"。

有这样记忆的城市人，面对又一支进城的军队，他们战战兢兢，忐忑不安，担心再吃二遍苦，再受二茬罪，是不是"天下乌鸦一般黑"啊？

事实证明他们的担心和疑虑是多余的。

解放后第一天，上海的市民清晨起来，打开屋门，第一眼看到的是睡在马路边的解放军战士。他们席地而卧，青春的脸上带着硝烟的痕迹，身上披着露水，怀里抱着枪，睡得很踏实。

很多上海人日后回忆说，他们认识共产党和解放军就是从那个清晨开始的。偌大的上海有广厦千万间，解放军却宁愿露宿街头，也不扰民。秋毫无犯的文明之师，有了真实的样本。

---

① 摘自《石家庄文史资料》第五辑。

露宿街头的解放军战士

当时上海的“面粉大王”、后来的“红色资本家”荣毅仁本来正要移居香港，看到解放军到来的这一幕，当场说了一句话，国民党再也回不来了。他卸下已经装上车的行李，对工厂的负责人说：“开工！”

之后，荣毅仁马上作出决定，把已在香港的妻子儿女接回上海，全家留在上海参与新中国建设。

石家庄人看到的是，守着大囤粮食的进城干部和解放军战士，自己嚼的是掺着豆面的玉米饼子，送给市民的却是磨好的白面粉、黄小米。天亮了，赶上好日子了，是他们共同的感觉！

有这样感觉的人，随着解放军进驻一个个城市越来越多了。

而那些在国民党机构里混饭吃的人，从共产党的接管中也受到了震动。对比 4 年前抗战胜利后国民党的接收，则有更鲜明的反差和感受。

负责接管国民党中央通讯社北平分社的是时任《人民日报》总编室主任的李庄。进入分社后，两件在革命队伍中很普通的事，让很多留守人员赞佩不已。一件是当晚留守的分社人员为李庄一行准备了面条汤，为大家御寒，但被婉言谢绝了，进城干部吃着玉米饼子，就着开水，吃得特别香甜。一件是接收人员当晚住宿在大楼里，没有床铺，没有蒲草。仅有的一片地毯，带队的干部让给了警卫战士用，自己睡在冰冷的水泥地上。这只是革命队伍里的惯常做法，却成为分社人员多日议论的话题。

他们想起抗战胜利后来接管的国民党分社社长，虽不是什么大员，却不管下属死活，从分社大捞特捞。一个小小的分社就被他席卷了10万多银圆，最后一逃了之。他们的心开始向共产党人靠拢。

10多天后，李庄又奉命去接管《北平日报》，走的时候，两袖清风，随身还是那条从解放区带来的旧被子，别无他物。看到这一幕，分社的全体人员自发列队为他送行。

4年时间，2次接收，对比强烈，国民党怎么能不失败啊！

是的，因为李庄和其他进城的革命者，接受过预见性的防疫，还记得领袖的嘱托，决不以功臣自居，要做一个廉洁的人民公仆。

更重要的是，共产党的领袖以实际行动作出了如何进城的表率。

到西柏坡参观过的人，可能看到过一张毛泽东坐在农家小院旧帆布椅上的照片，不知是否注意到旁边换下的新布鞋。

这是照顾毛泽东小女儿李讷的保姆韩桂馨的“杰作”。进城前夕，小韩阿姨见毛泽东脚上的布鞋旧得不能再穿了，就抓紧时间做了一双新鞋。可毛泽东执意不换，只是说："还能穿呢！小韩阿姨，艰苦朴素是我们党的优良传统，我不带头怎么教育别人呢？"①

毛泽东在西柏坡（西柏坡纪念馆供图）

韩桂馨印象最深的，还是毛泽东那条补了又补、实在不能再补的毛裤。小韩的意见是马上就要进城了，要么到解放了的石家庄去买条新的，要么买几斤毛线织一条。但毛泽东还是不同意，带着央求的口吻说："还是请你帮我补补吧，穿在里面没什么好看难看，能挡寒就行。"就这样，这件已经补丁摞补丁的毛裤，毛泽东一直穿着它进了北京城。②

进城后的故事，由毛泽东的卫士马武义接着讲。

毛泽东在开国大典上穿的是一套黄色的中山装，衣服料子是战利品，看起来很体面。可谁知道，毛主席所穿的内衣两个袖子一边一个洞，还是在西柏坡时，韩桂馨用袜子头给补上的。毛裤破得更厉害，两个膝盖也各有一个大洞，因为找不到这么大的袜

① 《西柏坡故事》，中央文献出版社 2013 年版，第 22 页。

② 《西柏坡故事》，中央文献出版社 2013 年版，第 24 页。

子头，就一直破着。

1949年10月1日这天，毛泽东起床穿好了上衣，开始穿毛裤，大概是因为有些急，两脚一使劲，两条腿从膝盖的两个洞里出来了。只好退出来重新再穿。[①]

谁能相信，一位开国领袖就是穿着这样的破毛裤，登上天安门城楼的。

同样，其他的中共领袖，也是践行艰苦朴素作风的带头人。刘少奇的一口白茬木箱，既是文件箱，也是衣物箱，从延安用到西柏坡，又从西柏坡用到了北平；朱德的一件老棉袄从抗战时期一直穿到解放战争，补了又补，已经泛白，警卫员用新棉衣来换，被朱德坚决拒绝了。他说，我们穿衣服，要“新三年，旧三年，缝缝补补又三年”。党内“五老”之一董必武，则把一辆纺车放在炕头，晚上与老伴何莲芝一起，学习纺纱织布，为地方群众减轻负担。

对比一下国民党阵营的表率，则是天差地别。

蒋家父子为了维持统治，未必不想推行清廉政治，可是身在四大家族的“此山中”，也只能做做样子。

解放战争后期，国民党空前地攫取财富用于内战，致使国内经济一片哀鸿。1948年8月，上海（也代表全中国）的通货膨胀惊人，美元与法币的兑换率达到1∶1100万。按100元法币计算，1945年可买到一条鱼，1946年可买到一个鸡蛋，1947年只可买到1/3盒火柴，1948年还买不到一粒米。

蒋介石为应对残局，于8月19日发布总统令，实行金圆券改革，同时强制将社会上的金银制品及外汇全部上交中央银行。但

① 《西柏坡口述历史》第一册，中央文献出版社2015年版，第49页。

推行过程并不顺利，许多上海的大佬商贾多有抵触。

为了挽救经济败局，也为了历练儿子，蒋介石派曾在苏联留学的蒋经国，到上海去打所谓破坏经济秩序的“老虎”。

进沪初期的蒋经国决心甚大，也查处了一些不法贪官和不法资本家，大有不获全胜决不收兵的架势，可是遇到姓孔的“老虎”，便彻底打不动了。

扬子公司案是个试金石。这个由国民党政府财政部部长孔祥熙儿子开办的公司，带头违反蒋经国的打虎令，囤积大批物资被抓了现行。

世人都在关注蒋经国是真的“只打老虎，不打苍蝇”，还是“只打苍蝇，不打老虎”，结局让人大跌眼镜。

案子刚刚查出，一个强大的说情集团就成立了，有蒋经国的继母宋美龄，也有他的姨夫、当事者的父亲孔祥熙，再加上在北平召开辽沈战役重要军事会议的蒋介石，也放下一切飞到上海调停此事。傅作义感叹说，“蒋介石爱美人，大过爱江山”[①]。

面对这强大的利益群体，涉及孔宋两家的财富安危，蒋经国只能悻悻然，举起的大刀无可奈何地悄然落下。当事的祸首孔令侃只是象征性地掏了一点钱，就在大庭广众之下堂而皇之地飞去香港又转往美国。扬子公司连牌子都没换，就在大洋彼岸开张营业了。

随着飞机轰鸣声的远去，蒋经国所谓的金圆券改革，也无声无息地遁去了。

结局如此让人愤懑。民主人士储安平在其主编的《观察》杂

① 〔美〕陶涵:《蒋介石与现代中国》，中信出版社 2012 年版，第 342 页。

志上发表题为《一场烂污》的文章："过去一个月真像是一场恶梦！在这一个月里，数以亿计的人民，在身体上、在财产上，都遭受到重大的痛苦和损失。人民已经经历到他们从未经历过的可怖的景象。他们不仅早已丧失了人生的理想、创造的活力，以及工作的兴趣，这次，又丧失了他们多年劳动的积储，并更进一步被迫面临死亡。"

蒋经国也因无可奈何而内心苦闷，他在《沪滨日记》里写道，"当我离开办公处的时候，心中实有无限感慨，几欲流泪"，"望黄浦江上的晚景，觉得格外的凄惨"。

实际上，他个人的遭遇实在不值得一提，因为比所谓经济改革之前，上海市民的生活愈加处在水深火热之中，甚至更糟糕、更悲惨。家里仅有的一点金银被政府搜刮而去，物价飞涨，一麻袋金圆券买不到一斤面粉，普通百姓的生活已经朝不保夕。

而蒋经国个人的优越生活没有任何变化，仕途依然平坦，只不过再换一个地方施展拳脚罢了。

蒋介石就是这样培养锻炼自己大公子的。而同时期毛泽东的大公子在做什么呢？

毛岸英此时还在上"劳动大学"，在西柏坡附近贫穷的乡村里工作生活，每天吃着棒子（玉米）面和山药蛋，经常与农民一起下田种地。因为毛泽东认为岸英是吃洋面包长大的，需要过过农村老百姓的生活，真正感受中国最底层人民的疾苦，以便将来更好地为人民服务。

这样的锻炼使得毛岸英在政治上迅速成熟起来。

1949 年湖南解放不久，毛岸英写给表舅向三立的一封信，反映了他正确世界观的确立。这封信的内容，是表舅向毛泽东为家

1949 年 4 月，毛泽东和毛岸英、刘思齐、李讷在香山（西柏坡纪念馆供图）

人求个类似厅长的职位。

毛岸英先是告诉表舅，新的时代，一步登高的“做官”思想已是极端落后了，而尤以通过我父亲即能“上任”，更是要不得的想法。然后说，新中国之所以不同于旧中国，共产党之所以不同于国民党，毛泽东之所以不同于蒋介石，毛泽东的子女妻舅之所以不同于蒋介石的子女妻舅，除了其他更基本的原因之外，正在于此。皇亲贵戚仗势发财，少数人统治多数人的时代已经一去不复返了。靠自己的劳动和才能吃饭的时代已经来临了。在这一点上，中国人民已经获得根本的胜利。

1 年后，毛岸英牺牲在战火纷飞的抗美援朝战场上，时年 28 岁。毛泽东在 1 个月后才得知噩耗，他隐忍着巨大的痛苦，没有同意将毛岸英尸骨迁回国的要求，以“青山处处埋忠骨，何必马革裹尸还”作答，将毛岸英与千千万万牺牲的烈士一起，留在了陌生的国土。

9 年后，毛岸英新婚只有 1 年的妻子刘思齐，才有机会到朝鲜桧仓郡中国人民志愿军烈士陵园祭奠自己的丈夫。此行的全部费用，包括交通费、食宿费、祭奠费等，都是毛泽东用自己的稿费支付的。

不要说与蒋经国相比，就是与一般国民党将领相比，毛岸英的生活水平也是相差甚远。王耀武就是一个例子。

1948 年 9 月 24 日，济南解放，全歼守敌 10 多万人，但那个誓与济南共存亡的敌酋王耀武却不见踪影。解放军千寻万找，没有结果，却是他自己暴露了行踪。

这天早上，一位村民前来报告，在自己家的厕所里发现了一种非常白的纸，引起解放军的注意，顺藤摸瓜，果然找到了王耀武。原来，济南城破之后，王化装成小贩一路外逃。过惯了奢侈生活的王耀武，在贫穷的山东农村，依然在用雪白的美国进口卫生纸，没想到，因为解手而暴露了自己的真实身份。

与其说王耀武是因为一卷卫生纸被俘虏的，不如说这位黄埔军校高才生奢侈的生活形成了烙印。此时，功德林监狱里又多了一位国民党将军；腐败堕落必然失败，又多了一个样本。

三、向腐败毒瘤宣战

作为一个革命政党，保持纯洁性，与贪污腐化作斗争，仅有批评教育是不够的，必须毫不留情地割除腐败毒瘤，惩处那些被糖衣炮弹击中、丧失本色、腐败变质的人，警示大多数干部引以为戒。

1948年5月的一天，随着一声清脆的枪声，华北军区司令部军法处在太行山深处的阜平县，处决了由毛泽东亲自批示的一名案犯。

人们没有想到的是，被枪决的不是国民党反动分子，而是解放军一名高级领导干部，时任冀中军区参谋长的黄寿发。

解放战争正是用人之际，为什么这样一位资深的高级干部被处以极刑？

揭开内幕的是1948年6月2日《晋察冀日报》刊登的华北军区司令部军法处的判决书：

> 黄寿发，福建新泉县人，现年三十七岁，出身贫苦，幼时给地主放牛看山，做过泥工，一九二九年加入赤卫队，一九三零年参加红军。由战士逐次升任排长、连长、营长、团长等职。抗日战争后，分配到晋察冀工作，曾任分部参谋长、分区司令员，日寇投降后，任纵队副司令员，后调任冀中军区参谋长。黄寿发参加革命近二十年、曾在作战中负过伤，对革命是有过功绩的，但由于学习不努力，政治不开展，习染军阀主义作风，因打骂同志等，受过批评与处分。其军阀主义个人主义，一直发展到最后成为杀害自己同志的凶手。
>
> 黄寿发于一九四七年旧历年正月初二，在河间黑马张庄，以手枪杀害其妻何茵，何连中三枪，当即身死，时已怀孕数月，缘黄寿发于一九四六年秋，与他小孩的保姆单洁英通奸。因此与何茵关系日趋恶化。何死之前，

在电台任政治指导员，过年返回黄处，黄因恋爱情热，即蓄意谋害，于旧历十二月三十日，曾授意其警卫员边振海打死何茵，边振海当予拒绝，并加解劝，黄寿发并未因此悔悟，反将边振海训斥，正月初一又以威胁手段，令边振海不得暴露，初二，当何茵回电台时，即亲手将何枪杀。

黄寿发身为革命军人，为满足个人私欲，竟亲手杀害自己的妻子亦即自己的同志，并使未出生的胎儿同遭毒手，此种犯罪行为充分表现其恶劣的军阀主义与自私自利品质，卑劣残忍绝灭人性，实为革命军纪法纪所不容。黄寿发犯罪后，犹不坦白认罪，反而多方辩解，企图狡赖，经一年多侦讯，证据确凿，始无法抵赖，直认不讳。黄寿发所以犯下如此罪恶，实因自恃功劳职位，为所欲为，目无法纪，其结果必然使革命受到损失，同时毁灭自己，应引为全军严重教训。为了严饬法纪，教育全军，决定处该犯以死刑，执行枪决。

结果一目了然，但案件审理过程很冗长。黄寿发案发后，晋察冀军区曾多次研究如何处理。面对这样一个资深的老红军干部，是将功折罪还是处以极刑，始终没有统一意见，这样一拖就是1年多时间。中共中央来到晋察冀解放区后，聂荣臻向毛泽东汇报了此事。毛泽东指示，对这种行为必须严惩，要处以极刑。

毛泽东还结合黄克功的案子，告诫全党，无论资历多老，贡献多大，触犯党纪国法，绝不姑息迁就。

共产党之所以不同于国民党，就是因为有铁的纪律，维系着民心所在。人们还记得国民党的战将张灵甫，同样也是杀死了自己的妻子，结果却迥然不同。

张灵甫草菅人命，道听途说，未经证实，逞一时之快，其第二任妻子吴海兰在毫无察觉的情况下，惨死在他的枪口之下。之后，张竟扬长而去。这种恶行理所当然受到谴责，当时全国舆论哗然，严惩之声不绝于耳。但吴海兰哥哥几次告状无人理睬，直到张学良夫人于凤至替他喊冤，蒋介石才把张灵甫关押起来。但仅仅过了 1 年多时间，就被人说情释放，复职于军界，后来飞黄腾达，升为国民党王牌军 74 师的师长。国民党刑不上大夫，保了一个将军，却失去了一众民心。

其实，中共的反腐斗争由来已久，一直在延续。从某种程度上说，中共的发展史，也就是与腐化堕落行为作不懈斗争的历史。毛泽东谈到的延安时期查处黄克功的案子，就是一个典型的例证。

如果说，某些人主要是经济上贪污腐败的话，那么，黄克功案件则更带有思想蜕变、居功自傲、目无法纪的特点，因此对他的处理，也更有普遍的教育意义。

黄克功也是一个参加过长征的老干部，任过红军时期的团长，中国人民抗日军政大学第 3 期第 6 队队长，在四渡赤水、娄山关战役中立过战功。他在与抗大女学员刘茜恋爱中起了波折，女方表示断绝恋爱关系，黄在劝婚不成的情况下，竟然在延河边上拔枪杀了对方。

这件事在延安引起轩然大波。很多人要求依法严惩黄克功，边区法院也作了判决。但也有人（包括一些领导干部）认为他为革命立过功，应当网开一面，让他戴罪立功。黄本人也寄希望中央领导能够让他血洒战场，立功赎罪。

毛泽东知道这个案子后，力排众议，坚持依法严肃惩处，并给当时任陕甘宁边区高等法院刑庭审判长的雷经天写了一封信，严肃指出："黄克功过去斗争历史是光荣的，今天处以极刑，我及党中央的同志都是为之惋惜的。但他犯了不容赦免的大罪，以一个共产党员、红军干部而有如此卑鄙的，残忍的，失掉党的立场的，失掉革命立场的，失掉人的立场的行为，如为赦免，便无以教育党，无以教育红军，无以教育革命者，并无以教育做一个普通的人。因此中央与军委便不得不根据他的罪恶行为，根据党与红军的纪律，处他以极刑。""一切共产党员，一切红军指战员，一切革命分子，都要以黄克功为前车之戒。"①

在宣判大会上，雷经天专门宣读了毛泽东这封信，全场震动，黄本人伏法就刑。

"黄克功案"处理后，毛泽东还在抗大特意作了一场"革命与恋爱"的讲演，提出了革命青年在恋爱时应遵循的"三原则"——革命的原则、不妨碍工作和学习的原则、自愿的原则。他要求大家从"黄克功案"中吸取教训，要严肃对待恋爱、婚姻、家庭问题，要培养无产阶级的理想和情操，坚决杜绝类似事件发生。

以后，毛泽东多次提到过这件事，指出作为党的干部，居功自傲、贪图享乐、欺压群众、自私自利是万万要不得的。

黄克功被开除出党并依法处决后，不仅在抗大、在延安，而且在西安、太原等广大国民党统治区和沦陷区也产生了强烈的反响。群众异口同声称赞：共产党、八路军不诿罪于人，不枉法，

① 《毛泽东文集》第二卷，人民出版社 1993 年版，第 39 页。

公正无私，纪律严明，真是了不起。

惩处黄克功后不久，一位来自国统区的参观者给边区高等法院题词，赞扬“陕甘宁边区司法没有‘法制小人，礼遇君子’的恶劣态度”，充满着“平等与正义的精神”。著名民主战士李公朴先生曾评价，它为将来的新中国建立了一个好的法律榜样。

中国共产党持续反腐肃贪，使得整个延安时期，创造了空前的政治、社会的清廉之风，为克服各种困难，保证整个抗日战争和解放战争的胜利打下坚实基础，也赢得了国内外友好人士的赞扬和支持。

1940 年 2 月 1 日，毛泽东曾在延安民众大会上自豪地说，“这里一没有贪官污吏，二没有土豪劣绅，三没有赌博，四没有娼妓，五没有小老婆，六没有叫化子，七没有结党营私之徒，八没有萎靡不振之气，九没有人吃摩擦饭，十没有人发国难财”[①]。

这个“十没有”，是在极端困难的环境和条件下做到的，曾经给国内外很多不同人士，包括陈嘉庚、黄炎培、埃德加·斯诺、艾格尼斯·史沫特莱等人以思想和感观的颠覆。

华侨领袖陈嘉庚到延安之前，对中国的前途命运很悲观，认为拯救国家的人还没有出现，或在未来某个小孩子身上。延安一行，他豁然开朗，“中国的希望在延安！”那个能够拯救中国的人，就在身旁，他就是中共领袖毛泽东。自此之后，这位南洋华侨首领就将自己的事业与中国革命和建设紧紧地联系在了一起，做了很多有益于革命和人民的事，直到逝世。

第一个到延安访问的美国记者埃德加·斯诺则说，陕北 4 个

---

① 《毛泽东选集》第二卷，人民出版社 1991 年版，第 718 页。

月的生活，使他近距离接触了“在中国十年以来所遇见过的最优秀的男女”，“这里的‘机关’不是发财致富之所，人们在机关服务并不是为了钱”[①]。

这个“十没有”，也为中共留下了宝贵的、可以传承长久的精神财富。

西柏坡时期、新中国成立前后的反腐肃贪，也是延安精神在新形势下的延续和发扬。

抗日战争胜利后，中国共产党人在与国民党蒋介石进行军事斗争的同时，始终没有放弃对革命队伍内部反贪污腐化的斗争。

特别是在党的工作重心即将由农村转向城市，腐化变质危险加重的时候，为了贯彻落实中共中央指示精神，各解放区制定了一系列的惩治贪污条例。

1948 年 10 月，晋冀鲁豫边区颁布了《晋冀鲁豫边区惩治贪污条例》；1949 年 6 月，淮海解放区颁布了《修正淮海区惩治贪污暂行条例》；1949 年 9 月，苏北解放区颁布了《苏北区奖励节约惩治贪污暂行条例》。

这些新的条例，标志着中共反腐肃贪斗争更具有针对性，共同特点是指向了进城、掌握政权之后的腐败行为，更加重视与以功臣自居、贪图享乐等思想诱发的腐败行为作斗争。

解放战争后期，为了使部队做到廉洁进城、纯洁守城，击退糖衣炮弹的进攻，中央还结合实际，制定了接管城市和城市驻军的严格纪律。

① 王纪刚：《这里是延安》，人民出版社 2019 年版，第 124 页。

1949 年 5 月，中共中央专门发出了《城市驻军纪律问题的决定》，再次强调“不容许有不守纪律及贪污和腐化的现象”。各地、各部队认真贯彻这个决定，不但有效防止了城市驻军中的贪污行为，而且维护了我军的良好形象，赢得了人民的信任和爱戴。

严格的规定还要有严肃的法纪作保证。对于极个别罔顾违法乱纪的行为，坚持露头就打，决不姑息迁就。

1949 年 8 月 15 日，《解放日报》出现一栏十分醒目的标题：“知法犯法、罪在不赦”“沾辱军誉、破坏纪律，欧震被处死刑”。这是上海解放后，反腐败斗争中的第一个案例。

被处决者欧震，是曾经佩戴着上海军管会的臂章、参与接管工作的军代表。他奉命协同公安部查处蒋空军司令部第 21 电台台长毕晓辉藏匿非法武器案件，却知法犯法，勾引毕晓辉留沪太太奸宿一处，并收受赃款，性质十分恶劣。这使人想起国民党抗战胜利接收上海时，犯下的新“五子登科”（抢占房子、票子、金子、车子、女子）的罪行。此事发生在上海解放不久的解放军干部身上，着实令人震惊。

欧震的犯罪行为，就是进城后迅速腐化堕落的典型，倘若不严肃处理，势必助长此风，后患无穷。司法部门决定判处欧震死刑，并将处理意见汇报市长陈毅。陈毅亲笔批下“同意枪毙”4 个大字，并明确指出：“上海人民刚刚欢迎人民解放军进驻上海不久，就发生了执法人员腐败案。如果姑息养奸，国民党的预言就要变成现实，我们就没有办法在上海立足，我们就会自己打败自己。”“执法队伍的建设，要先从自身做起，上梁不正下梁歪，我们绝不姑息内部的腐败分子。”[①] 这个案件的查处，再一次彰显了中共和新生政权对反腐肃贪的坚定决心。

新中国成立后，反腐斗争没有停顿，第一声重炮在华北大地响起。

后来被称为共和国第一大贪腐案的查处，就是共产党进城之后，抓的第一个党的高级干部被腐蚀的典型。

案子的主人公，一个是刘青山，河北安国人，雇工出身，1931 年 6 月加入中国共产党，曾任中共天津地委书记。一个是张子善，河北深县人，学生出身，1933 年 10 月加入中国共产党，曾任中共天津地委副书记、天津专区专员，被捕前任中共天津地委书记。

二人过去在党的培养教育下，做过很多有益的工作，无论是在抗日战争还是在解放战争中，都曾进行过英勇的斗争，有过功绩。但在和平环境中，经不起资产阶级的腐朽思想和生活方式的侵蚀，逐渐腐化堕落，成了人民的罪人。

1950 年至 1951 年，他们在担任天津地区领导期间，盗窃贪污地方粮款、防汛水利专款、救灾粮款、干部家属救济粮款，克扣民工供应补助粮款，倒卖民工食粮从中渔利，骗取银行贷款，从事非法经营获取赃款，共计 1554954 万元（旧币）。其中，刘青山贪污达 1.84 亿元（旧币），张子善贪污达 1.94 亿元（旧币）。

在大量贪污、获非法暴利之后，他们任意挥霍，过着极度腐化的生活。刘青山甚至吸毒成瘾。

① 刘明兴：《解放初期上海的反腐败工作研究》，《上海党史与党建》2019 年第 10 期。

刘青山、张子善的贪污案查实后，在量刑的时候，河北高等法院最初的动议是判处死刑，立即执行；华北局在上报中央时，认为两人革命年代劳苦功高，建议中央也可以考虑缓期执行。

毛泽东力主判处极刑，不再缓期。他对说情的高级干部说："正因为他们两人的地位高，功劳大，影响大，所以才要下决心处决他们。只有处决他们，才可能挽救二十个，二百个，二千个，二万个犯有各种不同程度错误的干部。"①

毛泽东这种预见高瞻远瞩，体现了共产党法不容情，决不允许腐败现象滋长蔓延下去的强大意志。刘、张案件的严肃处理，极大震动了各级干部，有力遏制了进城后贪污腐化的苗头，挽救了一大批行走在悬崖边上的人，促使全党特别是领导干部保持了勤奋廉洁的作风，带动全社会形成了反腐倡廉的浓厚氛围。

刘青山、张子善贪腐案件的处理，掀开了共产党执政后粉碎糖衣炮弹、打退不拿枪敌人斗争的大幕，也促进了国家对腐败行为治理的制度化建设。

那个时期，是新中国风清气正的一个年代。

进城前夕的西柏坡时期，中共高度自觉地增强拒腐防变意识，防患于未然，是一个成熟政党优秀的思想品质，它使革命队伍平稳度过了新中国成立初期复杂环境下的工作重心转移，保持了共产党本色，也给后人留下永不过时的宝贵启示，时至今日仍然具有强烈的思想意义。

从黄克功、黄寿发到刘青山、张子善，历史不断告诉人们，

---

① 中央文献研究室：《毛泽东传》（三），中央文献出版社2011年版，第1180页。

与糖衣裹着的炮弹作斗争，打败不拿枪敌人的进攻，是共产党人执政后一个长期的历史性课题。

缘何为历史性的课题？因为随着社会的发展，糖衣炮弹并没有消失，而是以变换不同的形式和手法出现。

殷鉴不远。君不见，改革开放之后，某些唯利是图的人，千方百计地“围猎”握有公权的领导干部和公职人员。他们往往从个人爱好、习惯入手，投其所好，用各种方式打开缺口，解除人们的思想警觉，以“请君入瓮”。

更有糖衣炮弹的模糊性。发射的人，已不仅再是不怀好意、一眼能被看透的异己分子，有时看不见“病毒”的源头，有时腐蚀人思想的言行甚至来自内部，来自战友、老乡和崇拜者，在美好的祝福中、在热诚的颂扬中，在体贴备至的关心中，使人不由自主地渐入“温柔之乡”。

还因为，一个政党永葆纯洁性，一个国家保持长盛不衰，需要持之以恒的持守，一个时期的警醒与节制是不够的。

“玄宗之政先理而后乱，何也？”历史上毁誉参半的唐玄宗，在位 43 年，前半段敬业勤勉，克制欲望，倡导清廉节约，创造了举世闻名的开元盛世；后半段陶醉现实，放纵自己，迷恋长生不老之术，生活奢侈糜烂，最终酿成天宝末年的“安史之乱”，一个强盛的大唐王朝走上了衰败灭亡之路。

还有后来者。明朝嘉靖皇帝登基早期，英明苛察、严以驭官、宽以治民、减轻赋役，开创了嘉靖中兴的局面，后期崇信道教、宠信奸臣，导致朝政腐败。此后长期不理朝政，迷信方士，浪费民力，最终激起民变。御史杨爵曾沉痛谏疏，期望嘉靖能够“念祖宗创业之艰难，思今日守成之不易，览臣所奏，赐之实行”，但最终没有扭转朝政颓废的局面。

“历览前贤国与家，成由勤俭败由奢。”习近平总书记多次引用这一令人反省的历史警句，目的就是使大家记住拒腐防变的思想警示，无论遇到任何形势与实际胜利，无论多么德高望重，必须永远保持清醒态度，万万不可冲昏头脑，放松或撤掉拒腐防变的篱笆。

越是在胜利的时候，越是要保持警醒，防微杜渐，拒腐防变，守住不被侵袭腐蚀的底线。

我们党诞生 100 周年，虽然已经走过了 70 多年的执政历程，战胜了无数艰难险阻，但要取得新的伟大斗争胜利，仍然要时刻保持西柏坡时期那种拒腐防变的强烈意识，经常性地“体检”，定期地注射反腐“疫苗”，随时清除党的组织及党员思想和肌体中的病毒。如果不能这样做，我们仍然会“行百里而半九十”，重蹈历史上失败者的覆辙。

拒腐防变，应该是每一个共产党人终身的信念。

第八章

立守规矩——人人起来负责

在西柏坡中共中央机关旧址，有一间长方形、不足百平方米的土黄色旧平房，是当年中央机关的食堂，也是中共中央政治局“九月会议”会址。

“九月会议”，是一次统一步调，加强决战前纪律性要求的会议，也是一次共产党为自己立规矩的会议。

规与矩，本是画圆形和方形的两种工具，比喻一定的标准、方法或习惯。一个政党的规矩，主要是通过强有力的制度、纪律来体现的。

西柏坡时期为什么强调立规矩？因为要适应新的形势，迎接新的更伟大的斗争，令行禁止的纪律，不可逾越的规矩，至为重要。这也是世界共产主义运动得来的经验之谈。

“如果我们党没有极严格的真正铁的纪律……那么布尔什维克别说把政权保持两年半，就是两个半月也保持不住。”列宁在《共产主义运动中的“左派”幼稚病》一文中曾经这样说。

刚刚到达西柏坡的毛泽东，指示全党干部研究这本书，懂得必须消灭现在存在于工作中的某些严重的无纪律状态，或无政府状态。

为此，毛泽东结合解放战争形势的发展，极有针对性地提出“军队向前进，生产长一寸，加强纪律性，

中共中央政治局“九月会议”会址

革命无不胜”[①]20字的响亮号召，并且将它作为全党全军一个相当长时期内的行动方针。

落实会议精神的第一个行动是，会议期间，参会的首长骑马而来，拴在村中的树上，散会后，杨尚昆让中央办公厅行政管理处派人查看哪些树被马啃了树皮，逐户登记，对老乡一一进行了赔偿。

一、请示报告一件也不能少

西柏坡时期，是解放战争节节胜利之际。

中国地图上标注的解放区与国统区的颜色几乎天天在变，战争规模和作战方式随之有重大变化。小规模的地方性游击战争过

① 《毛泽东军事文选》第五卷，军事科学出版社、中央文献出版社1993年版，第203页。

渡到大规模的区域性战争，原本分散的、互相分割的根据地，变为统一的、大范围的解放区。

淮海战役的演变过程，就是这种变化的结果。

最初设想是由华东野战军在苏北一地进行的“小淮海战役”，几经演变，最终成为歼灭华东、中原地区蒋军主力的大淮海战役。战役也由最初的徐州以东地区，扩展为山东、江苏、河南、安徽4省区域，参战的部队也由华东野战军变为华东野战军、中原野战军一起来完成。

战争形势的变化，要求在组织纪律方面作出相应的加强。

实战得出结论：大规模、大区域的战役组织，需要从全局出发，加强战力的集中调度，需要若干部队、地区的协调配合，客观上要求中央必须及时掌握瞬息万变的状况，下级必须及时向上级请示报告。

为此，中共中央密集出台一系列加强党内请示报告制度的重要指示。

早在1948年年初，毛泽东为中共中央起草关于建立报告制度的指示。为了及时反映情况，使中央有可能在事先或事后帮助各地不犯或少犯错误，争取革命战争更加伟大的胜利起见，规定：（一）各中央局和分局，由书记负责（自己动手，不要秘书代劳），每两个月，向中央和中央主席作一次综合报告。（二）各野战军首长和军区首长，除作战方针必须随时报告和请示，每两个月要作一次政策性的综合报告和请示。①

① 中央文献研究室：《毛泽东年谱（一八九三——一九四九）》下卷，中央文献出版社2013年版，第263—264页。

同年3月25日，中共中央又发出《关于建立请示报告制度的补充通知》，要求各地上下级之间涉及政策与策略性的指示、答复和报告，须同时电告中央。

同年7月26日，又发出《关于严格遵守请示报告制度的指示》，要求各地严格遵守报告制度，凡到期未作报告的必须说明理由。

其间，1948年5月初，中共中央书记处在阜平县城南庄召开扩大会议。这是中共中央撤出延安后，5位书记在一起开的第一次会议。会议主要是针对变化了的形势，作出促进中国革命全面胜利的战略决策。毛泽东提出3点战略性的意见：第一，把战争引向国民党区域。第二，要使后方的工业和农业长上一寸，才能适应战争需要。第三，反对无政府无纪律状态，适当缩小地方权利。①

1948年9月，中共中央政治局在西柏坡召开扩大会议，再次重申加强纪律性，反对无政府主义和分散主义。

为了引起全党重视，这次会议深刻分析了无纪律无政府状态存在的历史原因，指出，我党我军过去长时期内是处于被敌人分割的农村游击战争环境中，各根据地和军队保持很大的自治权，发挥了积极性和主动性，但在同时，也产生了某些无纪律状态和无政府状态，地方主义和游击主义，损害了革命事业。目前的形势，要求我党用最大的努力，克服这些无纪律状态和无政府状态，将一切可能和必须集中的权力集中于中央和中央代表机关手里，以保持全党全军的高度统一。②

---

① 参见中央文献研究室：《毛泽东传》（二），中央文献出版社2011年版，第852页。

② 参见《毛泽东选集》第四卷，人民出版社1991年版，第1346页。

至此，中共中央和毛泽东把遵守请示报告制度提高到前所未有的高度，由之前一般的工作方法、工作要求，转变为党的一项重要的政治制度。

规矩是为了执行的，而不是为了看的。立规矩的同时，中共中央就雷厉风行，一着不让地抓落实，对违反纪律的现象毫不留情地批评教育。中共中央不厌其烦地提醒各路“诸侯”加强纪律性，对各地出现的问题，直截了当予以纠正。

1948 年 4 月 10 日，毛泽东在给各中央局、分局、前委的电报中指出，“地方主义的和经验主义的恶劣作风，事前不请示事后不报告的恶劣作风，多报功绩少报（甚至不报）错误缺点的恶劣作风，对于原则性问题粗枝大叶缺乏反复考虑慎重处置态度的恶劣作风，不愿精心研究中央文件以致往往直接违反这些文件中的某些规定的恶劣作风，仍然存在。所有这些不良现象，中央要求一切受中央委托的领导机关的负责同志严肃地注意加以改变”①。

结合进行战略决战的准备，在大战即将开始的时候，毛泽东再次强调请示报告制度、强化纪律执行的重要性。

多年的习惯，改起来难。过去，在一个根据地、一个部队，领导人已经习惯了相对独立的指挥，现在要事先请示事后报告，有些人颇不以为然，总是积习难迁。但毛泽东决不惯着这类毛病。为了矫正此种劣习，他亲力亲为，抓了东北局不执行请示报告制度的典型。

---

① 中央文献研究室：《毛泽东年谱（一八九三——一九四九）》下卷，中央文献出版社 2013 年版，第 302 页。

1948年8月15日，在东北决战前夕，毛泽东致电林彪和东北局，严厉批评他们在收到中央规定报告制度6个月来，一直没有按规定向中央作综合性报告。在这份长达2000字的电报中，毛泽东斥责了林彪在中央几次催促后，仍然敷衍塞责的态度，以及关于不作综合报告的所谓理由。

林彪为自己找理由说，领导人员分散对作全貌工作报告感到困难，并且缺乏综合报告的材料来源等。

毛泽东毫不客气地指出，这些理由是不能成立的，责问道："我们五月间即告诉你们，像大别山那样严重的环境，邓小平同志尚且按照规定向中央作了综合性报告，并将邓小平同志来电转给你们阅读。你们的环境比大别山好得多，何以你们反不能作此项报告？"毛泽东一针见血地说，在这件事上，你们心中存在着一种无纪律思想。

接到电报当天，林彪不敢怠慢，就此问题向中央作出检讨，并送来综合报告，之后，毛泽东又致电东北局指出，你们这次检讨是有益的。否则，就不能克服完全不适用于现在大规模战争的某些严重地存在着的经验主义、游击主义、无纪律状态和无政府状态。毛泽东并将东北局的检讨及中央本电转发各地，以引起全党注意。①

后来的事实证明，毛泽东这次从西柏坡发出的长电，对于辽沈战役绝对置于中共中央的决策指挥下、取得最后的胜利，起到了至关重要的作用。同时，也对其他部队产生了警示教育意义。

---

① 参见中央文献研究室：《毛泽东传》（二），中央文献出版社2011年版，第867、第868页。

中共中央和毛泽东还结合战例，严肃纠正忽视纪律的行为。

1948年12月发生的一件事，引发正在西柏坡的中共中央和毛泽东的高度关注。

彼时，距离西柏坡380公里的张家口，正在酝酿着一场事关全局的战役。战役的目的是，将傅作义部主力35军紧紧围困在张家口，不使其逃向北平。

这样一个部署严密的计划，却在执行中出了“岔子”。华北野战军只把重兵放在张家口西边35军起家的绥远方向，而没有注意敌人东撤意图，并且没有及时将前线变化及时报告中央军委，结果35军趁着天降大雪，在解放军眼皮子底下溜了。

得知这一消息后，远在西柏坡的毛泽东十分恼火，他连夜给华北野战军发出电报，对违背军委多次命令擅自行动的行为，给予严厉批评，警告如敌人逃掉，必追究责任。中央前所未有的态度，使华北野战军猛醒过来，他们紧急调动部队，亡羊补牢，才将敌人围困在新保安并歼灭之。战斗取得了胜利，也使广大指战员受到了一次生动的纪律教育。

一项工作紧抓不放，一抓到底，是毛泽东一贯的作风。几乎与此同时，毛泽东起草中共中央、中央军委致各野战军、各军区及各中央局、分局的电报，不仅将请示报告制度作为不允许违反的指令，而且就请示报告的内容进一步作了详尽的要求。

他用十分严厉的口吻强调，我们现在向一切兵团及军区的负责同志们提出警告，在战争第三年内，我们将要求你们严格执行及时的和完备的报告制度，将这件事作为一种绝对不允许违反的指令。对于事前请示事后报告的内容，必须是有分析有结论的，而不是空洞无物的；必须是既说优点长处，又说缺点错误，而不是只说优点长处不说或少说缺点错误的。[①]

换句话说，报告不是形式，而要有切实的作用；仅仅有报告是不够的，还要有务实客观的内容。显然，在毛泽东看来，加强请示报告的制度，是在决战来临之际整齐步调的重要举措，是一个原则问题，需要立下刚性的规矩。

在中共中央一系列响锤般的告诫下，请示报告制度开始在各地各部门确立起来。

西柏坡时期，除各地、各部队外，中共机关各部门如中央办公厅、组织部、宣传部、统战部等都迅速建立本系统的请示报告制度；中央财政经济部、中央法律委员会还主动检讨了工作中疏于报告的错误，提出进一步加强请示报告制度的措施。

“请示报告”这 4 个字，在领导干部思想中扎下了根。

二、由分散到集中统一

西柏坡时期的立规矩，始于加强请示报告的纪律，但没有止步于此，它只是一个序幕和开场，克服地方主义、分散主义，实行集中统一领导，才是根本目的。

1948 年 4 月，毛泽东在为中共中央起草的电报中指出：“中国新的革命高潮的到来、我党已经处在夺取全国政权的直接的道路上这一形势，要求我们全党全军首先在一切政治上的政策及策略方面、在军事上的战略及重大战役方面的完全统一，经济上及

① 中央文献研究室：《毛泽东年谱（一八九三——一九四九）》下卷，中央文献出版社 2013 年版，第 336 页。

政府行政上在几个大的区域内的统一。”“革命形势要求我党缩小（不是废除）各地方各兵团的自治权，将全国一切可能和必须统一的权力统一于中央，而在各地区和各部分则统一于受中央委托的领导机关。”①

作为加强集中统一的关键措施，中共中央从转战陕北到西柏坡，陆续对军队的思想作风整顿、领导体制、正规化建设，以及各解放区行政体制、经济体制的统一，作出重大调整，以适应全局需要，促使集中统一政令局面的形成。

新式整军运动，全面提升部队素养。随着战争的不断胜利，人民解放军在数量上增长很快，部队新成分特别是解放战士（被俘虏后参加革命队伍的国民党士兵）不断增加，各种不良的思想和作风在滋长，军事素养和纪律性也亟待提高。

为了有效地解决这些问题，全面提升人民解放军的政治素养和军事战斗力，各野战军根据中央军委的统一部署，利用作战间歇时间，广泛开展以诉苦（诉旧社会和反动派所给予劳动人民之苦）和三查（查阶级、查工作、查斗志）为主要内容的新式整军运动，收到了显著的成效。

诉苦和三查是一把“钥匙”，打开了战士阶级觉悟的大门，使他们知道为谁当兵，为谁打仗，怎么打胜仗，把眼泪变成了力量。

活动的发起者，是西北野战军358旅政委、新中国成立后曾任解放军总政治部主任的余秋里，他下到连队，总结了贫苦出身的路新理、于德水的诉苦典型。二人都是“解放战士”，开始没有阶级觉悟，不知为谁打仗，怪话怪事不断，通过诉苦水，挖苦根，

① 中央文献研究室：《毛泽东传》（二），中央文献出版社2011年版，第851页。

找苦源，把家庭的苦难与整个阶级的命运联系起来，与推翻剥削阶级的反动统治联系起来，迅速提高了觉悟，增强了斗志。

典型的作用是无穷的。这一活动首先推广至358旅，接着到整个西北野战军。嗣后，中央军委又推广到各野战军部队，产生了巨大连锁反应。

毛泽东高度评价这次整军运动成果，十分兴奋地指出，由于诉苦和三查运动的正确进行，大大提高了全军指战员为解放被剥削的劳动大众，为全国的土地改革，为消灭人民公敌蒋介石匪帮而战的觉悟性。部队的纯洁性提高了，纪律整顿了，群众性的练兵运动开展了，完全有领导地有秩序地在部队中进行的政治、经济、军事三方面的民主发扬了。这样的军队，将是无敌于天下的。[①]

周恩来评价说，经过诉苦教育，眼泪变成了力量。军队哭起来打仗，是前所未有的……淮海战役进展神速，是和成千上万俘虏（兵）经过阶级诉苦、三查等教育分不开的。[②]

统一全军组织和番号。中央军委发出《关于统一全军组织与部队番号的决定》，决定将全军统一冠以“中国人民解放军”的称号，将各大战略区的部队，分为野战部队、地方部队和游击部队。野战部队冠以战略区的地名。

三大战役后，根据向全国进军的新形势，中央军委又发出通令，决定各野战军按序数统一排列。由此产生了赫赫有名的4个野战军和5个冠名战略区地名的一级军区。

4个野战军及其首长是：第一野战军，司令员、政治委员彭德

① 《毛泽东选集》第四卷，人民出版社1991年版，第1294页。

② 《西柏坡的故事》，河北人民出版社2010年版，第143页。

怀，前身是西北野战军。第二野战军，司令员刘伯承，政治委员邓小平，前身是中原野战军。第三野战军，司令员兼政治委员陈毅，代司令员粟裕，前身是华东野战军。第四野战军，司令员林彪，政治委员罗荣桓，前身是东北野战军。

5个战略区及其首长是：西北军区，司令员贺龙，政治委员习仲勋。中原军区，司令员刘伯承，政治委员邓小平。华东军区，司令员陈毅，政治委员饶漱石。东北军区，司令员兼政治委员高岗。华北军区，司令员聂荣臻，政治委员薄一波。

加强军队的正规化建设，确定了军旗和军徽。在这之前，由于受战争形势的制约，作为一支南征北战的英雄军队，解放军还没有统一的军旗和军徽，各地的部队经常以红旗或五角星代替。在夺取全国胜利的新形势下，需要设计统一的军旗、军徽及帽徽、臂章，让人民解放军以崭新的面貌挺进新解放区。

1948年2月21日，中共中央电告各中央局、各军区、各野战军前委，征求对设计全军统一的军旗、军徽的意见。经过3个多月的征集，500多个样式从四面八方汇集到西柏坡，设计小组从中预选出30多种方案制成“样旗”，送交周恩来和其他中央领导审选。

毛泽东、刘少奇、朱德等领导同志看了“样旗”后，毛泽东说：“中国人民解放军的军旗应为红地，加五角星，加‘八一’二字。”随后，中共七届二中全会通过了毛泽东起草的《关于军旗的决议》。[①]

① 中央文献研究室：《毛泽东年谱（一八九三—一九四九）》下卷，中央文献出版社2013年版，第468页。

按照毛泽东、周恩来的指示，军委作战部加紧设计军徽，很快上报了八一军徽的图案，并得到了批准。1949 年 5 月 30 日，以中国人民革命军事委员会总参谋长周恩来名义下发了《启用中国人民解放军军旗、军徽》的命令。

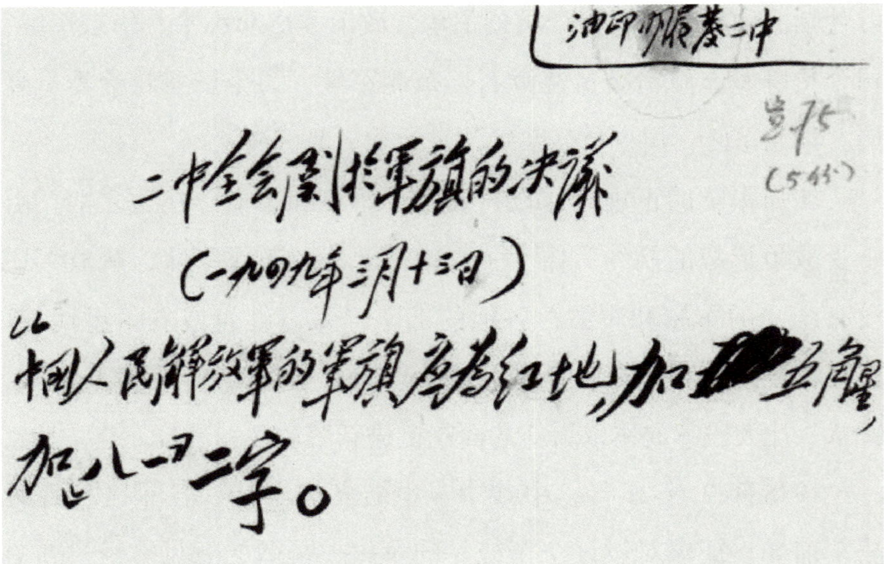
二中全会关于军旗的决议
（一九四九年三月十三日）
"中国人民解放军的军旗应为红地，加五角星，加"八一"二字。

毛泽东草拟的《二中全会关于军旗的决议》

自此，中国人民解放军八一军旗开始在祖国大地飘扬，鲜亮的八一军徽佩戴在每个解放军战士的军帽上。全军面貌焕然一新。

全军的统一整编，军旗、军徽的统一使用，使人民解放军向正规化建设迈进了一大步，一支组织严密、军容严整、威武雄壮的人民军队展现在决战之前，为向全国进军做了充分准备。

行政管理体制上的大区统一。如果说，石家庄的解放为党中央移驻西柏坡举行了奠基礼的话，那么，华北解放区的成立则为党中央指挥战略决战，筹建新中国提供了广阔而坚实的平台。

石家庄解放不久，已经在西柏坡的中央工委即不失时机地提出晋察冀、晋冀鲁豫两大解放区合并的问题。在城南庄会议上，中共中央采纳了中央工委的建议。

1948 年 5 月 9 日，中共中央和中央军委作出决定:（一）晋冀鲁豫和晋察冀两解放区合并为华北区。（二）晋冀鲁豫和晋察冀两个中央局合并为华北中央局，刘少奇兼任第一书记，薄一波为第二书记，聂荣臻为第三书记。（三）晋察冀和晋冀鲁豫两军区合并为华北军区，聂荣臻为司令员，薄一波为政治委员，徐向前、滕代远、萧克依次分任第一、第二、第三副司令员。（四）两边区政府在华北人民代表会议召开前，暂时成立华北联合行政委员会，董必武为主席，黄敬、杨秀峰为副主席。①

毛泽东明确提出，晋察冀和晋冀鲁豫合并之后，“该区的领导中心设在石家庄”②。

这样，一个以石家庄为中心，地跨河北、山西、河南、山东、热河、察哈尔 6 省，有 100 多万平方公里、4300 多万人口的大解放区出现在中国的北方，解放战争有了一个巩固的根据地，中国共产党有了筹建新中国的坚实基础和试验平台。

在这个大舞台上，一系列破旧立新的变革渐次展开。土地改革的实施，财政金融的统一，生产的发展，经济的活跃，人民生活的改善，使得华北解放区欣欣向荣，经济、军事实力大为增强，成为支援全国解放战争的可靠基地。

华北解放区开辟了一块“试验田”，也编织了一个“摇篮”，

---

① 中央文献研究室:《毛泽东年谱（一八九三——一九四九）》下卷，中央文献出版社 2013 年版，第 310 页。

② 《毛泽东选集》第四卷，人民出版社 1991 年版，第 1299 页。

为谋划新中国的政权建设而酝酿、试验和探索。

在这块试验田上，开始了新中国人民代表大会制度、共产党领导下的多党合作制度、国家政权机构的搭建和基层民主建设的耕耘与探索。

在这个摇篮中，陆续诞生了大党校、大军校、大党报和华北大学等一批宣传教育机构，为新中国的高等教育、新闻舆论宣传、干部培训等事业奠定了基础，一个人民当家作主的新中国将从这里走来。

财政经济的统一。过去，由于战争分割的原因，各解放区实行不同的财经政策，币值比例、税率不同，物资交流不通畅，已经不适应解放战争的形势，迫切需要调整理顺相互关系，实行统一的财经政策。华北解放区的成立，为之提供了用武之地。

具体任务落在了资深的老革命者、中共的开创者之一、党的一大代表董必武身上。他先后受命担任华北财经办事处主任、华北财政经济委员会主任和中央财政经济部部长。这些机构不仅要为统一华北财经铺平道路，而且还要为筹建新中国的财政体制做必要的准备。

显然，这是一个并不轻松的任务。

在长期分割环境下，一些解放区本位主义和山头主义现象比较突出。当解放战争发展到一定阶段，需要统筹使用财力物力时，有的地区往往为本地利益而斤斤计较，讲怪话，发牢骚，甚至连高级干部也难以置身事外。

中央军委秘书长杨尚昆回忆，在中共七届二中全会讨论发言中，当时华东地区代表饶漱石，曾经就军队后勤供给问题向中央领导提意见，认为对华东的军需征集多了。为此，负责这项工作的周恩来曾经专门作了说明。[①]

针对这些问题，董必武也是“两手抓”。一方面打通思想，强调目前一切工作要服从战争，争取战争的胜利。要求大家必须牢固树立服从全局的思想，而要舍弃只管自己“一亩三分地”的想法。[②]

另一方面在体制上动“手术”，改变分散的财经管理体制。董必武在调查研究的基础上，对华北、华东、西北三区的财政经济实行统一领导。

从 1949 年 1 月起，三区的财政实行统收统支，领导机关为华北财经委员会；建立统一的财经管理制度，审定统一各解放区人民负担、脱产人数、编制和供给标准，包括干部战士的津贴、伙食标准、抚恤金等，都有了明确的“说法”。

在一张发黄的旧表格中，记载着 1948 年参战民兵和民工统一的供给标准，每人每天食粮 1 斤 15 两（旧制），菜金标准为油 3 钱、盐 5 钱、粗菜 1 斤等。

拆除隔断。在中央的统一协调下，撤除了各解放区之间的贸易壁垒，财政供给形成“一盘棋”的局面，实现了前所未有的地区之间的大支援、大调剂，解放军更大跨度的协同作战有了保证。

数字说明一切。在解放战争最紧张的 1948 年，率先成立的华北解放区，强力支援其他战区。支援华东野战军的经费、粮食、被服和其他物资，共计折合小米 42159 万斤（未包括军火）；支援中原区挺近大别山的刘伯承、邓小平部队银圆和军需物资，折合

① 西柏坡纪念馆：《西柏坡记忆》，中央文献出版社 2010 年版，第 235 页。

② 《西柏坡——新中国从这里走来之解读》，中央文献出版社 2005 年版，第 72 页。

小米 1604 万斤，支援挺进豫西的陈赓、谢富治兵团银圆和被服等军需物资，折合小米 1238 万斤；支援西北区的各项军需物资（土布、棉花和粮食），折合小米 5984 万斤。

据华北人民政府统计，1948 年上缴和援助各区支出，共计折合小米 12.96 亿斤，占华北当年财政总支出的 27.1%。

东北解放区也不甘落后，1949 年，除了完成第四野战军南下作战供给任务外，还帮助各解放区克服财政困难，提供了大量的物资支援。共运交中央 80 万吨粮食、150 万立方米木材、20 万吨钢材。

这一个个数据背后，凸显了财政经济工作由分散到统一、实行集中统一领导的实效。

金融货币的统一和人民币发行。首先是统一华北、华东、西北三大解放区的货币，决定华北与华东的货币于 1948 年 10 月 5 日起，华北与西北的货币于 10 月 20 日起，固定比价，相互流通。

当然，董必武花费心血最大的，还是创造条件，发行全国统一的货币——人民币。这是一项意义重大、创新性的工作。

今天看来，人民币的发行，绝不是印几张票子那么简单，而是与废除旧政权，建立新中国密切相关。

货币作为商品的等价交换符号，自春秋战国时期出现之后，几千年来一直是为国家统治阶级服务的工具。

远的不说，国民党统治时期，蒋介石政府为了支持内战，大肆攫取社会财富，他们推行“金圆券”改革，造成恶性通货膨胀，物价飞涨，天怒人怨，经济几近崩溃。国民党发行的法币，毫无信用可言，已经成为帝国主义、封建主义、官僚资本主义剥削中国的工具。

人民币则是中国历史上第一个真正意义上的信用货币。新中国是人民当家作主的国家，必须要有造福人民的货币。这是国家性质与信用的象征。

从现实需要来看，人民币的发行，也与解放战争的进程密切相关。解放战争初期，各解放区处于分割状态，财政金融是分散独立的，各自发行的货币，有十几种之多。其中有晋察冀边区银行的边币、晋冀鲁豫冀南银行的冀钞、西北农业银行的农钞和北海银行的北币等。

这种多地发行货币、“九龙治水”的局面，不可避免地造成流通不便、币值不稳定和安全性低等问题，也给解放军跨区作战带来很大困难。

显然，发行统一的货币，既与新中国长远的国计民生紧密相连，也有十分迫切的现实需要。

1948 年 7 月，伴着两大解放区的合并，原分别隶属晋察冀解放区、晋冀鲁豫解放区的边区银行和冀南银行，奉命合并成立华北银行，总部设在石家庄。不久，中央银行的筹备处也合并到华北银行总行中来。华北银行担负起管理华北解放区的银行、筹建中国人民银行的双重任务。为了加强领导，中共中央专门调曾在陕甘宁边区任财政厅厅长的南汉宸任华北银行总经理。

关于中央银行的名字，最初提出了“联合银行”“解放银行”“中国人民银行”等多个方案。董必武认为，银行既要考虑目前货币统一的需要，也要与未来人民当家作主的国家性质相吻合，因此建议用“中国人民银行”这个名称，中央很快采纳了这个建议。董必武欣喜之余，沐浴更衣，庄重地写下“中国人民银行”6 个大字，印制在人民币的券面上。

11 月，中央正式批准成立以南汉宸为主任的中国人民银行筹备处，办公地址设在石家庄中华大街上一座简朴的小灰楼里。它曾做过伪石门政府水利局、国民党第 3 军军部和新中国成立初期中共石家庄市委的驻地。至此，新中国统一的中央金融机构登上了历史舞台。

人民币以什么形象示人，为世人关注。票版设计是重中之重。董必武与银行筹备处的同志，犹如对待孕育在母腹中的婴儿，竭尽全力精心培育。对于票面的图案设计，大家更是尽心尽力，反复修改，在不同票面上分别设计了工农图、帆船图、耕地图、矿山图、火车站图和著名的颐和园万寿山图等。

8 月初，反复修改的人民币设计样稿正式上报中共中央，经中央政治局审阅批准。

1948 年 12 月 1 日，与中国人民银行正式对外挂牌同步，带着墨香的第一套人民币在石家庄、西柏坡所在的平山县发行面市，在老百姓中引起巨大轰动。人们纷纷议论，战争就要结束，新中国快成立了！

中国人民银行发行的第一套人民币

很快，人民币陆续在华北解放区的邯郸、邢台、安阳、新乡、阳泉、长治、濮阳等地流通，之后，人民解放军带着它进入刚刚解放的北平和天津，在稳定市场、恢复城市经济秩序方面，发挥了重要的作用。

当时的华北银行冀中分行特意制定了发行新币宣传要点，以朴实直白、接地气的话告诉老百姓，“新币好花、好带、好算、好点，到全国哪里都一样花，放到什么时候也一样顶事，大家要好好爱护”[①]。

为了纪念第一套人民币发行，时任中国人民银行总行货币发行科科长的石雷，购买了第一张50元的人民币，编号为000000001。如今，这张有70多年历史的人民币，成为中国人民银行成立和发行第一套人民币的珍贵见证。

历史学家黄仁宇说，成功发行人民币，是共产党对中国历史的最大贡献之一。因为，它是中国人民站起来的象征，也是中国不断强盛的起点之一。

中国人民银行总行旧址

① 中央档案馆、西柏坡纪念馆:《西柏坡档案》，中国档案出版社2012年版，第293页。

人民币诞生 60 多年后，2015 年 12 月，国际货币基金组织宣布，人民币为世界第三大储备货币；同年 11 月 30 日，国际货币基金组织宣布将人民币纳入特别提款权（SDR）货币篮子，这是人民币国际化道路上的一个重要里程碑，也是国际社会对中国大国地位的认可。

人们不能忘记，人民币的诞生地是 60 多年前石家庄那座不起眼的小灰楼。

发展统一的财政金融，需要强大的经济做后盾。华北解放区从成立开始，就将恢复生产、发展经济、支援解放战争，作为自己的工作重点。

刘少奇、朱德、董必武等人轻车简从，来到刚刚解放的石家庄市，深入工厂、商贸、运输企业调查研究，与各方面负责人谈话，帮助石家庄尽快医治战争创伤，恢复生产和发展经济。大兴纱厂、焦化厂、铁路大厂等地，都留下了他们的足迹。

与此同时，人民政府放手发展国营公营私营企业，一批粮油加工厂、酒厂、铁工厂、纺纱厂、机器修理厂、手工业合作社、商行和贸易公司如雨后春笋般涌现出来，华北解放区的经济迅速繁荣起来。

到 1948 年年底，仅石家庄新成立的国营公营工商企业就达到 88 家，从业人员近万人。全年工商业获利 25663 万元，并且还产生了一批名牌产品。

也许人们不知道，在中央人民政府开国庆典宴会上，所用的酒水并不是声名显赫的名酒，而是一种名为“红星二锅头”的烧锅酒和露酒。它的出产厂家就是石家庄酿酒厂，日后成为华北人民政府的唯一一家公营酿酒企业。

酒厂是因陋就简起家的，上级仅仅拨给了6匹退役骡子和3万多斤红高粱。虽然底子薄、基础差，但工厂的主人们有冲天的热情和干劲，在石家庄解放当年就生产出美味的白酒、露酒，成为党中央移驻西柏坡后的招待用酒。专门来西柏坡的友人品尝石家庄白酒后都赞不绝口。

新中国成立后，北京酿酒总厂建厂之初，石家庄酒厂副厂长马少峰及100多名干部、技术人员和工人，奉命北上支援筹建，连同最早创始的红星牌商标也带到厂里。马少峰担任北京酿酒总厂第一任厂长，其他人则成为酒厂的元老。

酒厂的第一个任务就是拿出上好的酒水，迎接开国大典。时间紧张，为了保证国宴用酒，马少峰等人还带去了部分石家庄的陈酿酒。这样，有着石家庄基因的红星牌白酒、露酒，得以在开国国宴上大放异彩，也成就了后来畅销的红星牌“北京二锅头”。

三、向个人包办说“不”

在加强请示报告、强化集中统一领导的同时，中共中央还察觉到，由于长期的分散斗争，一些地方和部队党委养成了形式上集体领导，而实际上是主要领导个人包办重要问题的习气。用今天的话说，就是“大事不商量，个人说了算”。

这同样是一种有害无益的无政府无纪律状态。

改变“个人说了算”的习气，中共中央认为必须要立规矩，有严格的决策制度作保证。这个制度，就是意义深远的党委制。

党委制是中国共产党的一个创举，也是区别于其他政党的显著标志之一。毛泽东亲自起草了中共中央《关于健全党委制》的决定。

环环相扣。这个决定对于健全党委制的重要性、对于实行党委制的范围、对于健全党委会会议制度和规则，以及集体领导与个人分工负责的关系，都作了详尽的论述，提出了明确的规定。

> 党委制是保证集体领导、防止个人包办的党的重要制度。近查有些（当然不是一切）领导机关，个人包办和个人解决重要问题的习气甚为浓厚。重要问题的解决，不是由党委会议做决定，而是由个人做决定，党委委员等于虚设。委员间意见分歧的事亦无由解决，并且听任这些分歧长期地不加解决。党委委员间所保持的只是形式上的一致，而不是实质上的一致。此种情形必须加以改变。今后从中央局至地委，从前委至旅委以及军区（军分会或领导小组）、政府党组、民众团体党组、通讯社和报社党组，都必须建立健全的党委会议制度，一切重要问题（当然不是无关重要的小问题或者已经会议讨论解决只待执行的问题）均须交委员会讨论，由到会委员充分发表意见，做出明确决定，然后分别执行。地委、旅委以下的党委亦应如此。①

核心的要求是，一切重要的问题均须提交委员会讨论决定，然后分别执行。这就从制度上扎紧了防止个人独断专行的“篱笆”，集体领导成为不可逾越的规矩。从一定意义上说，党委制把

① 《毛泽东选集》第四卷，人民出版社 1991 年版，第 1340—1341 页。

主要领导的权力限制在制度的“笼子”里，使重大事项民主决策有了准则。

与此同时，毛泽东十分注意提醒全党树立辩证思维，处理好集体领导和个人负责的关系，在强调党委制的同时，防止出现个人推卸责任的问题，提醒大家“还须注意，集体领导和个人负责，二者不可偏废”[①]。

集体领导，并不意味着个人可以不作为或少作为。重大问题由党委领导集体讨论决定，分工负责。但不可事无巨细，全部搬到党委会议上来。凡属于个人分工负责范围内的事情，应积极大胆地负责处理，避免遇事相互推诿、相互扯皮，让人人负起责任来，最终保证党委制的真正落实。

客观上讲，健全和落实党委制，关键在于党委书记一把手，在于一把手能不能在民主的基础上实行正确的集中。为了帮助一把手提升正确决策的能力，毛泽东在中共七届二中全会上，又专门讲了《党委会的工作方法》。

一个问题要讲实、讲透，是毛泽东历来的风格。他在这篇著名的讲话里，几乎是“掰着手指头”教干部工作方法，一共梳理了 12 条。其中一条是，不懂得和不了解的东西要问下级，不要轻易表示赞成或反对。有些文件起草出来压下暂时不发，就是因为其中还有些问题没有弄清楚，需要先征求下级的意见。我们切不可强不知以为知，要“不耻下问”，要善于倾听下面干部的意见。先做学生，然后再做先生；先向下面干部请教，然后再下命令。各中央局、各前委处理问题的时候，除军事情况紧急和事情已经

① 《毛泽东选集》第四卷，人民出版社 1991 年版，第 1341 页。

弄清楚者外，都应该这样办。这不会影响自己的威信，而只会增加自己的威信。[①]

中共中央领导不仅要求大家这样做，而且率先垂范。在许多时候，领袖们都是先做学生，后做先生的。

解放战争中的领导核心——中共中央书记处，是一个和谐的领导集体，也是执行民主集中制的样板。书记处每位同志，都十分尊重毛泽东的意见，毛泽东也十分注意发挥各位书记的智慧，重大问题都由书记处集体研究决定。有时是经过激烈争论才作出的。

中央领导还是善于听取不同意见、实行正确决策的典范。毛泽东作为中央政治局主席、中央军委主席，为革命事业计，不管什么人的意见都能认真听，只要有道理，他都虚心纳谏，从善如流。

这种作风经常在战役决策中得到体现。毛泽东丝毫不武断，十分注意听取前方指挥员的意见。前方报来的作战方案，毛泽东提出指导意见后，通常在末尾写上“望酌定”“望酌情处理之”；中央军委主动提出的作战方案，毛泽东通常写上“请将你们意见电告”“请全盘考虑电复”；毛泽东初步考虑的方案，则在末尾写上“以上意见妥否望复”；等等。

最有代表性的是，中共中央与华东野战军副司令员粟裕关于3个纵队过不过江的商讨与决策。

这是一场关乎解放战争历史进程的战略考量。

1948年1月27日，中央军委电告粟裕，指令他率领华东野战

① 《毛泽东选集》第四卷，人民出版社1991年版，第1441页。

军第一、第四、第六3个纵队渡江南进，执行宽大机动作战任务。其目的是，迫使中原战场上的国民党军队回援江南，以改变中原战局，发展战略进攻。

对于中央军委的指示，粟裕没有机械地执行了事。他在着手整训部队的同时，密切关注全国战局的发展，反复思考，权衡利弊，对于改变中原战区的局面，有没有更有利的方案？

3天后，粟裕复电军委，建议“将三个野战军由刘邓统一指挥，采取忽集忽分的战法，于三个地区辗转寻机歼敌，是可能于短期内取得较大胜利的”[①]。

接到粟电后，中共中央没有简单从事，而是非常慎重地征求了陈毅、刘伯承、邓小平等相关同志的意见，在得到多数人的赞同下，毛泽东复电粟裕，按原计划执行。

事不过三，故事原本到此可以结束了。但是，敢于坚持己见的粟裕一方面按中央军委指令做好渡江的准备，另一方面继续分析研究改变中原战局的更佳方案。

粟裕认为，从当时敌我双方态势来看，要打大规模的歼灭战，分兵渡江南进是做不到的，而在中原黄淮地区打大歼灭战的条件却日渐成熟。华东野战军3个主力纵队渡江南进，虽然会威胁和牵制敌人，但是难以实现中央预定的战略企图，特别是不能调动在中原战场上的4个国民党主力军，相反会分散和减弱人民解放军在中原战场的兵力。他认为，集中兵力在中原黄淮地区打大歼灭战，更有利于迅速改变中原战局，进而夺取全国的胜利。[②]

① 《粟裕文选》第二卷，军事科学出版社2004年版，第442页。

② 《无冕元帅——一个真实的粟裕》，人民出版社2010年版，第138页。

鉴于此，粟裕再次建议中央军委，华东野战军3个纵队暂不渡江，集中兵力在中原黄淮地区打几个大歼灭战。

对于粟裕独具新意的设想，中共中央和毛泽东高度重视，慎重起见，决定请粟裕到阜平县城南庄当面陈述理由。

在中共中央城南庄会议期间，中共中央书记处5位书记集体听取了粟裕的汇报，最终决定采纳他的建议，并且给以粟裕高度信任。在济南战役和淮海战役过程中，毛泽东代表中央军委授权粟裕“全权指挥”，“在大的方针下，机断专行，不要事事请示”①。

历史证明了这次决策的正确性。

从1948年6月起到1949年年初，半年多的时间，人民解放军接连在中原黄淮地区取得了豫东战役、济南战役、淮海战役的胜利，使得中原战局乃至整个解放战争的形势发生了根本改观，大大加快了全国胜利的进程。此时，已经不是要不要过江的问题，夺取江南大片国土指日可待。

对于粟裕实事求是的作风和军事指挥才能，毛泽东给予高度赞赏。粟裕来参加中央会议时，毛泽东一改不出门迎接党内同志的习惯，走出办公室迎接粟裕，并且说，我们的英雄回来了！

这是发生在解放战争时期我党重大决策过程中的一首高境界、高水平的“将帅唱和”。

参与的双方，都有着眼全局的宽广胸襟，都有强烈的历史责任感，都没有顾及个人权威、面子、影响的私虑。作为最后决策的拍板者，毛泽东更是展现了虚怀若谷、从善如流的领袖风范，

① 《无冕元帅——一个真实的粟裕》，人民出版社2010年版，第137页。

为领导者树立了善于听取不同意见、民主决策的样板。

结果正如毛泽东说的，这不会影响自己的威信，而只会增加自己的威信。

善于听取下级的不同意见，并不意味着全盘接受，而是要综合分析，权衡利害，一切取决于决策的正确与否。这一点，在辽沈战役的决策过程中，表现得十分突出。

东北的决战如何进行？早在1948年年初，中共中央就有“关门打狗”的设想，毛泽东提出“封闭蒋军于东北加以各个歼灭”的战略思考，并征求东北野战军的意见。林彪担心主力南下进攻坚固设防的锦州难以奏效，力主先攻打长春，结果做成了“夹生饭”。这反而促使毛泽东下决心确定了战略决战方向。

之后，林彪对先攻打锦州，仍然顾虑重重，甚至出现反复。中央军委几次循循善诱加严厉批评，从10月2日至4日，连发4封电报，督促林彪坚决落实中央军委意图，加之东北野战军政委罗荣桓做工作，才最终促使林彪下定攻打锦州的决心。

1963年罗荣桓元帅去世，毛泽东怀念这位井冈山时期的战友，特意写下《七律·吊罗荣桓同志》，诗曰：“记得当年草上飞，红军队里每相违。长征不是难堪日，战锦方为大问题。”[①]

是的，“战锦方为大问题”。经过中央军委与东北野战军的反复电商，终于将初定的人民解放军北宁线秋季攻势，发展成为扼住锦州这个进出关的咽喉、一举全歼东北国民党军的辽沈战役。这是一次统帅部充分听取下级意见，经过酝酿比较、权衡利弊作出正确决断的过程。

---

① 中央文献研究室：《毛泽东诗词集》，中央文献出版社1996年版，第140页。

正如毛泽东讲的："对下面来的错误意见也要听，根本不听是不对的；不过听了而不照它做，并且要给以批评。"①

"加强纪律性，革命无不胜"。坚持集体领导，善于集思广益，实行正确的决策，为解放战争的胜利提供了保证。三大战役的胜利，表明了决战之前纪律整顿、立守规矩的重要性。在中共中央和中央军委的领导下，解放军形成了一个强有力的拳头，各战场相互配合和支持，加速了革命胜利的进程。

与此相反，失败的蒋介石，除去人心向背的问题外，其领导风格恰恰是个人独断专行的典型。

可以作个对比。毛泽东是处处注意听取不同意见，善于集思广益，只要对战争胜利有利，可以修改自己原先的设想，甚至可以推倒重来。蒋介石是"一言九鼎"，容不得部下有半点不同意见；一旦失败又马上"甩锅"，归咎于下级。

毛泽东一旦作出决策，就给前线指挥员极大的信任，让他们充分发挥积极性，临机处置一切。蒋介石是大权独揽，又极端不相信下属，并且喜欢随意越级调动部队。国军作战时，蒋介石经常会绕过集团军司令给一个军长或师长打电话，指挥他们这个仗要怎样怎样打；战区司令长官经常早上起来发现，下属的一支部队突然被蒋某人调走，不知去向。

淞沪会战期间，指挥作战的张治中将军打着打着突然发现自己麾下的第 18 军不见了，后才知道是被蒋介石给调走了，而自己这个集团军司令竟然丝毫不知晓。还有一次，时任第五战区副司令长官兼第 3 集团军总司令的韩复榘，负责指挥山东军事，承担

① 《毛泽东选集》第四卷，人民出版社 1991 年版，第 1442 页。

黄河防务。在大敌当前之际，蒋介石却擅自将处于前线的韩复榘麾下一个重炮旅调给别人指挥，韩复榘在前线破口大骂，老子抄日本人后路，他蒋某人抄老子后路！

李宗仁在回忆录里评价蒋介石，既不长于将兵，亦不长于将将。但他却喜欢坐在统帅部里，直接以电话指挥前方作战。

蒋介石还极端不信任下属，喜欢君临天下，乘飞机到处弹压。他一会儿沈阳，一会儿北平，一会儿又在空中督战，尽管忙得焦头烂额，可战争仍然不可避免地滑向失败的深渊。

因为，他的部队没有规矩，他的国民党没有规矩，他自己就是一个破坏规矩的人。

2013 年 7 月 13 日，习近平总书记再访西柏坡时，特意来到“九月会议”旧址，召开县乡村干部、老党员和群众代表座谈会。他指着有些斑驳的屋子说：“这里是立规矩的地方。党的规矩、制度的建立和执行，有力推动了党的作风和纪律建设。”①

西柏坡时期的立规矩和守规矩，不仅为解放战争的胜利提供了强有力的保证，而且为中共党的制度性建设再添浓重的一笔，其历史价值绵延至今。

新中国成立后，毛泽东曾经几次提到严格的纪律对于保证胜利的极端重要性。1956 年 11 月 15 日，毛泽东在中共八届二中全会上专门讲了一个“锦州出苹果”的故事，他说：“锦州那个地方出苹果，辽西战役的时候，正是秋天，老百姓家里很多苹果，我们战士一个都不去拿。我看了那个消息很感动。在这个问题上，

① 《党面临的“赶考”远未结束——习近平再访西柏坡侧记》，新华社石家庄 2013 年 7 月 13 日电。

战士们自觉地认为：不吃是很高尚的，而吃了是很卑鄙的，因为这是人民的苹果。”①

锦州出苹果的地方，据说在锦州城的北郊。时任东北野战军第3纵队7师宣传科科长的吕村夫将军回忆道，义县战斗结束后，3纵8师来到了锦州城北郊的果园，正值秋收季节，红艳艳的苹果挂着晨露，在初升的太阳照耀下越发可爱，也诱得战士们直咽口水，但人民的军队有铁的纪律，群众的一草一木都不能动，苹果就更不能动了。在连长的命令下，各班将地上的苹果扫在一起，腾出地方坐下休息。

毛泽东强调，我们的纪律就建筑在这个自觉性上边。这是我们党的领导和教育的结果。人是要有一点精神的，无产阶级的革命精神就是由这里头出来的。②

在粉碎林彪反党集团的斗争前后，在八大军区司令员对调时，毛泽东又倡导重唱“三大纪律八项注意”歌，并且说，三大纪律、八项注意，条条要记清，特别是三大纪律的第一条，就是一切行动听指挥，步调一致，才能得胜利。

进入新时代，习近平总书记强调，党面临的形势越复杂、肩负的任务越艰巨，就越要把纪律建设摆在更加突出位置，坚持纪严于法、纪在法前，把纪律和规矩挺在前边。

其中，领导干部特别是一把手的率先垂范至关重要。能不能把纪律和规矩挺在前边，作为不可逾越的原则来遵守，能不能严格实行民主集中制，充分发扬民主，善于实行正确的集中，能不

① 《毛泽东文集》第七卷，人民出版社1999年版，第162页。

② 《毛泽东文集》第七卷，人民出版社1999年版，第162页。

能广开言路，从善如流，作出科学的决策，关乎一个地方、一个部门、一个单位事业的成败。

然而，领导干部不讲规矩、不守纪律，一把手独断专行，搞“家长制”的问题，仍然在一些地方不同程度地存在，有的还相当严重。表现形式也多种多样，如果给他们画画像，共同的特点是，目中无人，把其他班子成员作为附庸，听不得别人的意见，搞“决策一言堂，用人一句话，花钱一支笔”，总之都是“个人说了算”。

在这些人眼里，一把手就是规矩的制定者、决策的代表者，别人都是“听喝的，干具体活儿的”，怎么干、干到什么程度，听我的就可以了，一旦有点不同意见，就十分恼火，认为是和自己对着干。

没有规矩，不守纪律，还极易产生腐败。因为没有有效的监督，一旦权力集中在一把手身上，就使权力飞到制度“笼子”之外，任其自由飞翔，不出问题才怪！看看王三运、秦光荣这些人，昨日曾经风光无限，一言九鼎，今日追悔莫及，沦为阶下囚，哪一个不是从失守纪律底线、乱规矩开始的？

规矩是重要的，但遵守和维护规矩的人更为重要。西柏坡时期，全党靠遵守纪律和规矩，赢得了解放战争的胜利；新时代，也要靠纪律和规矩，战胜各种艰难险阻，取得新的更伟大的胜利。只要人人遵守规矩，人人起来负责，怠政、懒政、“人亡政息”的局面就会避免。

“众人拾柴火焰高”。民主集中制是共产党的基本规矩，是党的各级组织科学决策的准则。一把手的最高境界是，不为维系自己一言九鼎的权威，而是能够按规矩出牌，有效调动一班人的积极性，让大家都心情舒畅、心甘情愿地去干事；班子成员的最高境界是，不为追求权力大小，而是尽职尽责，遵守纪律，敢于担当，人人都负起应该负的责任。只有这样，才会形成生动活泼的政治局面。

第九章

善于学习——西柏坡的创新篇章

西柏坡时期，是全党从上到下充满学习情怀、求知氛围空前浓厚的一个时期。

辽沈、淮海、平津三大战役结束后，中共中央和毛泽东预见到，严峻的战争时期很快就会过去，工作重心将由农村转向城市，工作内容将由革命转向建设。

“土包子进城”，对于解放军来说并不夸张。这是一个很多人都不熟悉的环境。对城市，领导缺乏研究，干部也是陌生的，他们不熟悉城市的工厂机器是怎么转的，不熟悉城市的马路是怎么修的，不熟悉城市市民是如何生活的，更不熟悉如何管理城市、建设城市。

“工欲善其事，必先利其器”。仅有好的愿望和决心是不够的，必须具备相应的知识和本领。而加强学习，尽快把自己变为执政的内行，就成为进城前共产党人一个十分紧迫的任务。

为此，毛泽东严肃告诫全党，我们熟悉的东西有些快要闲起来了，我们不熟悉的东西正在强迫我们去做。“我们必须克服困难，我们必须学会自己不懂的东西。”①

①《毛泽东选集》第四卷，中央文献出版社1991年版，第1481页。

一、向一切内行的人们学习

2015年11月25日，在嘈杂的英国议会上，执政党和在野党议员正在辩论。

在野党工党影子内阁的财政大臣麦克唐奈从上衣口袋里拿出一本毛主席的“小红书”，令在场的议员们感到惊讶。因为这在议会大厦里是不多见的。

他说，让我来引述一下中国前国家领导人毛泽东主席的话。他的举动引起一片哗然，迫使议长伯科大声呼喊，肃静，我想听听书里怎么说的。

结果他与议员们听到了下面一段话：“我们必须向一切内行的人们（不管什么人）学习经济工作。拜他们做老师，恭恭敬敬地学，老老实实地学。不懂就是不懂，不要装懂。”[①] 读毕，议会大厅响起一片会意的笑声。

这段话，出自毛泽东为纪念中国共产党成立28周年所作的《论人民民主专政》一文。其中后两句，原意应是出自孔子《论语》中“知之为知之，不知为不知，是知也”一段话。

为什么近70年后，这样一段话还被远在万里之外的西方国家议员所引用？抛却引用者的目的不谈，应当说，这是一段关于学习的经典语录。

其一，它说出了对学习的渴望精神。向一切内行的人们（不管什么人）学习，有时并不容易做到。因为要请教的对象可能社

① 中央文献研究室：《毛泽东传》（二），中央文献出版社2011年版，第952页。

会地位并不高，有些人可能原来还在敌对阵营里；向一切内行的人们学习，要抛却地位、身份、权威的荣耀，让自己处于学生的位置才能做到。联系毛泽东说的另外一段话："不管是什么人，谁向我们指出都行。只要你说得对，我们就改正。你说的办法对人民有好处，我们就照你的办。"[①] 毛泽东在《为人民服务》一文中同样体现的是一种渴望知识、虚怀若谷的学习精神。

其二，它表明必须要有虔诚的学习态度。要摆正师生关系，不装腔作势，不虚情假意，而是俯下身子，拜知识者为老师，像小学生一样，恭恭敬敬地学，老老实实地学。放不下架子、居高临下；本来不懂，却非要装懂，是万万不能学到真本领的。

态度决定一切。一个如饥似渴的学习精神，一个恭恭敬敬的学习态度，还有什么东西不能学会呢？

这段话，实际也是毛泽东自己学习的感悟。

毛泽东具有不管何时何地抓紧一切机会，不浪费一切学习机会的强烈的学习情怀。

早在红军时期，1932 年 4 月，毛泽东与周恩来、朱德等人一起，指挥红军攻克闽南重镇漳州。

虽然毛泽东开辟了农村包围城市的革命道路，但他并不拒绝在有利的形势下夺取城市。

这是红军斗争史上一次很大的胜利。

漳州当时极为富庶，工商业发达，夺取漳州，为红军补充了大批的物资和银圆，还缴获了两架飞机。

而毛泽东个人在漳州战役中最大的收获，是看到了久违的

① 《毛泽东选集》第三卷，人民出版社 1991 年版，第 1004 页。

报纸，获得了大量的图书。老红军曾志回忆道，一打下漳州，毛泽东就叫她帮助去中学图书馆找书，居然找到了列宁的著作《共产主义运动中的“左派”幼稚病》等书。最后，这些书整整装了一卡车，运回了中央苏区。

当红军撤出漳州时，嗜书如命的毛泽东的马上驮满了书，他自己则兴高采烈地跟在马后，随军步行。

此后的几天里，毛泽东在他住的小屋里，彻夜长读，狠狠过了一把读书的瘾。

在十分艰苦的战争条件下，毛泽东也没有放弃学习。他后来在回忆土地革命战争时期的历史时说，在长征路上，他患病躺在担架上还读马列的书……他“是在马背上学的马列主义”。

随时学习的精神，有时甚至可以改变命运。一次偶然的机会，毛泽东看到的一些旧报纸，则成了调整进军路线、确定革命落脚点的“介绍信”。

1936 年 9 月，红军长征途中占领了哈达铺。下一步究竟到哪里去，红军领导人心中还没有“谱”。毛泽东让侦察连连长梁兴初去搞点“精神食粮”。在哈达铺一个小小的乡邮所，梁兴初找到了几张旧报纸带了回来。

毛泽东从一张《大公报》上看到了陕北也有红军的报道，这有如黑暗里见到了光亮。毛泽东审时度势，敏锐捕捉到重大机遇。根据他的建议，中共中央政治局作出了重大决策，改变中央红军原先在川陕甘建立根据地的计划，决定到陕北与刘志丹的红军会合，把红军长征的最后落脚点放在陕北。

10 月 19 日，党中央率领陕甘支队到达陕北吴起镇，长征胜利结束。哈达铺，被誉为红军长征走向胜利的一个重要转折点。

试想，如果没有毛泽东寻找“精神食粮”的习惯，没有那张《大公报》，中国革命的历史有可能被改写。

抓紧一切机会，向一切内行的人们（不管什么人）学习，并不容易做到，有时是需要打破常规，甚至需要一点儿勇气的。

1948 年 7 月，华北重镇石家庄已经解放，晋察冀与晋冀鲁豫解放区连成一片。中共中央决定在石家庄创办大军校——华北军政大学，这是在即将夺取全国政权的形势下，共产党开办的第一所比较正规的军事院校。军校不仅要直接为解放战争服务，而且要为新中国的国防建设打基础，为我军未来的正规化建设培养人才。

毛泽东十分重视这所学校，亲自点将中央军委参谋长、曾在黄埔军校任过教官、有“参座”之称的叶剑英兼任校长与政委，红军时期两次主办过教导队、做过干部培训工作的萧克任副校长。任命之前，毛泽东在西柏坡专门与叶剑英谈话，告诉他培养大批军政人才，是解放战争胜利，也是未来新中国国防建设的当务之急。

一纸令下，从各地抽调的5000多名学员会集过来。开课在即，但老师还没有着落，能够任课的老师仅 30 多人，军事教员缺口更大，只能满足教学要求的 1/4。萧克等人十分着急。

一边是等待学习的众多干部，一边是屈指可数的老师。怎么解决无米之炊？“叶参座”想出了“搬师请贤”的办法。

何为“搬师请贤”？就是请曾经的敌人做老师，从被我军俘虏或起义人员中挑选有真才实学的人做教员。这一选，就是 300 多人，其中有过去国民党的将军、有旧军校的老师，还有作战参谋人员。

不是所有人都理解这个做法。有的学员说，常败将军教常胜将军，是给自己抹黑。有的老教员则说，过去没有他们，我们也一样办教育。

面对不同的看法，叶剑英及时做了解疑释惑的工作，他把争取、团结、改造、使用旧军队和旧军官问题，与共产党的历史使命、革命的彻底胜利联系在一起，要求对旧军官做到思想上重视，政治上平等，生活上关心。

叶剑英作为大革命时期老资格的黄埔军校教官、红军学校的校长，对他们更是以诚相待、热情关怀，帮助解决思想和实际问题。随着这些要求的落实，请来的旧知识分子也逐渐安下心来。

实际上，这些人也是带着忐忑不安的心情来的，昨日还是手下败将，今天能为人师？现在他们感受到共产党的真诚、信任及虚心求学的态度，心悦诚服地接受帮助、教育，政治思想立场发生改观，在教学中发挥了积极作用，自己的才干也得到了施展。

郭宗汾，毕业于日本陆军士官学校，曾任阎锡山军队的参谋长，官至陆军上将。发挥其特长，学校请他在军大专授工兵专业，很受学员欢迎，后来他当了华北军大的工兵系主任、高级军事研究室主任。

有尊师重教精神的共产党高级将领，非叶剑英一人。彭德怀在西柏坡参加中共七届二中全会期间，曾经到石家庄看望自己当年的老师、一位在华北军大任教的爱国将领李明灏。一进屋彭德怀举手敬礼，自称学生前来报到。感到屋内清寒，彭德怀当即把杨尚昆刚刚送他的皮大衣送给李明灏。李明灏十分感动，说处在你今天的地位给我一根鹅毛也是我的荣幸，不是一般的相识者能够做到的。

事实上，李明灏早就与中共有密切联系，对共产党人给予多方面帮助，在华北军大更是发挥了重要作用，专门负责对起义或被俘的国民党高级将领进行教育工作。后来，他还参与了争取驻湖北国民党第 19 兵团的起义工作，并只身潜入长沙，对程潜、陈明仁等国民党政要进行劝导说服，为湖南省和平解放作出重要贡献。新中国成立后，曾任湖北省副省长、政协副主席。

军政大学越办越好，成为新中国培养军事人才的摇篮。在解放战争后期，这里培养、走出了 1.4 万多名军政指挥干部和专业技术人才、1000 多名教员，充实到全军各个部队，在人民军队建设中发挥了重要作用；学校后来发展为南京军事学院、华北高级步校等新中国第一批高等军事学府。

更重要的是，“向一切内行的人们学习”，在这里找到了最好的注脚。

与此同时，在刚解放的沈阳、北平、天津等城市，共产党的干部在向留用的旧政府人员学习管理经验；在东北、华北的工矿企业，接管人员在向工程师学习技术；在东北的航校，解放军在向原来日军的教员学习飞行；甚至在功德林——战犯管理所，管理者在向有一技之长的在押人员请教。

同时期，距华北军政大学 3 公里远的南海山村，开办了中央外事学校，同样也请了一批内行的人们任教，不同的是一些老师是外国友人，被当地人称为“洋八路”。其中有来自美国的马海德、白蒂·葛兰恒，来自英国的戴维·柯鲁克和伊莎白·柯鲁克夫妇等人。

创办之初，学校条件十分艰苦，物资匮乏。师生们就地取材，从老乡家里借来门板，白天当黑板，晚上当床板。粮食、蔬菜缺乏，师生们吃的是窝窝头、小米饭。这一切，都不能影响学生的学习热情，背诵单词、练习口语，课堂内外，到处都是琅琅的读书声。一早一晚，老师的房间挤满了请教的学生们。

共产党人在艰苦条件下，如饥似渴、虚心学习的精神，深深感染了这些外教，他们全身心地投入教学工作，自己也融入沸腾的革命生活。新中国成立后，马海德第一个加入了中国国籍，长期致力于传染病的防治与研究，柯鲁克夫妇则在中国辛勤教学，他们都为中国革命和建设作出了贡献。

在学校终身任教的伊莎白·柯鲁克教授，是著名国际友人、教育家、新中国英语教学园地的拓荒人。伊莎白 1915 年出生于成都一个加拿大传教士家庭。她的童年和少女时代，有一半光阴在中国度过，后半生也与中国的命运紧密相连。

1947 年 12 月，柯鲁克夫妇以国际观察员的身份，来到离西柏坡西南 300 多公里的武安县什里店，考察和采访了共产党领导下的土改运动的全过程。他们在什里店住了 6 个月，与农民同吃同住，真实地记录下那个历史阶段。1959 年，柯鲁克夫妇合作撰写的《什里店——中国一个村庄的革命》在英国伦敦出版。20 年后，内容更为翔实的《什里店——中国一个村庄的群众运动》在美国纽约问世。这两部不可多得的历史文献，使西方人对中国的土改运动有了真实了解。

石家庄西的南海山村，是伊莎白又一段难忘的经历。她参加中央外事学校的教学，在简陋的土坯房里，培育了新中国第一批外交人才，后随学校进京一直任教长达 70 多年，所教授的英语专业学生遍及中国，誉满天下。

在新中国成立 70 年之际，为表彰 104 岁的伊莎白·柯鲁克为中国教育事业和对外友好交流作出的杰出贡献，国家主席习近平签署主席令，授予她国家友谊勋章。

二、战斗队变工作队

中国共产党是一个善于学习的政党。

每临重大历史时期和关键时刻，加强干部的学习教育，使之跟上发展变化的新形势，已经是一个成功的经验。

延安整风就是一次学习运动。抗日战争时期，为了统一全党的思想，提升马列主义素养，中国共产党在延安和各抗日根据地开展整顿党的作风，进行马克思列宁主义教育的运动。

彼时的延安，革命队伍中成分多元。既有经过浴血奋战的老革命、老战士，他们共同的特点是理想信念坚定，但马克思主义理论水平不高，对党的历史上历次“左”、右倾各种错误，特别是以王明为代表的“左”倾机会主义、教条主义的错误危害认识不清；也有抗战爆发后进入革命队伍的、一大批农民和小资产阶级分子。任弼时在一次会议上说，抗战后到达延安的知识分子总共有 4 万余人。这些人有革命热情，但因没有经过思想的洗礼，许多非无产阶级思想被带进了党内，不可避免地影响革命事业健康发展。

总之，党内存在着党风不正、学风不正和文风不正的问题。加强学习，增强党性，整顿作风，使革命队伍的思想作风焕然一新，是延安整风运动的急迫任务。

针对党内的各种非无产阶级思想，毛泽东于 1941 年 5 月和 1942 年 2 月，分别作了《改造我们的学习》和《整顿党的作风》《反对党八股》的报告，号召全党反对主观主义以整顿学风、反对宗派主义以整顿党风、反对党八股以整顿文风。至1945年4月，中共六届七中全会通过了《关于若干历史问题的决议》，对大革命失败后党内重大历史问题作出了系统总结。整个整风运动进行了3个多年头。

延安整风是中共历史上一次伟大的学习运动。这次整风的巨大收获，反映在全党进一步掌握了马克思列宁主义的普遍真理同中国革命实践相结合的原则，树立了理论联系实际、密切联系群众、批评与自我批评等实事求是的优良作风，并帮助大量非无产阶级出身的新党员转变了思想立场。

通过整风，全党马列主义理论水平得到极大的提升，确立了马克思主义中国化——毛泽东思想的指导地位，全党达到空前的团结和统一，为夺取抗日战争和新民主主义革命的胜利奠定了思想基础。

如果说遵义会议确立了毛泽东的历史领导地位，那么，延安整风运动则标志着中国共产党真正被马克思主义所武装。

许多老同志回忆起当年延安的整风学习时，都把那一段经历视为人生中一次真正的革命洗礼。

中共早期领导人之一、新中国成立后曾任中央统战部部长的李维汉说，经过整风学习，我的世界观得到根本性的转变。延安整风，教育了两代人。这是中国共产党在毛泽东领导下在思想战线上的一个伟大创造，是培养实事求是精神的一次伟大胜利。

从延安整风运动到西柏坡时期，时间又过了3个多年头，中共面临又一次重大历史时期，同样也需要一次新的学习运动。

而这次学习的最大特点，是如何适应新的斗争形势的需要，学习的内容则更多地与管理城市、建设城市、发展经济、改善民生相关联。学习的目的则是由生疏到熟悉，由外行到内行，对新的工作得心应手。

一边在进行最后的决战，一边在准备迎接即将到来的新事业。为了顺利地实现这个转折，毛泽东在这一时期的文稿中，不断出现着“学习”的字样，持续向全党发出了加强学习、迎接新任务的号召。

1949 年 2 月 8 日，在辽沈、淮海、平津战役结束以后，毛泽东在给第二野战军和第三野战军请示提前渡江的复电中说，今后将一反过去二十年先乡村后城市的方式，而改变为先城市后乡村的方式。军队不但是一个战斗队，而且主要地是一个工作队。军队干部应当全体学会接收城市和管理城市，懂得在城市中善于对付帝国主义和国民党反动派，善于对付资产阶级，善于领导工人和组织工会，善于动员和组织青年，善于团结和训练新区的干部，善于管理工业和商业，善于管理学校、报纸、通讯社和广播电台，善于处理外交事务，善于处理各民主党派、人民团体的问题，善于调剂城市和乡村的关系，解决粮食、煤炭和其他必需品的问题，善于处理金融和财政问题。①

他又警告说，乡村工作和城市工作比较起来，是易于学习的。城市工作则较为困难，而又是目前学习的最主要方面。如果我们的干部不能迅速学会管理城市，则我们将会发生极大困难。②

毛泽东在这里用急切的口吻，一口气讲了 11 个“善于学习”，其中包括政治、经济、宣传、外交、财政、金融、统一战线、干

① 《毛泽东选集》第四卷，人民出版社 1991 年版，第 1405—1406 页。

② 《毛泽东选集》第四卷，人民出版社 1991 年版，第 1406 页。

部训练等诸多方面，实际上都是战斗队转为工作队面临的重要学习内容，同时诠释了学习的紧迫性。

与此相一致，毛泽东在中共七届二中全会上强调，必须用极大的努力去学会管理城市和建设城市。必须学会在城市中向帝国主义者、国民党、资产阶级作政治斗争、经济斗争和文化斗争，并向帝国主义者作外交斗争。既要学会同他们作公开的斗争，又要学会同他们作荫蔽的斗争。如果我们不去注意这些问题，不去学会同这些人作这些斗争，并在斗争中取得胜利，我们就不能维持政权，我们就会站不住脚，我们就会失败。[①]

关于战斗队变工作队重要性的问题，朱德也有一段论述，他说，过去从城市到农村是个大转变，现在从农村转到城市又是个大转变。我们的工作要适应这个大转变。军队要由战斗队逐步转变成工作队，这也是个大转变。我们部队是一个学校，这个学校要培养出会做事的人。将来管理生产，搞生产建设，也要靠他们。[②]

这样，为适应新形势而加强学习的任务，就十分鲜明且急迫地摆在全党的面前。

应当说，毛泽东等领导人这些重要的、急迫的讲话，是有其强烈针对性的。

西柏坡时期，革命日益接近全国的胜利，需要有较高素养的党员、干部承担新的更加繁重的工作。然而相当一部分人却理论准备不足、文化素养不够、工作能力欠缺，与新形势的需求差距较大。

---

① 西柏坡纪念馆:《中共七届二中全会实录》，中央党史出版社 2018 年版，第 175 页。

② 西柏坡纪念馆:《中共七届二中全会实录》，中央党史出版社 2018 年版，第 187 页。

现实状况是，由于历史的原因，党的各级领导干部、党员队伍存在“先天不足”。中国共产党从1921年到1949年年初，长达28年之久，其工作重点是在农村，在农村集聚力量，在农民中发展党员和干部。因此，党员的85%—90%是农民，工人、小手工业者、知识分子和其他成分仅占10%—15%。多数党员干部熟悉农村情况和农村斗争，对于管理城市、搞经济、领导工业化建设则非常陌生。

理论素养更为低下。1948年10月，冀中解放区直属机关对所属230名干部进行理论测验，测验结果个人总平均分数为59.98分，最低分数仅为14.5分，有150人不及格。

“窥一斑可知全豹”。从整体上提升干部理论文化素养、经济工作能力成为当务之急，必须下极大的气力改变这种状况。

先抓领头人。为大力推动这次学习活动，中共中央重点抓中高级干部的学习。

在中共七届二中全会前夕，毛泽东两次给负责筹备会议的周恩来写信，要求为即将召开的中共七届二中全会做好学习材料的准备。

一是印发由刘少奇修改的《政策汇编》，发给“二中诸同志”。这个汇编是由中央政策研究室编辑的1948年以来党的重要文件的专集。分为形势与任务、军事、城市政策、农村政策、群众工作、党的建设等8个部分，共107篇文稿。

二是批示将中央宣传部编译的“干部必读”书目，送中共七届二中全会审议。经会议研究，规定这些书是干部当前一个时期学习马列主义的必读著作。①

① 西柏坡纪念馆：《中共七届二中全会实录》，中央党史出版社2018年版，第8页。

这套“干部必读”共计12本，它们是:《社会发展史》《政治经济学》《共产党宣言》《社会主义从空想到科学的发展》《帝国主义是资本主义的最高阶段》《国家与革命》《共产主义运动中的“左派”幼稚病》《论列宁主义基础》《联共（布）党史》《列宁斯大林论社会主义建设》《列宁斯大林论中国》《马恩列斯思想方法论》。

毛泽东对这次学习活动寄予深深期望。会议结束时他说：“如果在三年之内，有三万人读完这十二本书，有三千人读通这十二本书，那就很好。”①

毛泽东的希望没有落空。从西柏坡时期开始，到进京后的1年多时间，“干部必读”印行总数达300万册，成为全国各地执政者提升理论水平的实用教材。

与此同时，中共中央对加强基层干部的学习作了全面部署，要求把有计划地培养、训练大批干部作为当前的重大任务。为此，专门发出通知:（一）各区中央局（分局）、区党委两级，应即开办党校，或加强和扩大已有的党校，抽调各级的各类的适当的干部到党校学习。（二）各大军区开办军政学校，或加强和扩大已有的军政学校，培养军区、军分区及地方部队所需要的军事及政治工作干部。（三）创办各种专门学校，培养各种专门人才。上述中学、大学及专门学校中，均可大量地附设短期的速成学校或训练班，以应急需。（四）在可能开设大学的地区，应即开办正规大学，以培养将来为政治、经济、文化各方面工作所需要的较高级的人才。②

在中高级干部带动下，一个广泛学习的运动在各解放区展开。

---

① 中央文献研究室:《毛泽东传》（二），中央文献出版社2011年版，第930—931页。

② 王玉平:《来自西柏坡的报告》，北京大学出版社2015年版，第137页。

从保存了 70 多年的珍贵档案中，人们感受到了那时浓厚的学习氛围。

从 1948 年下半年开始，一份份关于学习的通知，从华北解放区的冀南、冀中、冀察、北岳、太行等区党委和行政公署等地发出，有的是组织开展各种形式的培训、轮训活动，有的是催促选送干部到学校学习。

人们发现，新的学习内容，除以往的理论作风建设之外，还包括财经、司法、农林、畜牧等专业知识。为新中国培养各方面合格的管理者，是学习的主要目的。

在广泛的培训基础上，为加强正规化学习，着眼于培养新中国需要的高级干部和专门人才，一批党和政府创办的大学、专业学校陆续在华北解放区开学。

1948 年 7 月，中共中央决定，在距西柏坡 10 余里地的李家沟口村创办高级党校即中央马列学院，以刘少奇为院长，陈伯达为副院长。所收学生须有 5 年以上的实际工作经验，文化程度相当于高中水平。

当年 11 月，经过考试和选拔，首批一年半学期的学员到校开课，刘少奇多次为学员上课。关于创办马列学院的重要性，他说，现在中国革命胜利了，不读书可不成。以前在山头上，事情还简单，下了山，进了城，问题复杂了。我们要管理全中国的事情就更艰难了。他还说："理论是实践的指针，没有理论，工作就是盲目的，无前途的，无生命的。有人不懂理论，又要站到指挥台上，成吗？不成的，现在还可以，以后就不成了。"[①] 第二年，马列学

① 西柏坡纪念馆：《西柏坡记忆》第四卷，中央文献出版社 2010 年版，第 90 页。

院与中央机关一起进入北平，来到西苑自得园，开始了中央党校的办学时期。

与此同时，一批红色高等学府在华北解放区的中心、环境相对安定的石家庄创办，石家庄成为新中国一批高等教育机构的起步之地。

1948 年 7 月，培养优秀军政干部的华北军政大学在石家庄南新城成立，昔日日寇、国民党驻军的兵营响起嘹亮的军号，成为解放军干部的课堂和演练场，一大批合格的军政人才从这里走出。

华北大学旧址

1948 年 8 月，我党创办的第一所综合性大学——华北大学，在石家庄北的古城正定成立，成为日后中国人民大学的前身。驻地与课堂设在有近百年历史的天主教堂、有上千年历史的佛教隆兴寺，以及祭拜国师的孔庙，来自北平、天津等地的青年学生，在过去的神学堂里，接受了无神论的马克思主义教育。

当年的华北大学不仅是解放区的最高学府，还是新民主主义思想文化的中心。大批学术理论界和文艺界精英云集，吴玉章、成仿吾、范文澜、钱俊瑞、陈唯实等名家代表了华北大学的师资水平。

华北大学在正定 1 年多时间里，为解放战争和新中国培养了一大批专家、知名学者和各行各业的领军人物，输送了各类干部和专业人才 1.6 万多人，后来不少人成为新中国各条战线的栋梁。

他们当中有，理论家、曾任中央党校副校长的苏星，外交家、外交部原副部长齐怀远，组织指挥发射中国第一颗人造地球卫星、第一颗返回式卫星和第一枚洲际导弹的原第二炮兵副司令员杨桓，长征三号火箭副总设计师王之任，主政一方的陕西省委书记张勃兴、海南省省长鲍克明等。王昆、胡松华、郭兰英等文艺界的精英，都曾在华北大学学习。著名作家丁玲的长篇小说《太阳照在桑干河上》，就在这里定稿。

1948 年 8 月，专门培养理工科人才的华北大学工学院在石家庄井陉矿区成立，这也是中共在新中国成立前夕，开办的第一所较正规的理工科高等院校。1949 年 8 月，华大工学院迁入北平，更名为北京工业学院，日后成为北京理工大学。

1949 年 1 月，华北大学农学院在石家庄西郊农场成立，在滹沱河畔肥沃的土地上，培育了第一批新中国的农业技术人才，农学院也是中国农业大学的前身。

1948 年 6 月，为适应新中国外交工作的需要，中央外事学校在石家庄西的南海山村成立，聘请马海德、伊莎白·柯鲁克等外国友人任教。第一批学员是来自平、津、渝等地的进步大学生，以及解放区的优秀中学生，共 80 多人。

学校经过不断发展，成为今天的北京外国语大学。学校创建初期的师生，日后大都成为新中国外交的骨干，活跃在国际舞台上。其中有原中国常驻联合国代表（大使）凌青、主持中英香港回归谈判的外交部原副部长周南、原中国驻英国大使胡定一等等。

1948 年 9 月，为培养大批青年团干部，今天中国青年政治学院的前身——中央团校在平山县成立。第一批学员 488 人，大都是来自解放区和国统区的青年工作者、学生运动领袖及骨干。团校师资力量很强，由杨述、柯柏年、于光远、师哲、齐燕铭、王任叔、黄镇、何启君等知名领导和专家，分别讲授理论时事政策、青年运动、建团经验等课程，极大提升了青年学员的政治理论素养。半年后，学校迁入北平。1949 年 7 月 4 日，毛泽东、朱德出席中央团校第一期学员在中南海怀仁堂举行的毕业典礼。毛泽东在讲话中告诫青年干部要认清社会发展规律，增强对共产主义事业必胜的信心。

1948 年 6 月，着眼于培养紧缺的财经干部，以北方大学财经学院为基础创建的华北财经学院在石家庄成立。学院院长是经济学家、教育家王学文，副院长是王自申。学院设财经、税务、工商、会计 4 个系，学员近 2000 人。大部分学员是青年学生，只有少量学员是调干（在职干部）。由于全国革命形势进展迅速，大城市相继解放而急需干部，1 年后，学员们提前毕业，陆续走向华北各省、市，成为新政府财经部门的骨干，有的日后成为新中国经济方面的专家。

与此同时，为响应党中央的号召，全国各解放区也办起一所所新式大学。华中解放区，在华中公学的基础上，成立了华中大学；西北解放区，在临汾成立了西北军区人民军政大学；东北解放区，延安抗大搬到东北后改名为东北军政大学，解放战争时期培养了几万名军事、政治干部。另有东北公学、东北大学等学校，也大数量招收培养新中国急需的人才。

在开办正规院校的同时，大规模的在职学习培训也相继展开。在中央机关、解放军各部队、解放区城市和乡村，都留下人们认真学习的身影。

西柏坡则是这场学习活动的缩影。为了提升理论和文化水平，中直机关开展了大规模的在岗培训活动，先后创办了中央机关业余文化补习学校、西柏坡机要工作培训班、新闻记者培训班、西柏坡南下干部训练班。一大批工农干部、新参加革命的青年接受了系统的培训教育，提高了思想文化水平和业务能力，为进城后的工作打下基础，很多人日后担负了重要的职务。

当年的学员、新华社原资深编辑卫广益，60多年后回忆那段生活，仍然心潮澎湃，由衷地向当年学校所有的恩师致谢！

在已经解放了的城市，干部则是边工作边学习，边学边干。

按照中共中央华北局《关于在职干部教育的决定》精神，石家庄市委组织全市大规模干部培训，要求为期3至6个月，内容以政治、政策、思想教育、工作方法、作风、文化补习为主，全市开办了一批理论补习班、业余文化补习学校、工农干部速成学校，各种教学点达200多个。

一个星期天的早上，在石家庄市某街道的教学点上，工作人员惊讶地发现副市长臧伯平也在认真听讲，他可是北平民国大学的高才生呀！

臧伯平说，我虽然是大学毕业，但今天革命遇到了新问题，不学习就要落后啦！青年干部听后无不赞叹，资深的老革命都这样努力学习，我们更不能虚度时光啊！

三、调查研究——学习“无字天书”

关于如何更好地学习，曾经长期为毛泽东管理图书报刊的逄先知，有过一段生动的概括：毛泽东重视书本知识，也重视实际知识；既提倡读有字之书，也提倡读无字之书，历来反对死读书，读死书。①

何为无字之书？毛泽东在延安抗大对学员说过：“社会是学校，一切在工作中学习。学习的书有两种：有字的讲义是书，社会上的一切也是书——‘无字天书’。”②

读无字之书，就是向社会学习，向实际学习，向群众学习。而向社会学习，最好的方法是开展深入实际、深入群众的调查研究，掌握鲜活生动的知识。

调查研究，其实就是理论联系实际的过程，就是从实际出发，解决问题的过程。这是中国共产党的看家本领和一贯学风。共产党人在不同时期的许多重要的观点、结论和思想，都是凭着这个

① 龚育之等：《毛泽东的读书生活》，生活·读书·新知三联书店 2010 年版，第 309 页。

② 中央文献研究室：《毛泽东年谱（一八九三——一九四九）》中卷，中央文献出版社 2013 年版，第 58 页。

拿手好戏得来的。

土地革命时期，为了搞清楚农民运动的性质、对中国社会的影响和发展趋势，毛泽东用32天走遍了湘江大地，写出了著名的《湖南农民运动考察报告》，这是他参与开创中共后第一次系统的农村社会调研。从农村和农民那里，他看到了中国社会农民问题的严重性，农民组织起来的重要性，回答了对农民运动的种种质疑，作出了农民运动“好得很”的结论。

红军时期，毛泽东在瑞金任中华苏维埃政府主席，为了更好地进行经济建设和政权建设，他对兴国县长冈乡、上杭县才溪乡两个模范乡进行了实地考察。他同农民一起劳动，一起生活，获得了许多第一手的“干货”材料。通过调查，毛泽东基本搞清楚基层苏维埃政权工作重点和经验，得出了“一切群众的实际生活问题，都是苏维埃应该注意的重要问题”的结论，写出了《关心群众生活，注意工作方法》这一名篇。

延安时期，陕甘宁边区政府一度遇到重大财政经济困难，军政关系受影响，老百姓也有一些怨言。毛泽东与时任边区政府主席的林伯渠、开明人士李鼎铭等人一起，调查研究症结所在。

当时陕甘宁边区这块贫瘠的黄土地，经济十分落后。9.8万多平方公里的面积，实耕地只有800多万亩，仅占可耕地的20%多，人口也仅150多万。地广人稀，粮食产量低，每亩地平均年产量不到40斤。抗日战争开始后，以延安为中心的陕甘宁边区成为革命的总后方，边区人民为支援抗战作出了巨大贡献。但面临国民党反动派的军事压迫和经济封锁，边区人民要解决自己的吃穿，要全面支援抗战，要养活脱产的四五万党政军各机关、学校工作人员，确实不易。

通过算人口账、收入支出账，毛泽东得出了边区人口少、公粮多、负担重的结论。他又与大家一起研讨解决的办法，及时作出了精兵简政和军队参加大生产的决策。这个似乎难以克服的困难迎刃而解了。

同时期，延安文艺界十分活跃，各种思想表达也颇为纷乱。有的人看这不惯，看那不顺眼，人在延安，心还沉浸在小资产阶级的情怀中；有的脱离火热的斗争实际，还在无病呻吟，大唱“阳春白雪”。

为了搞清楚并统一延安文艺界的思想，毛泽东亲自作了长达几个月的调查研究，先后与国统区来的萧军、欧阳山、草明、艾青、何其芳、刘白羽、丁玲等文艺界人士长谈，了解他们的所思所想。他还在晚上到延安鲁迅艺术学院，提着马灯看墙报上的大字报，增强自己的感性认识。

在充分酝酿、胸有成竹之后，毛泽东主持召开了长达20多天的延安文艺座谈会，并在会上发表了两次重要讲话。

在1942年5月2日会议开幕时，毛泽东根据调查了解到的文艺界思想状况，提出了立场问题、态度问题、工作对象、工作问题、学习问题，作为引子供大家讨论。5月23日，毛泽东作了会议结论。

当天晚上，在延安鲁迅艺术学院的院子里，工作人员用3根木棍架起一个三角形支架，悬挂上煤气灯。参会者看到毛泽东怀里夹着讲稿，从杨家岭住处的山坡上走下来。毛泽东十分重视这次讲话，直到站在讲桌前还在自言自语地说，这个总结可是不好作呢！

但毛泽东显然已经胸有成竹。他站立着，以手势助语气，侃侃而谈，一口气讲了3个多小时。

毛泽东系统地阐明了在中国革命文艺运动中长期争论的一系列问题。一针见血地指出："为什么人的问题，是一个根本的问题，原则的问题。"[①] 要求广大文艺工作者首先要解决立场问题，即"站在无产阶级的和人民大众的立场。对于共产党员来说，也就是要站在党的立场，站在党性和党的政策的立场"。文艺要为人民大众服务，使文艺成为团结人民、教育人民、打击敌人、消灭敌人的有力武器。

毛泽东在讲演中，还针对调查发现的延安文艺界的创作倾向，详细地阐述了如何为工农兵服务的问题，有力地澄清了在"人性论""光明与黑暗""暴露与歌颂""动机与效果"等问题上的模糊认识。毛泽东强调，文艺工作者要深入到广大工农兵群众中去，并在长期的共同生活中，改造自己的思想感情，使自己的思想感情同工农兵大众的思想感情打成一片。

讲话抓住了文艺工作者们的心，犹如明灯驱散了延安文艺界多日的迷雾，照亮了文艺工作的前进方向，让文艺工作者队伍心服口服。一大批文艺工作者在讲话精神的指引下，转变了立场，加入到为人民大众服务的队伍中，陆续创作出许多反映现实主义的文艺精品。

思想活跃、极富个性的萧军说，"毛泽东看问题深刻，文艺界那么多问题，他一抓就抓住了"[②]。本想离开延安的萧军放下行装，投入到火热的文艺创作中。

① 《毛泽东选集》第三卷，人民出版社1991年版，第857页。

② 中央文献研究室：《毛泽东传》(二)，中央文献出版社2011年版，第653页。

显然，毛泽东这次精准深刻又具有强烈指导意义的讲话，是与他作了深入透彻的调查研究分不开的。

总结历史经验，毛泽东在新中国成立后的广州会议上，讲过一段作调查研究的故事。他深有体会地说："我的经验历来如此，凡是忧愁没有办法的时候，就去调查研究，一经调查研究，办法就出来了，问题就解决了。"①

从延安到西柏坡，是中国革命改写历史的时期，新的重大问题接踵而来，对此，中共中央和毛泽东仍然是举起调查研究的大旗，兵来将挡水来土掩；结果也是，一经调查研究，办法就出来了，问题就解决了。

这一时期，遇到的一个大问题，就是如何把握土地改革平稳健康地进行。毛泽东、周恩来、任弼时等人从延安到西柏坡的行程中，不辞辛苦，走一路问一路，一路调查研究，掌握第一手材料。在走过的10多个县、30多个村里，几乎每到一个地方都要找当地的县乡领导、村干部座谈，几乎每天都在向基层干部和老百姓了解情况，分析土地改革形势，力争把情况搞翔实准确。

且看他们1948年3月底到4月初的一段行程：

3月27日至29日，毛泽东和周恩来、任弼时听取贺龙、李井泉汇报，并先后召开贫民团代表、土改工作团代表和地方干部代表等座谈会，详细调查农村各阶级的比例、土地占有、土改工作团怎样发动群众等情况。

① 龚育之等:《毛泽东的读书生活》，生活·读书·新知三联书店1997年版，第311页。

4月4日，到达岢岚县城，当晚听取县委书记丛一平关于土地改革、整党情况的汇报。

4月6日，听取代县县委书记兼县长苏黎和土地改革工作团副团长、晋绥日报社社长郝德青的汇报。指示土地改革工作团应该和农村党支部一起，共同领导当地的土地改革运动，要团结95%的干部和群众，克服“左”的偏向。

4月7日，到达繁峙县伯强村。邀请村党支部书记、村长、贫农团长等干部，座谈该村土地改革、农业生产和人民生活情况。[①]

从与基层干部的广泛接触中，也从各解放区上报的材料中，中共中央的领袖们得出的结论是，土地改革这个中心问题已经打开了局面，群众已经发动起来了，现在的问题是，要讲究政策策略，注意纠偏，从而保证土改沿着正确的方向发展。

毛泽东在总结调查研究的心得体会时说，开调查会的方法得到了很大的益处，“这是比较什么大学还要高明的学校”[②]。

在社会调查这个大学校里，共产党人可以得到许多无法从书本上得到的知识，而这些知识是最丰富和生动的。

西柏坡时期遇到的另外一个重要问题，就是共产党如何接收和管理城市，如何进行经济建设，如何在解放了的城市站稳脚跟。

繁忙的军事指挥工作，使得毛泽东已经不可能抽出更多的时间直接去城市农村调查研究，但他还是利用一切可能的方式了解

① 中央文献研究室：《毛泽东年谱（一八九三—一九四九）》下卷，中央文献出版社2013年版，第299、第300页。

② 龚育之等：《毛泽东的读书生活》，生活·读书·新知三联书店1997年版，第312页。

情况，以增强决策的准确性。

毛泽东在给野战军和各解放区领导人的电报中要求，今后凡是解放的城市，都要将接收管理的情况、恢复生产、发展经济的情况，向中央作出全面的汇报。通过这些报告，他不断了解情况，保持对刚解放城市情况的高度关注，并及时作出指示。

中共中央的其他领导人也在行动。刘少奇、朱德关注的是如何加快军工生产的问题。解放战争迅猛发展，对解放区的军工生产提出了更高的要求。1948 年 1 月，石家庄解放不久，刘少奇、朱德亲自召集各解放区军工企业的代表，调查研究，听取他们的意见，了解相关情况，之后主持召开了华北军工会议。这也是中共历史上第一次高规格的军工会议。

由于情况明了、准备充分，会议针对性极强地指出各解放区存在的生产分散、标准参差不齐、管理水平低的问题，提出了实行统一领导、相互调剂、建立核算制度等规定。会议质量很高，极富成效，促进了解放区军工企业的健康发展。

设在平山县北冶村一带的第 33 兵工厂，是晋察冀军区较大的军工企业。军工会议后，生产水平迅速提升，先后建立了炮弹厂、手榴弹厂、枪厂、地雷厂和被服厂，成为一个门类比较齐全的军工基地。同时，它还是一个军工产品的集散中心，将各地生产的炮弹集中储存于此地，随时发往前线。

朱德总司令曾经两次视察该厂，要求包括第 33 厂在内的华北兵工厂，以确实可靠为准，能做到支援全国的反攻部队所用的炮弹。在朱德的指导下，华北的军工厂克服各种困难，生产了大批枪支弹药，一批批源源不断地运往运城、太原、济南等前线，有力地支援了解放战争。

中共中央书记处另一位书记任弼时，此时重点研究新解放城市恢复经济和发展生产的问题。他接连到石家庄厂矿企业调查研究，与基层干部职工一起，分析困难和问题原因，提出切实有效的解决办法。调查研究的情况，他在中共七届二中全会上作了介绍。

关于入城后的障碍和困难，任弼时说，“据石家庄市的情况，首先遇到的困难是不了解城市，不熟悉工业，对管理企业没有经验”[①]。

任弼时在中共七届二中全会上讲话

① 西柏坡纪念馆：《中共七届二中全会实录》，中央党史出版社 2018 年版，第 156 页。

关于如何解决这些困难，任弼时说，所谓以城市为中心，基本意思就是依靠工人阶级，恢复和发展工业生产，包括轻工业、重工业和交通运输业等，并组织贸易；城市中的一切其他工作……都应服从于工业的发展。

关于如何解决资金的困难，任弼时指出，要发扬工人阶级的积极性创造性，并举例说，石家庄铁路大厂的工人，打道钉由每天的250个提高到600个，这在资金积累上是有很大意义的。[①]

有字书与无字书的结合，演绎了西柏坡时期的宏大学习篇章，也直接为中国革命的胜利奠定了坚实的基础。

一个善于学习的政党，必定是一个永远站在历史高点，并时时把握主动权、能够不断克服各种困难、昂首前进的政党。

邓小平对西柏坡学习运动有着深刻印象，新中国成立后回忆说，全国胜利前夕，毛泽东同志号召全党重新学习，那一次我们学得不坏，进城后，很快恢复了经济，成功地完成了社会主义改造。[②]

历史的经验值得吸取。党的十八大以后，习近平总书记指出："中国共产党人依靠学习走到今天，也必然要依靠学习走向未来。"[③]

概览西柏坡时期的学习活动，重要的启示在于，为了保证事业的健康发展，领导者必须有如饥似渴的学习精神，必须有虚怀若谷、不耻下问的学习态度，必须有向社会学习的广博胸怀。其

---

① 西柏坡纪念馆:《中共七届二中全会实录》，中央党史出版社2018年版，第157页。

② 《西柏坡研究》(一)，河北人民出版社2017年版，第162页。

③ 《习近平谈治国理政》第一卷，外文出版社2018年版，第407页。

中最难做到的，是向实际学习、向群众学习。

其所以难，是因为学习者要抛弃高高在上、自以为是的意识，去除不深入、不接触实际，坐在办公室拍脑袋瓜子决策的官僚主义作风；正确的决策来自接地气、务实处、花气力的调查研究，真实地了解基层社会的喜怒哀乐，时刻与群众同呼吸。

调查研究是马克思主义的重要领导方法，也是共产党人成功的看家本领，应当切切实实地践行。新时代同样更应当如此。

但我们发现，有的人口头上说调查研究重要，实际做起来却变了味，或习惯于走过场、搞形式，身下心不下、走马观花、隔靴搔痒，或只看“门面”和“窗口”，不看“后院”和“角落”，群众说他们是“调查研究隔层纸，政策执行隔座山”。这样的调查研究，很难了解到真实的情况，更谈不上据此作出正确的决策。

究其原因，是某些领导干部学习观上出了问题，即没有摆正与人民群众的关系，缺乏向人民群众学习的强烈愿望，看不到自己的某些短板。例如，不了解基层时时发生的新情况和新问题；有时决策上有考虑不周之处，不善于主动校正已经作出的决策。甚至认为这样做，会有损部门的权威、领导者个人的威信，更不会主动向群众学习、向实践学习。

“纸上得来终觉浅，绝知此事要躬行”。这是宋代诗人陆游的诗句。意思是说，书本上得来的知识终究肤浅，要十分透彻地理解知识，还需实践，即“要躬行”。习近平总书记曾经多次引用这两句话，意在提醒全党要知行合一，善于带着问题去学习，在解决实际问题上下功夫。

为了深入说明这个问题，习近平总书记在中央党校建校 80 周年庆祝大会暨 2013 年春季学期开学典礼上，还讲了这样一段话：

“战国赵括‘纸上谈兵’、两晋学士‘虚谈废务’的历史教训大家都要引为鉴戒。读书是学习，使用也是学习，并且是更重要的学习。领导干部要发扬理论联系实际的马克思主义学风，带着问题学，拜人民为师，做到干中学、学中干，学以致用、用以促学、学用相长，千万不能夸夸其谈、陷于‘客里空’。”[①]

这是共产党人、特别是党员领导干部在新时代应当具备的学习态度，归根到底，还是“要躬行”！

① 《习近平谈治国理政》第一卷，外文出版社2018年版，第406页。

第十章

民主建政——长治久安之法

1948年4月30日，是中国共产党统一战线历史上值得庄严记载的日子。

这一天，经过中共中央书记处扩大会议讨论通过，发布了《中共中央纪念“五一”节口号》，总共23条。它是中国人民解放奋斗的宣言，也是新中国将要走上民主建政新路的起点，标志着中国共产党领导的多党合作和政治协商制度的肇始。

“五一口号”具有里程碑意义。自秦建立统一帝国之后，至新中国成立前2000多年的历史，就是封建专制国家的历史，实行的是代表少数人利益的统治阶级对大多数劳动人民的专政体制，从来没有真正意义上实现人民当家作主。

人民是主人，一切都是属于人民的，这是中国人民多少岁月以来梦寐以求的理想社会。

这一理想，将随着新中国的诞生而宣告实现。人民的国家、人民的政府、人民参与并决定国家大事，中国共产党人在下着一盘开创民主新路、实现长治久安的历史大棋。

“我们已经找到新路，我们能跳出这周期率。这条新路，就是民主。只有让人民来监督政府，政府才不敢松懈。”毛泽东与黄炎培“窑洞对”中的那段论述，到了落地实践的时候。

共产党是这样说的，也是这样做的。在新中国一系列政治框架设计和运作中，人民群众、各界人士听到、看到、感受到的，无一例外地包含着“人民民主”这个关键词；民主建政贯穿新中国筹建的始终。

一、民主的国体与政体

当解放战争胜利捷报纷至沓来的时候，中共中央也在紧锣密鼓地着手新中国国体、政体的搭建。

什么是国体？通俗地说，就是国家的性质，也可以称国家的阶级本质。具体地说，就是社会各阶级在国家中所处的地位。

建立什么性质的国家，确立什么样的国体与政体，依靠谁来施政，这是筹建新中国政权框架需要首先回答的问题。

对于这个问题，中共中央一直在酝酿考虑。从 1947 年 10 月 10 日，中共中央在陕北发表《中国人民解放军宣言》，正式提出“打倒蒋介石，建立新中国”的口号，到 1948 年中共中央政治局的“九月会议”、1949 年 3 月的中共七届二中全会，未来的执政者都在思考和斟酌，如何才能更加准确地反映国家的性质，怎样对未来新中国各阶级的地位进行准确的定位。

随着思考的深入，新中国国体政体的思路越来越清晰。

时间刚进入 1948 年，毛泽东在《关于目前党的政策中的几个重要问题》中指出，新民主主义的政权是工人阶级领导的人民大众的反帝反封建的政权。所谓人民大众，包括工人阶级、农民阶级、城市小资产阶级、被帝国主义和国民党反动政权及其所代表的官僚资产阶级（大资产阶级）和地主阶级所压迫和损害的民族资产阶级，而以工人、农民（兵士主要是穿军服的农民）和其他劳动人民为主体。[①]

同年9月，毛泽东在西柏坡召开的中共中央政治局会议的报告中提出，建立无产阶级领导的以工农联盟为基础的人民民主专政，打倒帝国主义、封建主义和官僚资本主义的反动专政。我们政权的阶级性是这样：无产阶级领导的，以工农联盟为基础，但不是仅仅工农，还有资产阶级民主分子参加的人民民主专政。“我们是人民民主专政，各级政府都要加上人民二字，各种政权机关都要加上人民二字，如法院叫人民法院，军队叫人民解放军，以示和蒋介石政权的不同。”[②]

人民民主专政，这是中国历史上破天荒的创举，它旗帜鲜明地表明了新中国的国家性质：人民是主人，工人、农民，还有资产阶级民主分子是统治者，帝国主义、封建主义和官僚资本主义是被消灭者。

人民民主专政的国体，需要与此相适应的政体——政权的组织形式。这又是一个引人注目的问题。

一个时期以来，在中国政体设计上，社会上有许多主张，其中有一定影响的舆论是效仿西方，最高权力机构实行议会制和“三权分立”。这条路能不能走得通，适应不适应中国的国情？历史已经作了回答。

辛亥革命后，中国曾一度效法欧美资产阶级国家实行所谓的

① 《毛泽东选集》第四卷，人民出版社1991年版，第1272页。

② 《西柏坡——新中国从这里走来之解读》，中央文献出版社2005年版，第81页。

议会制、“三权分立”。结果，那个所谓的国民议会，成为统治者愚弄百姓、要骗人把戏的场所，每每上演争权夺利、贿选营私的闹剧。

统治者像走马灯一样轮换。辛亥革命的前期成果被袁世凯篡夺，从1916年袁世凯去世到1928年12年间，北京政府更替9届、内阁改组24次，换了26任统领，从黎元洪、冯国璋、徐世昌到曹锟、段祺瑞等历任总统，平均在位1年多，最短的只有几个月，行政资源耗费在无休止的纷争内斗上，结果是军阀混战，生灵涂炭，国计民生一误再误，贻害无穷。

“窃国大盗”袁世凯还曾上演过让国会议员“饿饭”选举的丑剧。1913年10月6日，国会选举中华民国的大总统。按照规定，参选的人获票必须达到总投票数的3/4才能当选大总统。第一轮投票，袁世凯471票、黎元洪154票、伍廷芳33票，都未达到总票数的3/4。于是大家按照规定开始第二轮投票。

结果第二轮投票袁世凯仍未达到法定票数。这时候已到中午，议员们要求先吃饭再选举。袁世凯不管这些，为了让自己尽快当选，命令千余便衣军警把国会团团包围，议员们不投票给他休想吃饭。被逼无奈的议员饥愤交加，迫不得已投票给袁世凯，投完票，已经到了晚上9点，饥肠辘辘的议员们才吃上饭。民国的大总统就这样“民主选举”产生了。

蒋介石的国民政府更是有过之而无不及。所谓的国民代表大会，是“挂羊头卖狗肉”的典型，挂民主自由之名，行独裁专制之实。特别是1946年11月，蒋介石不顾中国共产党和民主同盟的反对，决心撕毁政治协商会议决议，在南京强行召开国民大会。1948年，又召开新一届国民大会，结束所谓训政时期，“还政于民”，选举总统。

在国大代表名额分配上，国民党给所有善良的人们上了一堂“民主教育课”。由于中共和民盟拒绝参加这次国民大会，蒋介石只得拉上毫无影响力的青年党和民社党作陪衬，而这两个小党也趁机“狮子张大口”，一再要挟国民党让出更多的名额给他们。无奈之下，国民党只得让部分已经当选的党内代表“退让”。这一下捅了马蜂窝。

须知，这些所谓的代表都是金钱铺路、花了“血本”当选的。当时就有“爆料”，四川渠县张惠昌花了 1.4 个亿，外加稻谷 300 石；四川江安县张铁僧花去银圆四五千元，折合黄金四五十两；天津的赵遂初是油漆公会会长，竞选花费都是同业、亲友垫付的，数额巨大难以清偿。这些人就等着当上代表大捞一把，如今让他们“退让”，岂能轻而易举、善罢甘休？

在与国民党中央组织部部长陈立夫、中央党部秘书长吴铁城交涉无果后，一些被“退让”的代表到国民大会堂宣布绝食，随即遭到软禁；赵遂初则花 380 万元法币购得一口棺木，并站在上面照了相。他威胁说，如果不给他席位，他就去死。最后，蒋介石不得不妥协，向这些被“退让”的代表发了国大代表当选证书、国大政章，发薪资弥补他们的损失，并许诺下次国大开会时可以出席。事态方罢平息。

作为主要当事人的陈立夫后来承认，“这项工作在民主政治上是一件违法的事……国民党犯了违背民意独裁之名”[①]。

再看 1946 年 12 月通过的所谓的《中华民国宪法》。

① 张学继、张雅蕙：《陈立夫大传》，团结出版社 2004 年版，第 530 页。

这部所谓的“宪法”最大的特点是专制：取消人民民主自由的保障，总统有权以法律限制人民的权利；违背政协决议的联合政府责任内阁制原则，实行总统独裁制；立法委员不由选民直接选举，改由法律定之，行政院受总统指挥；违反政协决议的地方自治、少数民族自治原则，实行中央集权。

在这部“宪法”的辖制下，人民基本权利被剥夺，连言论自由和人身安全都没保证，国民党反动派甚至对一些反饥饿、反内战、追求民主的人士痛下杀手。

1946年7月11日，中国民主同盟负责人李公朴先生在昆明被国民党特务暗杀。

7月15日，另一位民盟的领导人闻一多教授在云南大学出席李公朴先生追悼会上，发表了著名的《最后一次演讲》。在演讲中，他痛斥国民党特务：“你们杀死一个李公朴，会有千百万个李公朴站起来！你们将失去千百万的人民！”“我们有这个信心：人民的力量是要胜利的，真理是永远存在的。历史上没有一个反人民的势力不被人民毁灭的！”“我们不怕死，我们有牺牲的精神！我们随时像李先生一样，前脚跨出大门，后脚就不准备再跨进大门！”[①] 闻一多对国民党反动派的倒行逆施作出了深刻的揭露和抨击，表达了为追求民主而前赴后继、视死如归的决心。当天下午闻一多就遭到了国民党特务人员的暗杀。

事发后，悲愤的中国民主建国会创始人黄炎培写挽联悼念：“聚以成仁，民之主也；青天白日，人可杀乎。”

知名学者梁漱溟以民盟秘书长的名义大声疾呼：李闻两先生

① 《闻一多全集》第3卷，湖北人民出版社1993年版。

都是文人、学者，手无寸铁，除以言论号召外无其他行动。假如这样的人都要斩尽杀绝，请早收起宪政民主的话，不要再说，不要再以此欺骗国人。

幸存者、经济学家马寅初更有痛彻的体会。

马寅初，字元善，中国当代经济学家、教育学家、人口学家。抗战时，他就揭露国民党政府打内战、发国难财、罔顾老百姓死活的丑行，多次公开发表演讲，严正抨击蒋介石政权的战时经济政策，又痛斥孔（祥熙）、宋（子文）贪污，要求开征“临时财产税”，重征发国难财者的财产来充实抗日经费；抗战结束，他又公开谴责国民党政府不顾人民死活，一意孤行打内战，矛头直指“四大家族”。由此触动蒋介石和宋子文、孔祥熙等权贵，被国民党政府投入重庆歌乐山的监狱，受尽折磨。

回忆那段暗无天日的经历，马先生愤懑地说，国民党政府口头上奉的是孙中山先生“天下为公”的宗旨，实际执行的是“地上为私”的腐败方针。

从中外执政经验的比较总结中，更是从中国的国情出发，中国共产党人坚定地认为，新中国不能照搬西方式的议会制和“三权分立”，更不能参照蒋介石政府的体制，而应当采用与国体相适应的政权组织形式，实行民主集中制的人民代表大会制度。

1948 年 9 月，在西柏坡召开的中共中央政治局扩大会议上，对于即将建立的新中国采用什么样的政体，曾有过一番讨论。毛泽东集思广益，一锤定音地说：“我们政权的制度是采取议会制呢，还是采取民主集中制？过去我们叫苏维埃代表大会制度……这是死搬外国名词。现在我们就用‘人民代表会议’这一名词。

我们采用民主集中制，而不采用资产阶级议会制。议会制，袁世凯、曹锟都搞过，已经臭了。”①

对已经臭了的政体理所当然地要抛弃，而要代之以生命力强劲的新制度。

1949 年 9 月，中国人民政治协商会议第一届全体会议召开，会议代行全国人民代表大会职权，通过的《中国人民政治协商会议共同纲领》明确，新中国的政体为人民代表大会制度。

这是一种全新的制度。在中国历史上，还没有一种制度像人民代表大会制度一样，能够让绝大多数人民享受充分的民主，广泛地参与国家事务的管理。

显然，人民广泛参与是这种崭新政治制度的鲜明特点。从 1954 年起，新中国成立后召开了 13 届全国人民代表大会，每届代表，除了中共的党员，还有大量的爱国民主人士和无党派人士，有众多的工人、农民、解放军和知识分子的代表，他们都发挥着重要的参政议政作用。

被称为人民代表大会“活化石”的山西代表申纪兰，一位来自偏僻乡村的农民，参加了 13 届全国人大，时间跨度 65 年之久。由申纪兰领衔或附议的议案、建议有 420 余件，每一件都反映了人民群众的意愿，一条条得到采纳和兑现。试问西方哪一个议会能从普选中达到这样高度的代表性呢？

与旧中国的对比，与专制独裁的反差，新中国的广泛民主赢得了民心。北平辅仁大学校长、著名历史学家陈垣耳闻目睹国

① 西柏坡纪念馆：《中共七届二中全会实录》，中共党史出版社 2018 年版，第 81 页。

体政体的创立，曾感触颇深地写道："解放后的北平，来了新的军队，那是人民的军队；树立了新的政权，那是人民的政权；来了新的一切，一切都是属于人民的。我活了七十多岁的年纪，现在才看到了真正人民的社会，在历史上从不曾有过的新的社会。""这不同于以前的改朝换代，的确是历史上空前的、翻天覆地的大变革。"[①]

二、山潮水潮人来朝

离西柏坡不远，有一个小村庄——李家庄，曾经是中共中央统战部的驻地。在解放战争后期，这里也是大批民主人士汇聚的地方。引发这次"民主大联欢"的，就是1948年的《中共中央发布纪念"五一"劳动节口号》。

从某种意义上说，中共中央发布纪念"五一"劳动节口号，是一次广发"英雄帖"的行动。

当然，与武林中邀请高手切磋技艺不同，这是一个胸襟豁达的政党为了国家和民族前途命运，团结一切可以团结的力量，竭尽诚意邀请各路精英共商建国大业的壮举。

毛泽东非常重视纪念"五一"劳动节口号，他对初稿作了重要修改。

其中，将原来第4条"工人阶级是中国人民革命的领导者，解放区的工人阶级是新中国的主人翁，更加积极地行动起来，更早地实现中国革命的最后胜利"改为"全国劳动人民团结起来，联合全

① 巨力：《人民是主人》，《求是》2019年第19期。

国知识分子、自由资产阶级、各民主党派、社会贤达和其他爱国分子，巩固与扩大反对帝国主义、反对封建主义、反对官僚资本主义的统一战线，为着打倒蒋介石，建立新中国而共同奋斗”。

将原来第 23 条“中国人民的领袖毛主席万岁”划掉；将原来的第 24 条“中国劳动人民和被压迫人民的组织者、中国人民解放军的领导者——中国共产党万岁”改为“中华民族解放万岁”。

最为重要的是，将口号第 5 条确定为“各民主党派、各人民团体、各社会贤达迅速召开政治协商会议，讨论并实现召集人民代表大会，建立民主联合政府”。

这些重要的修改，准确把握了中国革命历史的发展趋势，对民主建政的政治主张作了鲜明的倡导。正因如此，口号一经发布，如“投石冲开水中天”，得到了社会各界的热烈响应。

5 月 5 日，正在香港的中国国民党革命委员会的李济深、何

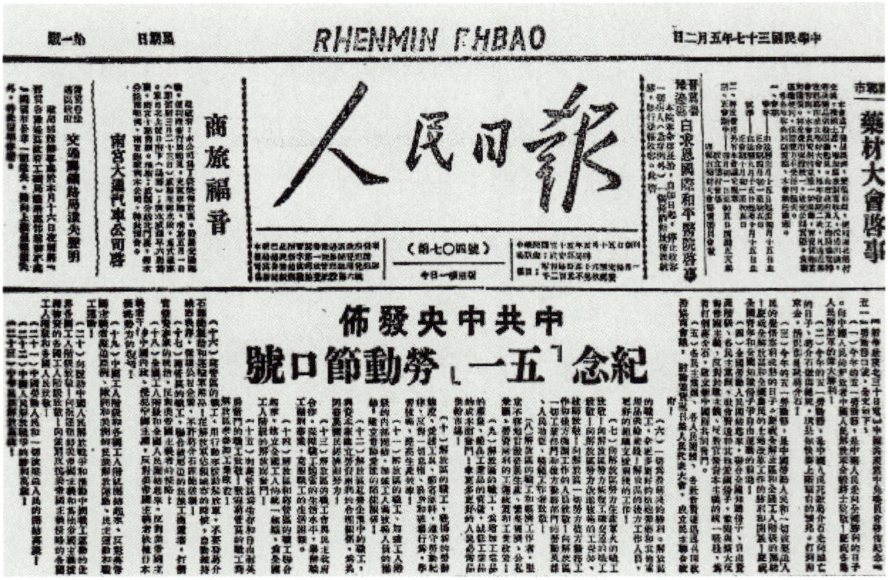
RHENMIN FHBAO

人民日報

中共中央發佈

紀念「五一」勞動節口號

《人民日报》刊发的《纪念“五一”劳动节口号》

香凝，中国民主同盟的沈钧儒、章伯钧，中国民主促进会的马叙伦、王绍鏊，中国致公党的陈其尤，中国农工党的彭泽民，中国人民救国会的李章达，中国国民党民主促进会的蔡廷锴，三民主义同志联合会的谭平山和无党派民主人士郭沫若，联名致电毛泽东，响应中共"五一"号召，拥护召开新政协。同一天，他们还向国内各报馆、各团体及全国同胞发出《响应中共"五一"号召的通电》。通电指出，中共"五一"劳动节号召，"适合人民时势的要求，尤符同人等之本旨，何胜钦企。除通电国内外各界暨海外侨胞共同策进完成大业外，特此奉达，即希赐教"①。

毛泽东在得知各民主党派的强烈反响后，复电李济深等人，除表达极为钦佩之意外，还邀请各民主党派来解放区筹备召开新政治协商会议。这一举措同样得到热烈响应。

何以一呼百应？这是因为许多民主人士经历了蒋介石政府的独裁与专制。那时，爱国者既无参与国事的机会，也被剥夺了呼吁民主的权利，李公朴、闻一多等人仅仅因反饥饿求民主的演讲而惨遭枪杀。

从来没有一个政党或组织经历千辛万苦、付出极大牺牲之后，敞开胸怀与他人共享胜利果实，也从来没有一个政党或组织这样平等地、诚心诚意地邀请民主人士参政议政，共商国是，共产党做到了。这不是爱国人士多年来的追求和希冀吗！

之后的西柏坡，这个中共中央的所在地，就如同磁石一

① 中央文献研究室：《毛泽东年谱（一八九三——一九四九）》下卷，中央文献出版社 2013 年版，第 307 页注释［2］。

般，成为进步爱国人士向往之地，吸引大批民主精英从四面八方赶来。

周恩来亲自部署，一批批在上海、北平、天津的民主人士在地下党安排下来到西柏坡。所走的路线，在上海的人员，是秘密经苏北或山东转石家庄的；在北平、天津的人员，由华北局城工部秘密交通站经沧州泊头镇转石家庄。所有民主人士，统由石家庄交际处送往西柏坡中央统战部驻地。

当年参与接待的中央统战部干部华毅、志华回忆，从 1948 年秋开始，到 1949 年 1 月中旬，陆续从北平、上海、天津来到西柏坡附近、中共中央统战部驻地李家庄的民主人士有：符定一、吴晗、刘清扬、周建人、韩兆鹗、翦伯赞、楚图南、田汉、胡愈之、费孝通、张东荪、雷洁琼、严景耀、沈兹九、王蕴和、严信民、杨刚、袁震、张曼筠、安娥、周颖等。其中费孝通、张东荪和雷

部分民主人士在西柏坡

洁琼、严景耀夫妇是在中共北平地下党的安排下，从北平西郊八大处乘坐大卡车出发，由 8 名解放军战士护送到西柏坡。

这些被称为“特客”的民主人士，到达李家庄后受到了中央统战部、中共中央领导人和解放区人民的热烈欢迎和热情接待。条件虽然简朴，但新修的住房、整洁的被褥、特色的饭食，使他们有宾至如归的感觉。

李家庄的老百姓说，山潮水潮不如人来朝，这是盛世的兆头啊！

雷洁琼，一位反对蒋介石政府的独裁统治，曾经发起南下请愿团的女战士，此时是受中国民主促进会主席马叙伦委托、代表该会从北平来到西柏坡。她对那次与中共领导人的会面记忆深刻。

这也是雷洁琼第一次见到毛泽东。当时毛泽东披着一件军大衣，容光焕发、神采奕奕，说起话来风趣幽默，与雷洁琼一行促膝长谈，谈笑风生，直到凌晨两三点钟。针对当时划江而治的舆论，雷洁琼询问了毛泽东的意见，毛泽东坚定地说把革命进行到底，就是要坚决、彻底、干净。毛泽东的话让雷洁琼受益匪浅。

与此同时，还有一大批滞留香港的民主人士，在周恩来亲自部署下，由中共地下党组织安排护送，平安到达东北解放区。此后不久，南北两线的民主人士又陆续进入解放了的北平，共商建国大业。

此时，还有一位重量级的爱国人士没有北上，一直被中共所惦念，她就是孙中山先生的夫人宋庆龄。

宋庆龄早年追随孙中山先生，是国民党左派的代表人物，一直支持中国革命，是中国共产党人可以信赖的朋友。中共中央和毛泽东十分在意宋庆龄对新中国的态度，真诚希望她能够参与新中国的筹划，为此不惜“三顾茅庐”，请正在上海的她出山。

第一次，1949 年 1 月 21 日，远在西柏坡的毛泽东，与周恩来联名电邀宋庆龄参加新的政治协商会议。但宋庆龄视北平是她的“伤心之地”，因为在那里，她送别了壮志未酬的夫君，留下了难以弥合的伤痛。虽然已过 20 多年，但感情上还是过不去。她提笔复信中共中央，申明身有炎症和高血压，暂不能北上，但仍热情表示，我的精神是永远跟随着你们的事业的。

第二次，1949 年 5 月，上海市解放，入城的解放军秩序井然，秋毫无犯。他们特地派出一个连的部队在宋庆龄住宅四周担负起了警卫任务。不久，受毛泽东的委托，陈毅市长专程看望她，当年在上海曾得到她救助的解放军 4 兵团司令员陈赓也亲赴宋庆龄寓所，转达党中央、毛泽东、周恩来对她的敬意和问候，并真诚地邀请她赴京参加首届全国政协会议。人民解放军的良好形象，给宋庆龄留下了深刻的印象。

第三次，1949 年 6 月，筹建新中国在即，毛泽东、周恩来为了使宋庆龄顺利进京，研究决定派邓颖超——一位资深的中共党员、与宋先生相交笃深的亲密朋友，专程赴上海去面见宋庆龄。临行前，毛泽东写了一封热情洋溢的亲笔信，托邓颖超带给宋庆龄。信中说：

庆龄先生：

重庆违教，忽近四年。仰望之诚，与日俱积。兹者全国革命胜利在即，建设大计，亟待商筹，特派邓颖超同志趋前致候，专诚欢迎先生北上。敬希命驾莅平，以便就近请教，至祈勿却为盼！专此。敬颂大安！[①]

两天后，周恩来也亲笔给宋庆龄写了一封信：

庆龄先生：

沪滨告别，瞬近三年。每当蒋贼肆虐之际，辄以先生安全为念。今幸解放迅速，先生从此永脱险境，诚人民之大喜，私心亦为之大慰。现全国胜利在即，新中国建设有待于先生指教者正多，现借颖超专诚迎迓之便，谨陈渴望先生北上之情。敬希早日命驾，实为至幸。专上。敬颂大安！

带着重托，邓颖超一行来到上海，前后逗留了两个月的时间，几次到府上拜访宋庆龄。深谙内情的她，起初并没有直奔主题，而是将中共领导下的土地改革、妇女翻身解放的变化娓娓道来，渐渐打动了宋庆龄。见时机成熟，邓颖超才拿出毛泽东、周恩来的亲笔信。中共领导人求贤若渴的真诚，终于使宋庆龄下定了北上参与国事的决心。

1949 年 8 月 28 日，在新的政治协商会议召开前夕，宋庆龄乘专车到达北平，毛泽东亲率中共领导人到火车站迎候。当列车停稳那一刻，毛泽东又亲自登车进车厢问候，陪同宋庆龄下车。这种礼遇，对任何中共领导人来说，都不曾有过。[②]

① 西柏坡纪念馆：《西柏坡记忆》第二卷，中央文献出版社2010年版，第134页。

② 《西柏坡——新中国从这里走来之解读》，中央文献出版社 2005 年版，第 169 页。

至此，各路英才齐聚、万众一心、民主建政的生动局面业已形成，一个崭新的人民共和国将在这个民主精英集体手中诞生。

三、有职有权的民主执政

与蒋介石政权截然不同，中共中央把民主人士聚集起来，不是为了装点政权的门面，而是为了实现真正意义上的民主执政。

中共在这方面极其严肃而认真，从华北人民政府的选举上，就可见一斑。

1948 年 8 月 7 日，肩负为新中国人民代表大会制度试验任务的华北临时人民代表大会在石家庄召开。

会议进行得很顺利。但在选举民主人士进入政府领导的问题上，似乎准备不足，还没有确定的人选，打算暂时空缺。

在西柏坡一直关注会议进程的毛泽东，认为这是一个原则缺陷，毫不犹豫地进行了“干预”。

他认为，华北人民政府并非地方政府，它是解放区第一个领导多个省、市的高级政府，是未来的中央政府的前身，全国各地（包括蒋管区）都在瞪着眼看华北人民政府的人事安排。为了更好地落实“五一口号”的要求，更好地体现统战政策，更好地发挥人民大团结的作用，政府主席、副主席中一定要加一位民主人士，而且要使这位民主人士有职有权。毛泽东很严肃地说，如果选不出民主人士担任副主席，那华北人民政府就暂缓成立。[①]

① 尹浩：《新中国实验田（石家庄 1947—1949）》，河北人民出版社 2017 年版，第 319 页。

大会主席团认真研究了毛主席的指示，接受批评，下决心改正。鉴于大会即将闭幕，为了避免仓促草率地提出人选，大会主席团决定将华北人民政府主席、副主席的选举，改为会后进行深入细致的工作并达成一致意见后再进行。

此后 1 个多月里，经过广泛推荐，有 4 位民主人士进入人们的视野。他们是：蓝公武，著名政论家、记者、教授，因在北平发表抗日言论被日伪政权逮捕，日本投降后进入解放区，担任过察哈尔教育厅厅长；于力，文字学家、教授、晋察冀边区参议会副议长；邢肇棠，晋冀鲁豫边区参议会副议长，此前担任过国民党军队的副军长，被蒋介石迫害后进入解放区；陈瑾昆，著名法学家，因在北平中山堂进行反内战讲演，被国民党政府逮捕，释放后进入解放区。经党内外反复酝酿，又经非党人士互相举荐，最终商定蓝公武为政府副主席候选人。

1948 年 9 月 20 日，华北人民政府举行第一次全体委员会议，选举董必武为主席，薄一波、蓝公武、杨秀峰为副主席。在副主席的排名顺序上，中共资深党员杨秀峰高风亮节，主动要求把蓝公武的名字排在自己之前。

经主席、副主席商定，提请委员会第一次会议任命了华北人民政府各部、会、行、厅、局的首长。8 位非党政府委员被任命为部门负责人。蓝公武兼任了华北人民政府民政部部长，于力担任了特别新设的华北监察院副院长，邢肇棠担任了华北水利委员会主任，陈瑾昆担任了华北高等法院院长，其余非党人士也按各自的专业特长担任了部门的负责工作。

被选为华北人民政府副主席的蓝公武，在热烈的掌声中致闭幕词。他深有感触地说："旧民主主义是少数人统治多数人，人民表面是有参政权，实际上一点权力也没有，不过几年投一票而已。列宁讲‘投一票，不晓得投个什么同样的统治阶级的人来压迫我们’。新民主主义政权则根本不同，人民直接参政，人民自己选出自己的代表管理自己的事。”[①]

这是中共与党外人士合作的一次生动实践，提供了未来新中国民主政权组建的模板，在全国引起强烈反响。民主同盟、民主促进会、致公党、民革等民主党派纷纷发来贺电，盛赞华北人民政府的成立，是“奠定未来民主联合政权的基石”，“不独为中国民主史程伟大标志”[②]。

这个结果，自然让人们想起中共在延安时期倡导实行的“三三制”原则。1941 年 5 月，经中共中央政治局批准，陕甘宁边区中央局公布了《陕甘宁边区施政纲领》，是抗日战争时期陕甘宁边区的宪法性文件。纲领规定，在政权建设方面贯彻“三三制”原则，即中国共产党与各党派、群众团体按照“三三制”组织抗日民主政权，共产党员只占候选人的 1/3，机关职员由 2/3 的党外人士充任。

“三三制”原则提出后，很多中共干部想不通，担心会削弱党的领导，会失去流血牺牲换来的政权。毛泽东针对性地做了说服工作，他强调：“国事是国家的公事，不是一党一派的私事。因此，共产党员只有对党外人士实行民主合作的义务，而无排斥别人、垄断一切的权利。”[③]

在此后选举第二届边区政府时，在 18 名委员中，初选时中共

① 《西柏坡档案》，中国档案出版社 2013 年版，第 1112 页。

② 《西柏坡档案》，中国档案出版社 2013 年版，第 1151 页。

③ 《毛泽东选集》第三卷，人民出版社 1991 年版，第 809 页。

党员有 7 人，超过了“三三制”的规定，老共产党员徐特立马上申请退出，按得票多少的次序，改由一名非党人士递补。[①]

此时在西柏坡的毛泽东，对华北人民政府选举结果感到欣慰之余，还在考虑更深层次的问题，那就是如何把在延安萌发推行、华北人民政府进一步实践的民主建政模式培育壮大，使之制度化，并且让民主人士在执政中真正发挥作用。

经过深思熟虑后，毛泽东在中共七届二中全会报告中强调，我党同党外民主人士长期合作的政策，必须在全党思想上和工作上确定下来。我们必须把党外大多数民主人士看成和自己的干部一样，同他们诚恳地坦白地商量和解决那些必须商量和解决的问题，给他们工作做，使他们在工作岗位上有职有权，使他们在工作上做出成绩来……每一个大城市和每一个中等城市，每一个战略性区域和每一个省，都应当培养一批能够同我们合作的有威信的党外民主人士。[②]

这里有两个关键词，一是长期合作，说明中共与党外人士的合作不是权宜之计，而是一个相当长时期的制度安排；二是有职有权，说明中共是真心实意地充分发挥民主人士的作用，而不是装点门面。

这两个关键词，对中共领导下的多党合作制度作了全面准确的诠释，显示了中共坚持民主执政的气魄和决心。

后来发生的事实验证了这一切。

---

① 参见中央文献研究室：《毛泽东传》(二)，中央文献出版社 2011 年版，第 615 页。

② 西柏坡纪念馆：《中共七届二中全会实录》，中共党史出版社 2018 年版，第 138 页。

1949 年 9 月 21 日，中国人民政治协商会议第一次全体会议开幕。出席会议的各界人士有 23 个单位、134 人，有着极其广泛的代表性。在这前后，解放了的城市也先后召开地方人民代表大会。

著名社会学家费孝通参加了北平市人民代表大会，身临其中，他颇有感慨地说："我踏进会场，就看见很多人，穿制服的，穿工装的，穿短衫的，穿旗袍的，穿西服的，穿长袍的，还有一位带瓜帽的——这许多一望而知不同的人物，而他们会在一个会场里一起讨论问题，在我说是生平第一次。这是什么意思呢？我望着会场前挂着大大的'代表'两字，不免点起头来。代表性呀！"①

更为人们关注的"有职"的问题有了圆满的答案。中央人民政府组成人员，于 9 月 30 日由政协会议选举产生。毛泽东任中央人民政府主席，朱德、刘少奇、宋庆龄、李济深、张澜、高岗任副主席。在 6 位副主席中，民主爱国人士占了 3 位；在 56 位中央人民政府委员会委员中，党外人士占了 27 人；政务院的人事安排是：4 名副总理中，有党外人士 2 人；15 名政务委员中，党外人士 9 人；在政务院所辖的 34 个部、会、院、署、行中，担任正职的党外人士 14 人。

"有权"的问题同样得到了很好的落实。新中国许多重大国策、重要标志性的问题，都是经过与会代表充分酝酿讨论修改后决定的。有宪法作用的《中国人民政治协商会议共同纲领》就是这样。

从西柏坡时期到进入北平召开政治协商会议，共同纲领曾经

① 新华社北京 1949 年 9 月 7 日电。

数易其稿，名称从最初的《中国人民民主革命纲领》《新民主主义的共同纲领》，最终定名为《中国人民政治协商会议共同纲领》，每一次修改，都凝聚了共产党和各民主党派、无党派人士的智慧，也体现了全国各阶层的根本利益，形成了全国人民共同奋斗的最大公约数。

其中许多真知灼见是民主人士提出、中共欣然接受的。中共中央发表“五一口号”时提出，由政协讨论并实现召集人民代表大会，成立民主联合政府。在哈尔滨的民主人士对此有不同意见，主张新政协即等于临时人民代表大会，即可以产生临时中央政府。中共中央赞同这一意见，将表述改为由新政协直接选举临时中央政府。

关于新政协的提法，起草小组和其他民主人士也多次推敲，认为不够确切。理由是，新政协并不是来源于旧政协，而是百年来民族民主革命，特别是近30年来新民主主义革命的伟大成果，是中国共产党历来倡导的统一战线的组织形式；政治协商会议是长期存在的、固定的统一战线的组织，它的名称也应该是正式的、固定的，因此，建议把“新政治协商会议”改称“中国人民政治协商会议”。这个名称也被多数人所接受，正式确定下来。

社会各界关注的新中国国名、国旗的产生同样也是经过充分民主协商产生的。

关于国名的确定，1949年6月21日，中国人民政治协商会议筹委会第一次会议召开。在讨论起草共同纲领过程中涉及新中国名称问题，代表们各抒己见，热烈讨论。著名民主人士黄炎培等人主张用“中华人民民主共和国”，著名爱国人士张奚若先生提出用“中华人民共和国”，后者的意见得到多数代表的同意。

为了说明这个问题，董必武专门作了解释。他说：“因为共和国说明了我们的国体，‘人民’在今天新民主主义的中国是指工、农、小资产阶级和民族资产阶级四个阶级的人，它有确定的解释，这已经把人民民主专政的意思表达出来，不必再把‘民主’二字重复一次了。”[①]“中华人民共和国”写入了《中国人民政治协商会议共同纲领》。

关于国旗的确定，更是经过了自下而上的广泛讨论。1949 年 6 月 16 日，新政协筹备会决定成立国旗、国徽图案初选委员会，并公开发表征求启事，引发了全国热烈的反响。

启事通过电波、报纸和人们的口口相传，走入工厂、农村、部队和学校，连正在进军河西走廊的解放军第一野战军的官兵们也收到了启事。“这是我们自己的国家，自己的国旗。”时任野战军第 2 兵团第 6 军参谋长陈海涵回忆道，战斗间隙，战士们在阵地上、在堑壕里，在枪炮声中热烈讨论，各抒己见，寄托了对新中国美好前景、幸福生活的憧憬，充满了当家作主的自豪感。[②]

1949 年 9 月，中国人民政治协商会议第一届全体会议期间，初选委员会从收到的 3012 幅国旗图案中遴选了 38 幅印发代表讨论。上海市一名普通职员、早在学生时代就是中共党员的曾联松设计的五星红旗图案，还有他人提出的一星加黄杠（代表黄河）

① 董必武：《在中国人民政治协商会议筹备会第四小组会上的报告》，《人民日报》1949 年 9 月 23 日第 1 版。

② 《星火燎原》第 20 集，解放军出版社 2009 年版，第 328 页。

的图案也在其内。

在这个问题上，未来的国家主席也不能个人说了算。毛泽东起初倾向一颗星加一条黄河的图案，爱国人士张治中坦诚直言，我反对用这个图案，红色是代表国家和革命的，中间这一杠，把红旗劈为两半，不变成分裂国家、分裂革命了吗？毛泽东听后，认为张治中讲得有理，便没有坚持己见，而是再次召集大家讨论听取意见，终于达成了一致。

9 月 25 日晚，毛泽东召开国旗、国徽、国歌、纪年、国都问题协商座谈会。关于国旗的问题，毛泽东指出，我们这个五星红旗图案表现我们革命人民大团结。现在要大团结，将来也要大团结，因此现在也好将来也好，又是团结又是革命。毛泽东的讲话博得了热烈的掌声，五星红旗确定为中华人民共和国的国旗。只不过，根据大家的意见，为了使国旗更加简练明快，原方案大五角星中的镰刀斧头被取消了。

国旗方案正式公布后，曾联松开始不敢确认是自己的设计，后来接到政务院办公厅的来函，感慨万千,一个普通市民的设计被国家认可，让他欣喜若狂。1950 年新中国成立 1 周年时，曾联松受邀赴京参加天安门国庆观礼，亲眼见证了五星红旗的升起。

由中华人民民主共和国到中华人民共和国，由一星加一杠的红旗，变为五星红旗，集中了全国各阶层的政治智慧，也标志着中共领导下的多党合作和政治协商制度结出了丰硕果实。

在新政治协商会议上，共有 88 位代表建言献策，毛泽东唯恐有人没有机会发言，在闭幕前一天，写信给周恩来，叮嘱他要安排好会议日程，务必让大家畅所欲言。

中国人民政治协商会议第一届全体会议

经历这一切后，已经当选中央人民政府副主席的宋庆龄深有感触地说，“中国最伟大的转变就是我们的国号在有史以来第一次有了‘人民’两个字，这两个字不是为了装饰点缀，它的重要意义在于同样有史以来第一次表明我们政府巨大力量之所在——人民”。[①]

① 《西柏坡——新中国从这里走来之解读》，中央文献出版社 2005 年版，第 173 页。

从西柏坡到北平，中共中央和毛泽东经过一系列探索和实践，为新中国共产党领导下的多党合作政治制度奠定了坚实的基础。这一套制度的核心是坚持共产党的领导，保障人民当家作主；而民主建政、协商民主是它的重要内涵和运作形式。

这也是一套长期坚持的制度。1950 年 3 月 16 日，新中国第一次全国统战工作会议在北京中南海怀仁堂召开。毛泽东在听取会议汇报时，针对干部在统一战线工作上的模糊认识，特意说，有人认为民主党派是“一根头发的功劳”，一根头发拔去不拔去都一样的说法是不对的。从他们背后联系的人们看，就不是一根头发，而是一把头发，不可藐视。要团结他们，使他们进步，帮助他们解决问题，如民主党派的经费问题，民主人士的旅费问题。要给事做，尊重他们。当作自己的干部一样，手心手背都是肉，不能有厚薄。对他们要平等，不能莲花出水有高低。①

毛泽东以生动的比喻告诉全党，多党合作的政治制度必须一以贯之地坚持下去，并且还要与时俱进，不断完善。

研究民主建政思想的专家李君如说，新中国成立后，在经过普选召开全国人民代表大会、全国政协全体会议完成代行全国人民代表大会职权之际，毛泽东意识到人大的代表性尽管很大，但不能包括所有的方面，决定在召开全国人大后继续保留人民政协，以实现我们党“人人起来负责”的民主梦想。这样，就形成了选举民主与协商民主两种民主形式相结合的中国特色社会主义民主。

协商民主制度登上了政治舞台，并且始终在延续；进入改革开放年代，还在不断完善中。

---

① 《人民政协报》2015 年 5 月 21 日第 9 版。

2002年，习近平同志主政浙江。也就是在这一年，浙江省温岭市开始将土生土长的民主恳谈会升级换代，并逐渐将其打造成中国基层协商民主的范本。这一范本的核心是，执政者把经济社会的重大问题提出来，与人民群众充分沟通协商，形成一致的决策意见。政府与老百姓的智慧结合在一起，基层民主与民主决策得到了有机的统一。

更高层的设计也在定型中。2012年11月，党的十八大提出“健全社会主义协商民主制度”，“协商民主”第一次写入中共最高规格的文件；2013年11月，党的十八届三中全会进一步提出“推进协商民主广泛多层制度化发展”。协商民主正式从地方性和局部性实践上升为国家战略，从政治领域扩展到经济、社会等各个领域，从一种工作方法上升为决策制度。

应当说，这是西柏坡时期开始形成的民主协商制度在新形势下的继承和发展。

习近平总书记指出：“社会主义协商民主，应该是实实在在的、而不是做样子的，应该是全方位的、而不是局限在某个方面的，应该是全国上上下下都要做的、而不是局限在某一级的。”

这里强调了协商民主的必要性和广泛性，也对各级领导干部提出了要求，有其强烈的针对性。

中国特色社会主义进入新时代，在面临复杂多变的形势、困难和问题层出不穷的情况下，领导干部想问题、作决策，切不可凭一己之力，一定要有民主意识，养成多商量、多听取意见，特别是听取人民群众呼声的习惯，让协商民主成为科学决策的必要程序，而且是不走过场、扎扎实实的程序，以避免决策的盲目性。这样做，会减少许多资源浪费和损失，提高决策的准确性，收到事半功倍的效果。

1300 多年前，在贞观盛世年间，唐太宗李世民向近臣魏徵询问，如何掌握下情？得到的回答是，“兼听则明，偏信则暗”。

1000 多年前的封建政治家尚有如此认识，新时代的领导干部更应有这个胸怀和境界。

第十一章

谨慎探索——西柏坡的摇篮曲

在中华民族古老的土地上，建立起一个崭新的人民当家作主的国家，这是前无古人的伟大创举。

国家的国体、政体已经确定，但城市如何管理，政权组织形式如何搭建，人民政府如何运作，基层民主如何建设，都需要拿出切实可行的样本。

能否搭建到位、开局成功，同样是一次“大考”。

作为即将夺取全国胜利，主导新中国筹建的中国共产党人，没有以胜利者的姿态君临天下地发号施令，而是带着强烈的历史责任感、带着对新生事物的敬畏，小心翼翼地谨慎探索，开辟了一块先行试验田，唱了一首摸索实践、以小见大的“摇篮曲”。

何为谨慎探索？毛泽东在延安时期，曾对身边的同志说，《水浒》中的三打祝家庄，为什么要打三次？我看宋江这人有头脑，办事谨慎，前两次是试探，后一次才是真打。我们干革命，就得学宋江，要谨慎。[①]

至于谨慎探索的路径与方法，毛泽东在《关于领导方法的若干问题》一文中作了具体阐述，这是一篇论述群众路线工作方法的马克思主义文献。在这篇文章中，毛泽东提出了“一般和个别相结合”“领导和群

① 完颜亮：《毛泽东读古典名著》，当代中国出版社 2014 年版。

众相结合”的著名论断。

毛泽东说：“任何工作任务，如果没有一般的普遍的号召，就不能动员广大群众行动起来。但如果只限于一般号召，而领导人员没有具体地直接地从若干组织将所号召的工作深入实施，突破一点，取得经验，然后利用这种经验去指导其他单位，就无法考验自己提出的一般号召是否正确，也无法充实一般号召的内容，就有使一般号召归于落空的危险。”他还说：“在我党的一切实际工作中，凡属正确的领导，必须是从群众中来，到群众中去。”①

西柏坡时期中国共产党筹建新中国的过程，就是领导与群众相结合、一般与个别相结合的典范。

一、探索管理城市之路

1947 年 11 月 12 日，随着硝烟渐渐褪去，红旗飘扬在华北重镇石家庄的上空。中共的党政组织开始接收管理这座全国第一个解放的大城市。

一切都是陌生的。宽敞的马路、明亮的灯光、花花绿绿的店铺、衣着纷杂的各色人等，对很多进城干部来讲，都是第一次看到。

城市的解放，标志着“攻得下”的问题已经解决，而如何“站得住、管得好”，则成为最大的挑战。在城市里依靠谁，怎样对待工商业者，从哪里入手，使这座城市尽快从战争的废墟中站立起来，重新恢复社会秩序并持续发展？一连串的问题扑面而来，

① 《毛泽东选集》第三卷，人民出版社 1991 年版，第 899 页。

解决过程并不是一帆风顺的。

接管的人们走了一点弯路，用了过去熟悉的农村斗争的形式，结果事与愿违。

在依靠谁的问题上走偏了路。过去在农村，是依靠贫下中农开展斗争，现在到了城市，有的干部就想当然地依靠城市贫民会组织开展斗争，以贫民会为最高权力机构，提出“一切权力归贫民会”的口号。但贫民会成分鱼龙混杂，混入了不少阶级异己分子，挟私报复、假公济私的有之，谁富斗谁、浑水摸鱼的有之，根本不是真正的依靠对象。

斗争对象选错了。开展“清算斗争”，用农村土地改革的办法对待民族工商业者。结果有的工厂、商店遭到哄抢，关门歇业，一些老板还被斗争。甚至连人力车都不让拉了，有的人认为，“谁坐谁就是剥削人”，结果人力车夫下岗了。

没有建设城市的长远打算。还在“打土豪、分田地”。解放了的城市被认为是战斗胜利缴获的果实，城市里的物资被认为姓“公”，可以不分彼此，作为补充解放区、部队和贫民生活的来源，有的地方出现了随意没收财产、不经批准就搬运物资的现象。

从晋察冀边区进城的妇女干部郭彤回忆，当时的群众并没有真正发动起来，除了少数人真心为翻身复仇，多数抱着“参加斗争分财产”的思想，认为“谁有钱就斗谁”，一时，工商业主处于极度恐慌中。贫苦市民对此也不满，认为把买卖斗得都关了门，穷人更难过。城市里没有商业，是乡村吧，还没有地种。

短暂 1 个多月的弯路，引起了中共中央工委的高度重视。刘少奇、朱德等人先后到石家庄指导工作。

1947 年 12 月 22 日，朱德在石家庄工商业代表会议上发表讲话，认为政策的中心是发展生产，要学会建设新民主主义社会。他指出，我们的一贯政策是保护私营工商业，并鼓励他们的发展，因为这对人民有好处。[①]

刘少奇在1个多月里，则连续4次对石家庄的工作作出明确指示。他认为，石家庄的问题，是共产党进入大城市后遇到的新问题。

针对出现的清算和没收问题，刘少奇指出，对石家庄要采取建设的政策和长期建设的方针，不允许任何破坏，要严明入城纪律，用一切力量保护城市设施，维持城市秩序。[②]

他苦口婆心地告诉时任石家庄敌伪物资管理委员会主任黄敬，要保存和发展石家庄的商业，保存和发展经济，尽快建立城市秩序，以便进行生产建设。城市的工人运动、贫民运动都要“以恢复和发展经济为准”，不能把乡村中的清算斗争运用到城市中来。刘少奇还要求，“要创造一套石家庄自己的东西”，“要在石家庄摸索出管理大中城市的经验”，“为全党工作重心从农村转向城市提供样本”[③]。

而这一切问题能否解决，关键在于依靠什么人管理城市，要寻找出城市真正的“主人”。

毛泽东在中共七届二中全会的报告中指出，在城市斗争中，我们依靠谁呢？有些糊涂的同志认为不是依靠工人阶级，而是依

① 中央文献研究室:《朱德年谱》(中)，中央文献出版社2006年版，第1290页。

② 中央文献研究室:《刘少奇年谱（增订本）》第二卷，中央文献出版社2018年版，第277页。

③ 政协石家庄市委员会:《转折——1947石家庄》，中国文史出版社2007年版，第101页。

靠贫民群众。有些更糊涂的同志认为是依靠资产阶级。我们必须批判这些糊涂思想。我们必须全心全意地依靠工人阶级，团结其他劳动群众，争取知识分子，争取尽可能多的能够同我们合作的民族资产阶级分子及其代表人物站在我们方面，或者使他们保持中立，以便向帝国主义者、国民党、官僚资产阶级作坚决的斗争，一步一步地去战胜这些敌人。①

为贯彻中央指示，石家庄闻风而动，人民政府采取措施进行强有力的“纠偏”。

立即取消贫民会，建立行业工会组织，把工人阶级作为在城市站稳脚跟的主要依靠对象；立即停止清算斗争，禁止任何团体和个人没收财产及捕人、打人；开启查封的工商户，恢复营业，放手鼓励经济发展。

寻找真正的“主人”。依靠工人阶级，保护发展工商业，繁荣城市经济，改善人民生活，新的执政者找到了管理城市的基本方针。

某日早上，在新生的人民政府面前，人们看到解放后第一任石家庄市市长柯庆施亲自坐上人力车，然后到市中心的中山路“招摇过市”。后来才知道，他平常都是步行去上班的，今天以这样的方式出行，就是告诉进城干部和市民，要放心地去坐“洋车”，这不是剥削人，而是为了城市交通的方便，更重要的是上千名人力车夫有活儿干，生活有了着落。

当年石家庄市第二医院的医生冯雨民回忆，那天，他正在

---

① 西柏坡纪念馆：《中共七届二中全会实录》，中共党史出版社 2018 年版，第 131 页。

医院坐诊，忽然听到有人喊，柯市长坐洋车了，后边还跟着许多人助威，他也跑出去，看到此景，一下子心动了，感到这个城市有了希望。“初识共产党，终生不能忘。我正是从市长坐洋车这件事上，体验到共产党的实事求是作风的。”冯雨民后来回忆说。[①]

工商业从关门到开门，工厂由死气沉沉到重新转动机器，人力车从消失到复活，标志着城市管理工作开始走上正轨。解放不到两个月，石家庄市迅速显露出生机与活力，开始在医治战争创伤、发展经济、支援解放战争的道路上迅跑。

石家庄城市接管初期的这段弯路很有典型意义。随着解放的城市越来越多，如何接收和管理城市，是一个共性的问题。石家庄恰恰积累了正反两方面的经验，为中共中央全面制定城市工作方针、政策提供了依据，为有效接收管理城市提供了样本。

刘少奇所谓“石家庄的东西”，现在有了答案，实际上就是在接收、管理城市中，摸索出有别于农村工作、依靠工人阶级、发展经济和改善民生的基本方针和政策。

中共中央十分重视石家庄的城市工作经验，中央工委及时调研总结了石家庄的情况并向中共中央作了汇报。

1948 年 2 月 25 日，毛泽东亲自起草签发致各中央局、分局、前委，并告中工委的电报，指出：（一）中工委丑皓（指电报代日韵目）电所述石家庄城市工作经验必须引起全党注意。各中央局分局前委必须讨论中工委丑皓电并将中工委丑皓电当作党内文件

---

① 政协石家庄市委员会：《转折——1947 石家庄》，中国文史出版社 2007 年版，第 133 页。

印发至地方地委一级，军队团委一级。各级党委收到中工委丑皓电以后均应引起讨论。（二）尔后各局各军在攻占城市及在占领以后不久时期内管理城市的工作方针及方法，应即以中工委丑皓电所述攻占石家庄及初期管理石家庄的方针及方法为基本的方针及方法。①

党史记载，这是第一份共产党人接收和管理城市方面的经验材料，尽管还不够全面，但它开创性地解答了进入城市后遇到的许多个“第一次”的问题，摸索出针对性很强、行之有效的政策方针，为后来许多新解放地区在接收和管理城市中避免失误，顺利扎下脚跟，迅速走上恢复和发展之路，提供了鲜活的样本。

这个鲜活的样本，形象地描述了新生的城市社会成分的构成：人民是土壤，工商经济是血脉，共产党的方针政策则是种子；有了肥沃的土地，有了必需的血液与养分，共产党的种子必定会生根、开花、结出壮硕的果实。

石家庄的经验走向全国各个刚解放的城市，试验田的作用凸显出来。

二、搭建人民政权雏形

一个人民共和国的政府，必定要有一个高效的组织框架。针对这一点，中共中央也在作制度性的安排。

在西柏坡中共中央政治局“九月会议”上，毛泽东指出，“人民民主专政的国家，是以人民代表会议产生的政府来代表它的。

①《西柏坡——新中国从这里走来之解读》，中央文献出版社2005年版，第49页。

中央政府的问题，十二月会议只是想到了它，这次会议就必须作为议事日程来讨论”[①]。“人们的思想是跟着物质的变化而变化的，打开石家庄就是一个物质的变化。”[②]

新生的中国，人民是主体，是人民当家作主的国家，在有了总的原则后，具体如何组建国家政权架构，还要慎重地搞好探索和试验。以石家庄为中心的华北解放区在这次实践中承担了重要的试验角色。

犹如新生儿一样，除了认真孕育之外，还要提前做一个稳妥的摇篮，保证它出生后的健康成长。

新中国政权的摇篮放在哪里？刘少奇说得很明确，我们成立华北局不是临时的，而是一直达到全国胜利。中央要吸收这种太平区域管理国家的经验，以便将来管理全国。“我们从陕北出发，落脚华北，今天又从华北出发，走向全国。”[③]

他还说，华北合并[④]以后的方针是建设，要在组织上、政策上、干部上、机构上、具体办法上为新中国的成立做准备。要依靠华北探索建政、人民法庭、人民代表大会等一套办法和经验，以便统一、管理全中国。[⑤]

这次探索实践的目标，是在华北两个解放区合并的基础上，

① “十二月会议”指中共中央 1947 年 12 月陕西米脂县杨家沟会议。

② 西柏坡纪念馆：《中共七届二中全会实录》，中共党史出版社 2018 年版，第 81 页。

③ 中央文献研究室：《刘少奇年谱（增订本）》第二卷，中央文献出版社 2018 年版，第 309、第 324 页。

④ 指晋察冀、晋冀鲁豫两大解放区合并为华北解放区。

⑤ 《西柏坡——新中国从这里走来之解读》，中央文献出版社 2005 年版，第 133 页。

完成两个重大任务。一个是华北临时人民代表大会的召开，搭建未来全国人民代表大会的雏形；一个是华北人民政府的组成，搭建未来中央人民政府的雏形。

任务重大，实现目标的路线图和工作步骤也细致而扎实。中共中央华北局确定，第一步，实行南北两边区政府（晋察冀边区政府、晋冀鲁豫边区政府）联合办公。第二步，召开两边区参议会驻会委员联系会议。第三步，召开华北临时人民代表大会，产生华北人民政府。

一系列工作由此展开。

1948 年 5 月，两边区政府先后搬到石家庄，宣布两大解放区合并，在新政府成立之前，成立华北联合行政委员会，实行联合办公。

1948 年 6 月，两边区参议会参议员联席会在石家庄举行，主要议题是，筹备华北临时人民代表大会。

1948 年 7 月，华北联合行政委员会发布《关于召开华北临时代表大会暨选举办法的决定》，对大会召开特别是选举事宜作了具体部署。各县市迅速开展代表选举工作，已经解放的山西、河北、平原、察哈尔、绥远 5 省千百万人民群众参加了选举，选出区域代表 394 人，职业和团体代表 173 人，另外有政府邀请代表 31 人，代表共 598 人。

1948 年 8 月，经过紧张筹备，华北临时人民代表大会在石家庄人民礼堂（位于今石家庄中山路）召开。因当时平津等地还被国民党军占领着，为保密和安全起见，大会对外宣称“石家庄生产工作会议”，并都在晚上召开。尽管这样，国民党的飞机还是“光顾”了会场上空，并且扔了几颗炸弹，所幸并没有击中目标。

外部环境的紧张，并没有影响会议的高质量进行。与会代表情绪高昂，他们知道会议的重要意义非同一般，他们正在创造历史。年过六旬、曾经经历过晚清时代的董必武说："华北临时人民代表大会已经宣布开幕了，它是一个临时性的，而且也是华北一个地区的，但是，它将成为全国人民代表大会的前奏和雏形。因此，它是中国民主革命历史中划时代的一次大会，在中国民主革命历史上将占有光荣的篇幅。"①

会议充分体现了广泛性。中原军区政委邓小平作为来宾代表在会上讲话，部队代表滕代远、回民代表何其宽、工运代表凌必应、法学专家陈瑾昆、民盟代表李何林、蒋管区学生代表等分别讲话。

会议听取审议了4个工作报告：华北军区司令员聂荣臻作的华北军区军事报告，华北中央局第二书记薄一波作的施政方针建议报告，杨秀峰和宋劭文分别作的晋冀鲁豫、晋察冀两个边区政府工作报告；审议通过了4个法案，即华北人民政府组织大纲、村县（市）人民代表大会组织条例、人民代表大会选举条例、农业税税则法案；审查了军事、政治、农业、工商等8方面1180件提案；选举产生了由27人组成的华北人民政府委员会。

会议开得生动活泼且富有成效。代表们群策群力，热烈讨论，探索了新型人民代表大会的运作体制和议事规程，如召开预备会和主席团制，组织代表资格审查制度，政府、军事工作报告和各项法律草案的说明制度，设立代表提案制度，组织提案审查委员会制度，政府委员选举制度等，形成了日后新中国人民代表大会

① 尹浩：《新中国实验田（石家庄1947—1949）》，河北人民出版社2017年版，第328页。

董必武在华北人民政府成立大会上讲话

的雏形，摸索出运作程序方面的经验。

当然，大会一个令人瞩目的收获是，选举产生了新中国历史上第一个共产党领导、民主人士参加的人民民主政府——华北人民政府。同样为新中国中央人民政府的成立搭建了雏形，做了摇篮式的准备。

是年 9 月，华北人民政府委员会全体会议在石家庄召开，选举产生了华北人民政府的领导成员。由董必武任主席，薄一波、蓝公武、杨秀峰任副主席，并任命了政府各部、委、院领导人。

中共中央和华北局对于政府组成人员的配备十分重视，着眼于未来新中国中央人民政府的领导框架，精心挑选了一批年富力强、富有实践经验的干才。

其中有政府秘书长陶希晋、司法部部长谢觉哉、工商部部长姚依林、公营企业部部长黄敬、财经委员会主任董必武（兼）、公安部部长许建国、交通部部长武竞天、人民监察院院长杨秀峰、人民银行总经理南汉宸、劳动局局长栗再温、文化艺术委员会主任周扬等人，各类精英济济一堂，为中央人民政府储备了大批领军人才。

在其后的一段时间里，华北人民政府还积极摸索政府运行模式，为确立新中国的政权做准备，包括参与中央人民政府的组建，政府的组织架构设置、干部配备等。中央人民政府的许多机构，就是在华北人民政府所属有关各机构的基础上建立起来的。

大批干部出自华北。开国礼炮响过，华北人民政府及各部、委、院的 18 位领导人中有 12 人到中央人民政府任职，其中董必武任政务院副总理兼政治法律委员会主任，后曾任中华人民共和国副主席、代主席；谢觉哉任内务部部长、最高人民法院院长；薄一波任财政部部长，后曾任国务院副总理；南汉宸任人民银行行长。其他人则担任了部、委、院的领导职务。从这点上说，华北人民政府也是一个培育治国理政人才的摇篮。

1949 年 10 月 27 日，中央人民政府主席毛泽东发布政府令，华北人民政府即日起停止运作。中央人民政府的许多机构，应以华北人民政府所属有关各机构为基础迅速建立起来。①

华北人民政府从成立到结束运作，尽管仅仅一年多的时间，但正如毛泽东所说，“突破一点，取得经验”，为新中国和地方政权建设，带来了开创性、引领性的试验成果。

新中国政权机构的组织架构和运作形式有了模板。华北人民

① 《西柏坡历史》，中央文献出版社 2013 年版，第 57 页。

临时代表大会设计了《华北人民政府组织大纲》，对政府机构的产生、政府领导人的选举及各部、委负责人的任命，设立行政监察机关、司法终审机关，作了明确的规定；设计产生了《华北区村县（市）人民政权组织条例》，对相应的人民代表产生办法作了详尽的规定。

这些内容经过完善，被纳入《中国人民政治协商会议共同纲领》《中华人民共和国中央人民政府组织法》。华北人民政府确立的政权组织形式，成为解放初期各级政府的基本组织架构，对新中国政权体制建设产生深远的影响。

党委和政府的关系有了原则界定。保证党对重大问题的绝对领导，政府的各项重要决定都要经中共华北局审查批准；日常工作，已经解决了的问题，应由政府自主负责处理。70 多年前的这些基本原则，今天看来仍不过时。

探索建立高效、科学的工作机制，促使政府工作向正规化转变。董必武说，“这个政府是由游击式过渡到正规式的政府。正规的政府，首先要建立一套正规制度和办法。过去好多事情不讲手续，正规化起来，手续很要紧，办事情就要讲一定的形式。当然我们不要像过去反动派那样搞形式主义，搞繁琐的公文手续”①。

为此，华北人民政府制定了《华北人民政府办事通则》等规程，对公文拟稿、行文规范、文书处理、会议制度等，都有明确的规定。

当年在华北人民政府秘书处、后又到政务院工作的马永顺回忆，他是带着这份办事通则进入中央机关的，通则的主要内容也

① 《董必武政治法制文集》，法律出版社 1986 年版，第 31 页。

成为中央人民政府政务院办事细则和公文处理程序的基础。

应当说，中央人民政府能够在新中国成立之初就迅速投入运作，与华北人民政府的前期工作是密不可分的。从某种意义上讲，在石家庄这块试验田上，产生了一个准中央人民政府，或者说，为中央政府的诞生作了全方位的彩排，从而使得中央人民政府能够迅速进入角色、履行职责。

三、开创基层民主范例

如果说，华北人民政府的建立体现了从一般到个别的工作方法，那么，石家庄市人民代表大会的探索，则是运用领导与群众相结合的工作方法的范例。

民主建国是一个完整的篇章。国家政权组织固然重要，城市层面的民主建设也不可或缺，同样需要进行探索试验，这个任务又落到了刚刚解放的石家庄。

任务的核心是，召开石家庄市人民代表大会，由人民直接选举自己的代表，通过人民代表选举代表自己利益的政府。

回头看来，这件事意义格外重大，实际是清除国民党独裁统治影响，在新生的城市里播下民主的种子，培育民主管理城市的参天大树，同时也是一次共产党兑现承诺的举动。

1947 年 11 月 18 日，刚刚解放的石家庄，在昔日的铁路局办公大楼成立了人民政府。政府的组成人员是由晋察冀边区政府任命的。某种程度上，还是一个临时的政府。

为此，已在西柏坡的刘少奇就明确要求，用一年的时间，在新生的石家庄选出人民代表，召开市人民代表大会，选出正式的民主政府。用成功的探索，为各地陆续解放的城市提供民主建设的经验。[①]

任何创新都需要智慧和勇气。民主选举市长，这在20世纪40年代的中国，是一件跨越千年历史、前所未有的新鲜事。共产党敢不敢放手选举是一回事，作为听惯了当官的指令、多少年来命运由别人决定的老百姓，能不能用好手中的民主权利，决定自己的当家人，则是另外一回事。

解决问题的钥匙在哪里？石家庄的管理者通过探索找到了正确的道路，那就是相信群众、依靠群众，把民主的意志变为群众的自觉行动，共同走上民主的康庄大道。

那些日子，在整座城市中，洋溢着放手民主和开放竞选的民主氛围。

放手民主，就是自上而下、形式多样地放手发动群众，唤醒民众的民主意识，让人人知道选举的目的、意义，人人都来参与这场民主的“盛宴”。

开放竞选，就是代表候选人与选民直接见面，实行“海选”。包括被提名的市委市政府领导，都以普通候选人的身份参加，发表政见，展开竞选，让选民自己评议选择他们信得过的人。

1949年4月21日，市委书记刘秀峰以候选人的身份参加一区的竞选大会并发表演说，他阐述了政府将要实施的执政方针，重点是为市民解决实际问题，提高人民生活水平，也表达了努力工作的决心，受到与会者的热烈欢迎，大家纷纷表示支持他当选。

① 尹浩：《新中国实验田（石家庄1947—1949）》，河北人民出版社2017年版，第275页。

二区的竞选大会在一所学校举行，有6000多人参加，33名候选人依次上台发表演讲。副市长臧伯平首先出场。他说，炼焦厂职工及区街选民提出我做人民代表候选人，我勇敢地接受了这个推选。他向选民们保证，一定要“真心真意为人民服务，把石家庄建设成一个工业城市，为达到建设繁荣的石家庄而奋斗不息”。话音未落，台下的选民都高呼起来，“大家都选臧伯平！”还有人用歌声表达心声，“老乡们都看清，这位就是臧伯平，细心挑来细心地选，好人里边选好人”[①]。

参加竞选的领导同志，都受到了选民的拥护，反映出进城初期，党和政府的干部在群众中的良好形象。

各个阶层的代表候选人也陆续登台亮相。无论是工农群众，还是工商业者、知识分子，大家都有机会自由地发表政见，选民也有机会质询自己关心的市政和民生问题，城市主人的责任感油然而生。铁路大厂的工人们说，共产党解放了我们，又把大权交给工人、老百姓，咱可要仔细地行使好权力。

民主的主题词一直贯穿到整个会议过程中。1949年7月，石家庄市首届人民代表大会正式召开。与会的代表具有很强的广泛性和代表性，因为代表是经全体选民“海选”出来的。

会议始终在开放的状态下保持着与群众的联系。全市人民都在关心注意自己的大会，大会的进程每天都通过电台、通过大街上的有线大喇叭广播出去，街道上常常围着一群群收听的人们；有的代表白天开会，晚上回去向所在的工厂、农村、街道、店铺

① 政协石家庄市委员会：《转折——1947石家庄》，中国文史出版社2007年版，第252页。

的群众传达会议内容，代表大会成了全市人民的大会，成了政府与人民群众联系的桥梁和纽带。

大会关注的议题，也都是接地气、有热度、与市民生活密切相关的实际问题。大会共提出各种提案500多件，多数是代表提出的，也有会外的群众直接送来的。

应代表要求，刘秀峰到会解答了提案中的具体问题，包括设立交易市场、加强摊贩管理、增加路灯、建设游泳池、改变街道不卫生状况、增加生产贷款等问题。刘秀峰都逐一解答，态度诚恳，措施务实。对于受条件限制、一时做不到的提议，如修建滑冰场、在大石桥下做买卖等，刘秀峰也实事求是、合情合理地解释到位。

大会开了21天，比预计的时间延长了几天，目的是给代表们充足的时间审议提案。通过热烈、透彻的讨论，大会表决通过了《关于工商方面决议》《关于税收方面决议》《关于市政建设方面决议》《关于文化教育工作决议》《关于房产房租问题的决议》《关于回民问题的决议》等13个决议。

70多年后，重读这些文件，仍然感受到它朴实精练的文风。每个决议都没有"穿靴戴帽"，没有官话套话、虚与委蛇，而是直奔主题、直截了当、言之有物。

比如关于房租问题，决议提出照顾租客双方利益，根据房屋之好坏、位置、设备等条件，暂定一年内每月租金标准，分特等、甲等、乙等、丙等、丁等若干种，同时对双方权益的保障也有明确规定。

大会的最高潮，是选举由25人组成的市政府委员会。委员候选人仍然实行提名竞选。

为了解除"共产党包办选举"的疑虑，保证选举的公正性，专门规定中共党员候选人除发表竞选演说外，不在党外人士中做工作，并要为党外人士辅选。市委书记、市长、区委书记、街道负责人，都向群众热情介绍普通工人、市民、民主人士的候选人，公开为他们助选。

工商界候选人如药堂老板申希礼、宏兴茶庄经理杨明远、铁工厂负责人赵铭等通过党员介绍、群众认可，经选举顺利进入了市政府。他们由衷地说，共产党是真民主，他们不是怕党员选得少，而是担心党外人士不能当选，大公无私之心令人赞佩。

竞选也别开生面。这里没有西方政客式的相互攻讦，相互揭短贬损，而是各阶层代表公平竞选，更有66人次上台发言为他人竞选。市委书记刘秀峰向大家介绍参加过二七大罢工的铁路大厂老工人李斌、陈梅生，大兴纱厂劳动模范阎金芬，说他们立场坚定、努力劳动，是可以信赖的候选人；不少基层代表也为市区的党政领导干部竞选，说刘秀峰、臧伯平等人是工人的好朋友，领导我们搞生产，要选他们做政府领导。台上台下，其乐融融。

选举的结果出乎许多老石家庄人意料。他们发现，与旧石门市政府官僚政客当政完全不同，选出的新政府委员中有工人、有农民、有工厂资本家、有商店老板、有教师、有中西医生、有妇女、有回民，好些就是身边熟悉的人——土生土长的邻居。

其中，工人占了1/4多，而从老解放区来的党政干部只有6名。在政府组成人员中，也不是“清一色”中共，而是广泛吸收各民主党派和无党派人士参政议政，不少非中共人士出任领导职务，充分体现了“工人阶级领导的、工农联盟为基础的人民民主专政”的政权特色。

在25名政府委员中，非中共人士有8名，占了近1/3。其中

1 人当了局长，6 人当了副局长，有的还参加了政府的经济、市政建设、农业生产、检查等委员会。

更重要的是，在石家庄这块试验田上，诞生了全国第一个民主选举的城市人民政权，开创性地解决了人民政府如何民主产生的重大课题，对于其他解放或即将解放的城市，具有指路意义。正如大会开幕词指出的：“我们人民代表大会的召开，对全中国、对石家庄，都还是第一次，在建立一个地方人民民主专政政权机构的经验上，将为其他新的城市所参考。”

作为第一个“吃螃蟹”的探索者，石家庄没有辜负中共中央的期望。石家庄基层民主政权建设的探索，得到了中共中央和华北局领导高度评价。

《人民日报》对石家庄的做法作了专题报道，认为“提供了全国实行人民民主的范例”。

报道对石家庄的发展寄予厚望，真实地描述了会议结束时的场景。刘秀峰市长致闭幕词：“我们要把石家庄建设好，必须依靠老百姓，没有老百姓的努力，任何委员也办不到的。”最后全体代表们齐声高呼：“密切联系群众，把大会的决议带到群众中去，把群众意见集中到政府中来。”

提供了全國實行人民民主的範例
石市人民代表大會閉幕
選出各界代表廿五人爲政府委員
劉秀峯、臧伯平榮任正副市長

《人民日报》刊发石家庄人民代表大会消息

此时此刻，共产党的意志和群众的意愿实现了完美紧密的结合。一座城市的力量，为了一个共同目标凝聚在一起，它将是坚不可摧的，不管未来还有多少困难。

西柏坡时期的谨慎探索，特别是就筹建新中国政权所做的试验，是我党谦虚谨慎作风在特殊历史时期的体现，有着重要的历史启示。

其一，时刻保持对新生事物的敬畏。当不熟悉的事情、不熟悉的工作摆在面前的时候，要小心谨慎地研究它、认识它，看不透、拿不准的要先试试看，突破一点，取得经验，可以最大限度地避免不必要的失误和损失。不管什么时候、什么地方，那种大权在握，还没有搞清楚事情的原委，就作出决策、强行推开的行事作风，是万万要不得的，是注定要碰钉子的。

其二，群众路线是成功、胜利的法宝。谨慎探索，就是走群众路线，依靠群众、发动群众起来共同奋斗的过程。唯物史观告诉我们，群众是真正的英雄，只靠领导者的智慧往往是不够的。“从群众中来到群众中去”，是共产党人解决问题的基本准则，领导者有千条妙计，只有落实到老百姓那里去，才能管用、有效。譬如石家庄解放初期搞民主选举的时候，大家都觉得难，无从下手，但动员起千千万万觉悟了的老百姓，难事就变得不难了，局面为之一变。

其三，谨慎探索需要大胆创新的精神。小心谨慎并不是囿于既有的规制唯唯诺诺，恰恰是要用谨慎的态度，突破创新，大胆地去探索，办成事、办大事。谨慎与探索是相辅相成的，如果仅仅为了谨慎而忘了探索，或者把谨慎作为不作为或少作为的借口，那就是与初衷南辕北辙了。

毛泽东曾多次引用明代思想家李贽的自题联语：“诸葛一生

唯谨慎，吕端大事不糊涂。”他在赞扬唯谨慎的诸葛亮时，也在肯定大事不糊涂的吕端，意思就是告诉人们既要有谦虚谨慎的精神，也要有多谋善断的勇气和决心。

进京“赶考”22年后，1971年毛泽东又对多谋善断有一次深刻的阐释。他对即将赴联合国工作的同志说，遇事要多商量，要多谋善断，不要像袁绍那样多谋寡断，更不能不谋专断。谨慎不是谨小慎微。看准了的，该说就说，该做就做。

进入新时代，谨慎探索、多谋善断的精神，仍然至关重要。习近平总书记指出，对于涉及改革发展的大事，一定“要采取试点探索、投石问路的方法，取得了经验，形成了共识，看得很准了，感觉到推开很稳当了，再推开，积小胜为大胜”[①]。

这与毛泽东一般与个别相结合的办事原则是一脉相承的，应当成为共产党人认识世界、改造世界的重要思想方法。

今天，在错综复杂的国际国内形势下，在改革进入深水区的时候，在新的矛盾和问题不断涌现的时候，我们提倡谨慎探索，更要多谋善断，有克服各种困难的决心和勇气，虽百折而不挠，如此才能成就一番事业。

① 中央文献研究室：《习近平关于全面深化改革论述摘编》，中央文献出版社2014年版，第35页。

第十二章

不忘初心——永远与人民在一起

1949 年 10 月 1 日，开国大典。面对天安门广场上排山倒海、激昂振奋地高喊“毛主席万岁”的人民群众，毛泽东主席高呼：“人民万岁！”

2019 年 10 月 1 日，新中国成立 70 周年庆典。面对经历从站起来、富起来到强起来历史飞跃的中国人民，习近平总书记高呼：“伟大的中国人民万岁！”

这激动人心的场面，透彻着人民的心声，透彻着领袖发自肺腑的感慨，更体现了共产党领袖与人民群众血浓于水的感情。

时刻把人民群众装在心里，永远与人民群众在一起，凝聚起中国大地上排山倒海的力量。这是共产党永葆青春活力的法宝，是从红船、井冈山、瑞金、延安到西柏坡一脉相承的精神品质。

而西柏坡时期，从解放战争的胜利到新中国的筹建历程，更是共产党人与人民群众血肉关系真实生动的写照。

一、念着“活菩萨”

“最后一碗米送去做军粮，最后一尺布送去做军装，最后老棉袄盖在担架上，最后亲骨肉送他上战场。”这是流传在西柏坡所在的平山县的一首民谣，它真实地反映了当地老百姓为革命胜利付出极大牺牲而无怨无悔的珍贵品质。

西柏坡所在的平山县地处太行山区，是抗战时期晋察冀军区领导机关的主要驻地。全县只有 25 万人，先后有 7 万多人参军参战，牺牲或受难的军民有 1.5 万多人，8 年全国抗战结束，全县仅剩 19 万多人。老百姓把亲生骨肉送去当了八路军，省吃俭用，把最好的粮食交到部队上，军鞋做了 57 万双，军粮送去前线 4500 万斤，被聂荣臻评价为晋察冀根据地贡献最大的“抗日模范县”之一。

中共中央来到西柏坡，老百姓像当年拥军一样，“见到你们格外亲”。他们让出最好的房子，有的新婚夫妇腾出了刚刚入住的新房。群众还出工在西柏坡一带修建简易房千余间，在东柏坡修建容纳几百人的中央大礼堂，修整西柏坡通往石家庄等地的公路百余公里；拿出最好的粮食和副食，供给中共中央机关和人民解放军总部几千人的日常消费，还让出部分土地供各机关种植蔬菜；男女老少站岗放哨，都担负起保卫中央的重任。

难怪米高扬回忆石家庄—西柏坡之行感慨颇深。他对翻译师哲说，共产党深深扎根于广大群众之中，老百姓信任你们，愿意跟你们走。你们的力量当然是强大无比的。

毛泽东了解到这些情况，深有感触地重复了在延安说过的一段话，人民是我们的活菩萨，我们要从人民身上学习那种“承受苦难，为而不有”的高贵品质，共产党人应该像念佛一样时时刻刻念着人民，念着人民的高贵品质。

毛泽东对于人民群众有着至深的感情，他最看不得老百姓受苦，很早就立下志愿，要解救他们出苦海。

在《为人民服务》那篇著名的讲演中毛泽东说，中国人民正在受难，我们有责任解救他们，我们要努力奋斗。要奋斗就会有牺牲，死人的事是经常发生的。但是我们想到人民的利益，想到大多数人民的痛苦，我们为人民而死，就是死得其所。①

延安时期，毛泽东曾经亲自处理过两次挨骂的事件，就是他念着老百姓的真实写照。

毛泽东第一次挨骂，是 1941 年 6 月 3 日。陕甘宁边区政府在延安的杨家岭小礼堂，召开边区各县县长联席会议。大风暴雨突来，一个炸雷，击断了礼堂的一根木柱，坐在附近的延川县代县长李彩云猝不及防，不幸触电身亡。

噩耗传开，一位农民说："老天爷不开眼，为什么不劈死毛泽东？"保卫部门闻讯，要把这件事当作反革命事件来追查，逮捕这个"竟敢如此咒骂毛主席"的农民，并要公开处理，以一儆百。

毛泽东知道这件事后，立即阻止了保卫部门的行动。毛泽东说："群众发牢骚，有意见，说明我们的政策和工作有毛病。不要一听到群众有议论，尤其是尖锐一点的议论，就去追查，就要立案，进行打击压制。这种做法实际上是软弱的表现，是神经衰弱的表现。我们共产党人无论如何不要造成同群众对立的局面。"

不久，毛泽东第二次挨骂。在陕甘宁边区的清涧县农村又发生了一起类似的事情。农妇伍兰花的丈夫在山上用铁犁耕地时，不幸被雷电击中死亡。伍兰花一边悲痛，一边大骂"世道不好""共产党黑暗""毛泽东领导官僚横行"等。中央社会调查部闻讯后，把伍兰花拘押到延安，建议判处死刑。

---

① 《毛泽东选集》第三卷，人民出版社 1991 年版，第 1005 页。

毛泽东知道了这件事，对社会调查部的人说："如果不作调查，就随随便便抓人、杀人，这是国民党的黑暗做法！就这些而论，人家骂得就有道理呀！"当晚，毛泽东叫人把伍兰花带来拉家常，了解到伍兰花的家里共有6口人，70岁的婆婆是个瘫痪病人，3个娃，大的才10岁，小的还不到3岁半，里里外外全靠丈夫支撑着。中央红军来的头几年，政府收的公粮少，家里的粮食吃不完。这几年干部只管多要公粮，还多吃多占。如今她丈夫死了，家里的顶梁柱就没有了。

得知这些情况后，毛泽东立即派人护送伍兰花回家。他还叮嘱要带上公文，向当地政府讲清楚，她没有什么罪过，是个敢讲真话的好人。她家困难多，当地政府要特别照顾。对于群众的公粮负担问题，边区政府要认真调查研究，该免的要免，该减的要减。我们决不能搞国民党反动派那一套，不管老百姓的死活。

毛泽东从群众的民怨声中深刻反思，并举一反三，下决心改进工作。他与边区领导通过调查，发现并针对性地解决了公粮征购多、人民负担过重的问题，陕甘宁边区政府先后进行了3次精简，同时开展了大生产运动，从根本上解决了"鱼大水小"的矛盾，减轻了人民负担，边区经济得到较大发展，为抗战最后胜利奠定了基础。

陕北老百姓从一桩桩、一件件实事上真切感受到共产党是亲人，由衷地唱出"东方红，太阳升，中国出了个毛泽东，他为人民谋幸福，他是人民大救星"。

西柏坡人民同样感受到了领袖的温暖。如今这里仍然流传着毛泽东像一位熟悉耕作的老农那样，指点西柏坡人种水稻的故事。

1948年秋的一天，毛泽东到村外散步，看到稻田里的秧苗很细弱，引起了毛泽东的注意。他用浓重的湖南口音向一位正在稻田里拔草的农民问："你们这里种稻子不是插秧吗？"一边说一边做了个插秧的动作。这位农民解释说："不是，俺们这里没有栽过稻子，都是直接往地里种。"毛泽东又问："一亩地能打多少啊？""好年成顶多打两石，平常年景也就打一石五六（一石为180斤）。"农民回答。毛泽东说："这么好的地打这么点稻子，产量太低了。我的家乡也种水稻，一亩地能产七八百斤，我们那里不是直接播种，都是先育苗后插秧，稻子长出来后，又粗又壮，一亩地能打七八百斤呢！不信，你明年试一试。"[①]

故事并没有完结。毛泽东离开西柏坡进北京了，可他仍念念不忘西柏坡乡亲们种水稻的事情。1958年6月，毛泽东特意让中央办公厅给西柏坡村乡亲写信，让他们到水稻高产的涿县（今涿州市）去学习。

西柏坡期间，毛泽东念着马夫侯登科的故事也非常感人。老侯从长征途中开始为毛泽东饲养战马，二人结下了深厚的感情。红军刚到达陕北时，毛泽东与侯登科谈话："老侯，你喂的那匹马为我们帮了大忙，这功劳要给你记上。现在你愿意改行吗？"侯登科回答："如果工作需要，我愿意继续跟着您喂马。"这之后老侯仍然辛勤地喂马，一直到了西柏坡，毛泽东骑的大青马膘肥体壮。

1948年冬，侯登科积劳成疾，在西柏坡病故。当时正是三大战役最紧张的时候，为了不干扰毛泽东工作，朱德、任弼时亲自主持召开追悼会，有关领导料理完后事，决定暂不向毛泽东报告。

① 《西柏坡故事》，中央文献出版社2013年版，第5页。

后来毛泽东知道了，非常惋惜和难过，埋怨为什么这么大的事不告诉他。他挤出时间，专程到侯登科的墓前悼念，并对身边的工作人员说："老侯干了一辈子革命，就当了一辈子马夫，他从来都没有不安心过，从来也没有看不起自己的工作，真正做到了不为名、不为利，一心为革命。要号召大家向老侯同志学习，干一行，爱一行，全心全意做好本职工作。"①

西柏坡土地上，还留下了周恩来雨夜从坍塌的窑洞里救乡亲、刘少奇为老百姓扶玉米、朱德为农民拉耧的故事……西柏坡人说，这些领袖都是时刻念想着老百姓的人。

当中共中央机关离开西柏坡时，朴实的老百姓扶老携幼来送行。他们眼含热泪，依依不舍，默默跟着毛主席和出发的队伍，送了一程又一程。

二、人民是靠山

1948 年 10 月的一天，刘少奇在秋日灿烂的西柏坡对华北记者团发表讲话，谈到了安泰的故事。

这是一个古希腊的神话。主人公安泰是公认的无敌英雄，地神盖娅是他的母亲。安泰在格斗时，只要身不离地，便可源源不断地从大地母亲身上汲取力量，因而能够击败任何强大的对手。不幸的是，安泰克敌制胜的奥妙，被一个叫赫拉克勒斯的对手发现了，他想方设法让安泰离开大地母亲，于是安泰被弄到空中扼死了。

刘少奇以安泰的故事比喻共产党与人民群众的关系，他说：

---

① 西柏坡纪念馆：《西柏坡记忆》，中央文献出版社 2010 年版，第 270 页。

"我们党必须和广大群众保持密切联系，如果和群众联系不好，就要发生危险，就会象安泰一样被人扼死。共产党人也会被人扼死的哩！党什么也不怕，就怕这一项！"①

同月，在解放区妇女工作会议上，刘少奇又讲道，我们共产党什么也不怕，美帝国主义怕不怕呢？我们不怕，蒋介石的飞机、大炮怕不怕呢？我们不怕，从来没有怕过。但是共产党怕一件事，就是怕脱离群众。

回顾中国共产党发展壮大的历史，如果说共产党人是安泰的话，那么人民群众就是地神盖娅。安泰离不开盖娅，共产党也离不开人民。因为共产党人懂得，离开了人民群众将一事无成，紧紧地与人民群众联系在一起，就能获得力拔千钧的力量。

在这个问题上，毛泽东则借用中国的寓言说得更加直截了当。在中共七大闭幕式上，毛泽东先讲了愚公移山的寓言，接着借古喻今地说："现在也有两座压在中国人民头上的大山，一座叫做帝国主义，一座叫做封建主义。中国共产党早就下了决心，要挖掉这两座山。我们一定要坚持下去，一定要不断地工作，我们也会感动上帝的。这个上帝不是别人，就是全中国的人民大众。全国人民大众一齐起来和我们一道挖这两座山，有什么挖不平呢？"②

那么，这个"上帝"是怎么被感动的呢？

共产党人在西柏坡时期作出了明确的回答：努力为老百姓争取根本利益。

在农村，农民的根本利益就是土地问题。为了实现农民祖祖

① 《刘少奇选集》（上卷），人民出版社 1981 年版，第 397 页。

② 《毛泽东选集》第三卷，人民出版社 1991 年版，第 1102 页。

辈辈的愿望，中共领导了一场前无古人的土地改革运动，推翻了绵延几千年的封建土地制度，亿万农民获得了千百年来梦寐以求的土地。

土地改革，标志着中国共产党在最广大的农村，建立起坚如磐石的群众基础，共产党感动了“上帝”，“天下归心”，获得了“地神盖娅”——亿万农民给予的无穷力量。

于是，解放战争成了人民的战争，解放军成了人民的子弟兵，打倒蒋介石，成了保家卫田、捍卫人民胜利果实的正义之战。参军参战，支援前线，就是老百姓自己的事，解放大地上形成了争先恐后、全民支前的热潮。

时任华东野战军代司令员的粟裕，曾经深情回忆山东人民对解放战争的支援：“在三年解放战争中，山东人民共发动了四次大的参军运动，送出了五十八万九千余名优秀子弟参军。他们像千百条小溪流渠，汇成了奔腾万里的大江长河，源远流长，滚滚向前，使华东野战军越打越多，越战越强。有这样的人民，还有什么敌人不可以战胜呢？”①

千百条小溪里有一个真实的故事。齐成功，来自鲁中南地区的支前模范，在给部队送军粮的途中，村里来信告诉他父亲病故，首长让他回家料理丧事，可他却擦着眼泪表示，不完成支前任务决不回家，从背干粮的包袱上撕下一条白布缠在头上，算是给父亲戴孝了。

陈毅元帅说，淮海战役的胜利是人民群众用小车推出来的。如今在西柏坡纪念馆里陈列着一架手柄被磨得光光的独轮车，它

① 《星火燎原》第20集，解放军出版社2009年版，第124页。

解放战争时期活跃在山东解放区的民工支前小车队

的主人不知是谁，却无言地验证着元帅的肺腑之言。

在这样的铜墙铁壁面前，蒋介石焉能不败？

毛泽东说过，过去搞革命，靠的是人民，现在建设，靠的还是人民，一切成就都来自人民自己的努力。

在城市，中共要发展经济，保证人民生活，受益的不仅仅是工人、贫民，还包括知识分子和民族资产阶级。这一点，共产党同样做到了。

同许多城市一样，解放初期的石家庄，书写了一幅靠人民群众战胜困难、创造奇迹的生动图画。

刚刚解放的石家庄，进城接管的人，看到的是一座满身疮痍、百业凋敝、民生潦倒的城市。

抗战后，国民党统治石家庄有两年时间，除了强征民工修建工事外，没修过一条马路，没修过一条下水道，没铺设一条自来水管道，没建过一座桥梁，没建过一处公共设施。整座城市环境极端恶劣，经济凋敝，百病丛生。国民党给共产党留下的是名副其实的“烂摊子”，没有一丝生气。

共产党能不能尽快消除顽疾、发展经济、改善民生、管理好城市？市民在期待，民族工商业者在观察，逃跑的国民党人也放出风凉话，共产党可以打下大城市，但永远管不了城市！

如何扭转严峻的局面，石家庄人民政府大胆探索，“摸着石头过河”，找到了正确的路径：坚定地依靠人民群众，最大限度释放社会创造性，走向城市的复兴。群众一旦发动起来，就没有什么克服不了的困难。

感谢当年留下的珍贵史料，使人们有机会重温那时人们的真实感受和火一般的热情。

晋察冀日报记者曾文经在长篇报道《人民的石家庄》一文中，热情赞颂工人努力工作的情景。他写道：“劳动创造一切，今天的石家庄工人，已经以新社会主人的姿态，燃烧着工作的热情，成为建设这个新城市的支柱。”“十九岁的修路工人潘春，一根一百七八十斤重的枕木，从材料车卸下……往返一次，要走一华里路，他一天扛到八十六根，共重一万五千四百八十斤，来回走一百多里地，荣获‘扛枕木英雄’的称号”[①]。

类似的故事在石家庄不断涌现。

阎金芬，河北冀县人，中共党员，大兴纱厂的挡车工。石家庄刚解放，她就带领姐妹们冒着敌机轰炸的危险，抢修机器。在增产节约

① 政协石家庄市委员会：《转折——1947 石家庄》，中国文史出版社 2007 年版，第 161 页。

运动中，带领全组以优质、高产、低消耗的优异成绩成为全厂排头兵，并在全省闻名，1950 年当选全国劳动模范。以她为原型创作的话剧和电影《红旗歌》在全国产生了积极影响。

第一届全国劳模、大兴纱厂挡车工阎金芬

市长刘秀峰则在石家庄解放一周年纪念大会上指出，人民政府与群众的关系发生了质的变化。群众看我们，我们看群众，还没有过像现在的心情。

之后在总结粉碎傅作义偷袭后石家庄开展的复工活动时，刘秀峰极富感情地说道："复工中表现了前所未有的新英雄主义，创造了惊人的奇迹。铁路大厂二十八个车皮的机器卸车，原定五天完成，只用了七个小时就搬进了原来的工房。全部开工原计划一个月，后来改为三个礼拜，工人提出俩礼拜，结果只用了十六个小时或二十四个小时就开工了（大鼓掌）。第一发电厂原计划十天开工，只用两天就开工了。"

他最后总结道："是的，人民的城市，工厂是工人阶级和人民自己的，自己当了主人，就能创造历史的奇迹（大鼓掌）。"[①]

① 政协石家庄市委员会：《转折——1947 石家庄》，中国文史出版社 2007 年版，第 223 页。

这两次“大鼓掌”都是会议的原始记录，简单的 3 个字，生动地展现出台上台下、干部与群众亲密无间、休戚与共的关系，说明人们“现在的心情”——心是相通的。

知识分子也人尽其才。知识分子是社会的晴雨表，新社会给予他们与往昔不同的感觉。

刘荣森，上海人，日本国立东京工业大学纺织专业毕业，1946 年秋到石家庄大兴纱厂任工程师，一年后，石家庄解放。今后路途怎么走，加之小孩还在上海，他曾经想离开，但最终选择留了下来。

帮助他下决心的，是华北人民政府主席董必武那次真诚贴心的谈话。

刘荣森回忆说，董老那次是来工厂视察，听说他的情况，专门找他谈话，和蔼地说：“咱们这里很需要技术人员啊！我劝你还是不走最好。你一定要回去，没问题，我保证平安地让人送你回去。小孩子要来，我也保证把他送来。不过，我劝你还是留在这里。你得把眼光放宽一点，看远一点。形势摆到这儿了，上海早晚要解放，全国都要解放。你为什么要回去等第二次解放呢？不要认为一个厂开工就算了，我们的任务还大。这里需要你，你可以做出更大的贡献。”①

“不走了，决不走了。”董老的话，让刘荣森豁然开朗，他极为感动，说服了妻子，留下来安心努力工作。

不久，刘荣森被华北人民政府企业部正式委任为大兴纱厂工

① 政协石家庄市委员会：《转折——1947 石家庄》，中国文史出版社 2007 年版，第 232 页。

程师兼技术室主任，工资为每月930斤小米（当时实行供给制，以小米计算），相当于当时部长级干部的待遇。

从此之后，刘荣森的命运与大兴纱厂、与这座城市融为一体，再没有什么力量可以把他们分开。后来，他担任石家庄纺织局的总工程师，领导着全国重要纺织工业基地的技术工作，把全部精力贡献给了这座城市。

还有许多像刘荣森这样的知识分子，在命运的选择中，被新社会所感动，把自己交给了共产党，交给了人民政府，交给了热爱的事业。

民族资本家心态平稳了，开始安心生产。刚解放时，石家庄的中小资本家疑虑重重，他们受过国民党宣传的欺骗愚弄，怕斗争，怕没收，怕征税重，迟迟不敢恢复生产经营。可是事实教育了他们，共产党只没收官僚资本的财产，保护和鼓励民族资本的发展。

沈永兴的铁工厂，原来有工人70多人，后在国民党统治下捐税重重，原料飞涨，又没有活干，只剩下8个工人。新中国成立后，人民政府先免了税，后收购了卖不出去的产品，又给工厂贷款，濒临破产的企业焕发了生机。沈永兴叫回了离散的工人，扩大了占地和生产，铁工厂进销两旺，办得红红火火。

“人心齐，泰山移”。共产党坚定地依靠人民，人民努力工作，知识分子尽其所能，民族工商业界安居乐业，这座城市迅速摆脱了昔日的困境，走上了光明的康庄大道。

记者曾文经在通讯结尾写道：蒋占石门，是罪恶的城市，三五万蒋匪官兵，三十六县流亡（国民党地方）政府，五千逃亡地主，特务横行无忌，工商业凋零，人民过着苦日子。今天的石家庄，是人民的乐园。没有饥饿，没有压迫，没有恐怖，经济繁荣，政治民主，人民努力劳动，谋取更多的幸福。在新民主主义政策实施下，它又表现得这样有光焰，有生气，充满着希望。

三、给人民当长工，解决一切实际问题

念想着人民群众，依靠人民群众，归根到底是为人民群众谋幸福。这是共产党人一以贯之的追求。

早在20世纪30年代，毛泽东在中央苏区召开的第二次全国工农代表大会上就指出，人民的要求，就是我们经济工作的目标。经济问题的核心，就是“关心群众的痛痒，就得真心实意地为群众谋利益，解决群众的生产和生活的问题，盐的问题，米的问题，房子的问题，衣的问题，生小孩子的问题，解决群众的一切问题”[①]。

10多年之后，在面临进城新的任务时，毛泽东在西柏坡再次郑重地提起这个话题。他在中共七届二中全会的报告中说，如果我们在生产工作上一无所知，不能使生产事业尽可能迅速地恢复和发展，获得确实的成绩，首先使工人生活有所改善，并使一般人民的生活有所改善，那我们就不能维持政权，我们就会站不住脚，我们就会要失败。[②]

显然，这一次毛泽东已经把改善人民的生活与政权的巩固紧密联系在一起，明确帮助解决群众的一切困难，是为政者迫在眉

---

① 《毛泽东选集》第一卷，人民出版社1991年版，第138—139页。

② 西柏坡纪念馆：《中共七届二中全会实录》，中共党史出版社2018年版，第132页。

睫、须臾不可放松的任务。

刚解放的城市，百政待理，百废待兴，首当其冲的就是保证人民群众的基本生活。

刚刚成为执政者的共产党人，就经历了一场平抑物价飞涨的风潮。

对于这段惊心动魄的斗争，中共党史专家谢春涛有翔实的记载。

中国共产党收拾国民党留下的千疮百孔的烂摊子，面对的第一只“拦路虎”就是物价飞涨。新中国成立前，在1949年的1月、4月、7月，就有过3次物价的大波动。新中国成立后仅半个月，从10月15日开始，华北由粮食带头，上海由纱布带头，又掀起了物价大幅度上涨的风潮。接连不断的物价上涨风潮，严重影响了民众生活，导致整个社会和人心的不稳定，若不能及时遏制物价飞涨局面，不仅恢复国民经济无从谈起，就是新生政权能否站住脚也会成为疑问。

从7月底到10月中旬不到3个月的时间里，上海物价平均指数上涨了1.5倍，北京、天津等城市上涨了1.8倍。

有些人发出狂言：“只要控制了两白一黑（大米、棉花和煤炭），就能置上海于死地。”在这种情况下，中国共产党作出了果断的决定，以上海为主战场，打一场平抑物价的“歼灭战”。

就在投机资本哄抬物价、囤积居奇的时候，按照中共中央和中央政府的统一部署，大批粮食、棉纱、煤炭从全国各地紧急调往上海、北京、天津等大城市。

11月25日，在物价上涨最猛的那天，各大城市按照中央统一部署，一起动手，双管齐下，一方面敞开抛售紧俏物资，使暴涨的物价迅速下跌；另一方面收紧银根，征收税款。

这样一来，投机商资金周转失灵，囤积的物资贬值，两头失踏，纷纷破产。到 12 月 10 日，“粮棉之战”取得决定性胜利。

经过“银圆之战”和“粮棉之战”两次交锋，民族资产阶级对中国共产党的治国理财能力有所认识，逐渐接受中国共产党和人民政府的领导。

社会主义国营经济初步取得了稳定市场的主动权。但是，打击投机资本使市场物价趋于回落只是暂时的。随着军政费用逐月增加，财政赤字不断加大，物价的波动仍不可避免。要从根本上稳定物价，必须做到国家财政收支平衡和市场物资供求平衡。

为此，中国共产党决定，采取统一全国财经工作的重大步骤，改变战争年代分散管理、各自为政的财政体制，由中央人民政府统筹全国的财政收支、物资调度和现金管理，做到统一计划，令行禁止。统一财经，有效地巩固了平抑物价的成果，控制住了通货膨胀的势头。

经过中国共产党的重拳出击，到 1950 年 4 月，全国的财政收支出现了接近平衡的局面。长期以来民众深恶痛绝、国民党政府一筹莫展的恶性通货膨胀和物价飞涨的状况，终于得到根本改变。饱受通货膨胀、经济紧缩和社会动荡之苦的中国人民，已经有 10 多年没有过上这样安定的生活了，他们大大地松了一口气，也大大地提高了对中国共产党领导的人民政府的信赖和支持。①

---

① 谢春涛主编：《历史的轨迹：中国共产党为什么能？》，新世界出版社 2017 年版。

毛泽东高度评价了这次平抑物价、统一财经的意义——“不下于淮海战役”。

大的局面稳定了，群众日常生活的实际问题还需要细水长流、一件件地去解决。这同样是对执政者的检验。

距西柏坡90多公里的石家庄，作为第一个解放的较大城市，带头接受并通过了这次检验，成功的秘诀，在于人民政府一切围绕民生，务实地解决每个实际问题。

让人民吃饱饭，就是眼前最大的实际问题。

新中国成立之初，由于国民党政府欺压盘剥，石家庄百业萧条，民不聊生，大批失业工人和市民到了“家无隔夜粮，生死两渺茫”的地步。让市民吃饱饭，成了人民政府的当务之急。

石家庄解放后短短几天，人民政府紧急调运大批粮食进城，为饥民发放救命粮。焦炭厂的出炉工、铁路大厂的修理工、纺纱厂的挡车工、街头的艺人、失业的贫民，都领到黄澄澄的小米，冷了多日的锅灶重现了炊烟。几天之内，全市发放救济粮上万公斤。处于生死线的人，最先感受到了“人民政府”对他们意味着什么。

老艺人刘砚芳，解放前是已经唱红的地方戏——丝弦演员，但全家仍然常常不能饱腹，需要做些小买卖，聊补无米之炊。与他一样，许多艺人都是在饥饿线上挣扎。他们从没有见过这样暖心的政府，在揭不开锅的时候，每家领到了60斤黄澄澄的小米。捧着救命的粮食，这些老艺人禁不住热泪盈眶，他们不敢相信这是真的，有人既惊又喜地问：“天底下还有这么好的人（政府）？”

发放救济粮，仅仅是解燃眉之急，为了市民生活的彻底改善，人民政府组织力量，迅速恢复生产，发展工商业，整座城市活了过来，老百姓的生活有了根本保证。

让失学的儿童尽快回到课堂，又是一件让政府挂心的事。

孙开山，一位抗战时期入党的老干部，组织参与了人民政府千方百计让儿童复课的重要工作。石家庄解放后的第二天，他受冀中区党委的派遣，带领安平县一支以教师为主的文化宣传队进入这座城市。在战争废墟上完成宣传任务后，市委领导亲自接见并挽留这支队伍继续工作，负责接收全市的小学。孙开山时任第三完全小学校长、石家庄市小学教师联合会主席。后来任石家庄一中党总支书记、石家庄市教育局副局长、石家庄市文化局局长，还曾当选石家庄市劳动模范、河北省政协委员，把全部精力贡献给了这座城市。

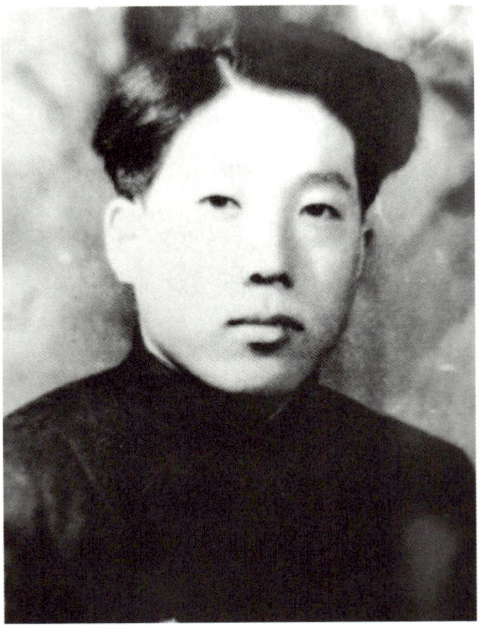

第一届河北省政协委员孙开山

他回忆石家庄刚解放时，不少校舍被敌机炸毁，校园荒芜，设备、教具丢失；有的老师对我党政策怀疑，不敢回校；部分家长轻信谣言，是非不清，阻挡孩子上学，甚至我们去家庭访问，有的竟把孩子藏入炕柜里，不准校长与学生见面。[①]

① 尹浩：《新中国实验田（石家庄 1947—1949）》，河北人民出版社 2017 年版，第 220 页。

新生的人民政府，把学校开学复课作为稳定社会赢得人心的大事，采取了一系列措施：迅速清整校园，配齐桌椅，改善办学条件；说服教师回校，举办师资培训班，提高教学质量；动员学生返校上课，为了一个学生，有的学校三番五次上门劝说。“精诚所至，金石为开”，不到 1 个月，全市 90% 的学校复课，不到 1 年时间，市区小学达到 71 所，在校生 16883 名，学习成绩也大幅提升。

为了让教育事业持续发展，政府向困难教师伸出援手。新中国成立前的教师收入微薄，每月的薪水只够买点小米糊口，即使这点微不足道的薪水也常常被拖欠，教师生活困苦，家庭负担重的更是捉襟见肘。难怪当时的教师与保姆、车夫一起，被人称为“三大便宜”的职业。

孙开山回忆，教育局与小学“教联”共同开会，号召各校分片包干，想方设法地帮助教师解决困难。很短时间内，就为数百名教师提供了帮助，有的适当增加课时，有的帮家属找到了职业，增加了收入，有的增发了生活补助，还帮助单身的教师牵线搭桥，解决婚姻大事。这些教师感激不尽，说“新旧社会两重天，新旧校园不一般”，教学积极性空前高涨。

政府破天荒发公文，让贫民过年吃上饺子。

过年吃饺子，这个今天看来不是问题的问题，对刚刚解放时“家无隔夜粮”的贫困户来说，还真是个事。人民政府同样在惦念这件事，而且当成一件重要的大事来办。

1948 年 2 月 1 日，石家庄刚刚解放不到两个月，农历春节（2 月 10 日）来临之际，在市政府简朴的办公室里，市长柯庆施亲手签发了一个手刻油印的通知。通知很短，除去抬头和落款，一共

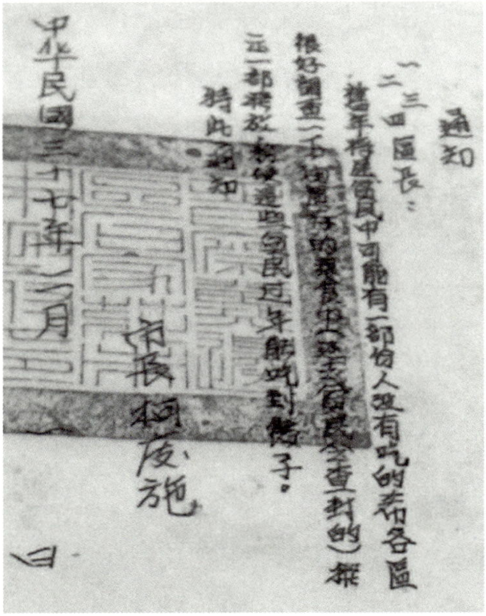

石家庄市政府务使贫民过年吃到饺子的通知

只有53个字：

旧年将届，贫民中可能有一部分人没有吃的，希各区很好调查一下，由区存的粮食中拨出一部发放，务使这些贫民过年能吃到饺子。

通知发出后，全市上下组织立即行动，几天时间为贫苦市民每人发放1斤白面、若干小米及零花钱，共计白面3069斤，小米18402斤，款1111.9万元（旧币），使4956户贫苦市民家庭吃上了饺子。

霍文计是老石家庄人，今年80岁，如今他全家衣食无忧，每周都会包顿饺子吃。老人说，这样的事，在70多年前他想都不敢想。说起1948年的那个春节，霍文计至今记忆犹新："那会儿我才8岁，连一个白面馒头都没吃过，可那年春节，我吃了这辈子第一顿饺子。"

一次雪中送炭的行动，胜似千百次花哨的口号！这样的党、这样的政府，人民群众焉能不拥护、不支持！

"政府和委员要全心全意依靠人民，为人民服务，我们政府的委员不是当了官。如果认为是做了官，可以摆官架子、抖威风，那就错了。我们是人民选举的，如果不忠心地为人民服务，老百姓就有权撤换了你。因此，我们的政府委员是更加重了一层责任，要给人民当长工。”这是柯庆施之后、继任的刘秀峰市长在1949年8月石家庄首届人民代表大会闭幕式上说的一段话。[①]

“给人民当长工”，这朴实而生动的语言，对共产党的宗旨作了准确的诠释，凸显了共产党赢得人民支持、立于不败之地的坚实基础。

在中国共产党的旗帜上，一直大写着“人民是主人”，100年来从没有消失过。毛泽东在具有历史意义的中共七大会议上，坚定地说：“人民，只有人民，才是创造世界历史的动力。”[②] 这是用马克思主义唯物史观对中国革命实践作出的深刻总结，历史地确认了人民是主人这一历史定位。

习近平总书记指出：“人民对美好生活的向往，就是我们的奋斗目标。”[③] 新时代党的领导人以这样的方式，向全世界昭示新时代共产党人传承初心、牢记使命的坚定信念。

同样，在庆祝新中国成立70周年盛典中，当天安门广场绽放着璀璨的烟花，“人民万岁”的字样出现在夜空的时候，再次彰显当年宋庆龄先生讲的我们国家巨大力量之所在——人民。

革命、建设、改革开放和新时代同样严肃地验证着一个真理：共产党人需要时时刻刻念想着人民群众，紧紧地依靠人民群众，一切为了人民群众，永远与人民群众在一起，这是我们强大

① 政协石家庄市委员会：《转折——1947石家庄》，中国文史出版社2007年版，第284页。

② 《毛泽东选集》第三卷，人民出版社1991年版，第1031页。

③ 中央文献研究室：《十八大以来重要文献选编》上，中央文献出版社2014年版，第70页。

的政治优势，是中国特色社会主义道路自信、理论自信、制度自信和文化自信的源泉，也是共产党永不变色、永葆纯洁性的力量所在。

一切共产党人都应当牢记这个定律并实践之。

第十三章 继续『赶考』——永无完结的话题

1949 年 3 月 23 日，迎着初春的阳光，毛泽东率领中共中央机关离开西柏坡，向北平进发。

行车途中，毛泽东很高兴，在车上不断同警卫人员说笑："今天又是三月份，为什么老在三月份咱们有行动呢。你们记得这几次行动的时间吗？你们说说。"

警卫排长阎长林回答，"一九四七年三月十八号撤离延安啊"，"去年三月二十一日，由陕北米脂县的杨家沟出发，向华北前进啊！"毛泽东接着说今天是三月二十三号，与去年三月二十二号只差一天，我们又向北平前进了。等全中国解放了，我们再也不搬家了。[①]

是的，历史记得，1947 年的 3 月，蒋介石、胡宗南的部队大举进攻延安，大有"黑云压城城欲摧"之势；1948 年的 3 月，解放战争已经"过坳"，人民解放军开始了战略进攻；1949 年的 3 月，解放战争胜利大局已定，新中国的曙光现于地平线上，共产党人不仅早已收复延安，而且即将进入北平建立新中国的首都。这是何等大的变化啊！

---

① 中央文献研究室：《毛泽东传》（二），中央文献出版社 2011 年版，第 933 页。

毛泽东幽默地说，连你也没想到，蒋介石就更想不到喽！

的确，蒋介石完全想不到，占有数量上绝对优势、又有美式装备的国民党军队，居然输给了从山沟里走出来的小米加步枪的解放军。

因为他不可能懂得，共产党的力量，来自身后千千万万个老百姓。共产党与人民同甘共苦，为人民奋斗牺牲，人民视共产党为太阳，像葵花一样永远向太阳；党与人民群众血肉联系，形成的是铜墙铁壁，是万里长城，是没有什么力量可以攻破的！

一组震撼人心的数字。在解放战争期间，陕甘宁边区人民为保卫党中央、保卫毛主席作出了巨大的贡献和牺牲：从 1946 年 7 月到 1948 年 12 月，陕甘宁边区就有 50795 人参加了解放军，先后有 5500 名烈士血洒疆场。党中央转战陕北期间，陕甘宁边区组织担架队、民工队达 198653 人次，运输队民工 1282409 人次，修筑工事民工 22078 人次，动员支前牲畜 1478707 头，妇女们做军鞋 928000 双。

群众还纷纷为中央机关和西北野战军带路、侦察敌情，主动做起了保卫工作。中央机关在转战陕北中驻过近 40 个村子，往往是刚刚转移，敌兵即至，在威逼利诱、严刑拷打之下，男女老少没有一个人向敌人透露半点消息。

转战陕北期间，中央纵队数百人面对敌人 25 万大军的围追堵截，前有阻击，后有追兵，许多次和敌人几乎碰个面对面，然而毛泽东、周恩来、任弼时等总是能化险为夷、绝地逢生，而且毫发未伤。有人说这是因为有神灵的保护。是的，这个保护神，就是陕北人民。

毛泽东在即将离开战斗生活了 13 年的延安时，发自肺腑地说，陕北的老百姓是真金子啊！

不管走多远，最爱是延安。时间转瞬，20多年后，延安仍然连着领袖与人民的心。1973年6月，周恩来陪同越南领导人黎笋访问延安。黎笋是为再次伸手要援助而来中国的，周恩来领他到延安，目的是让他看看当年陕北人民是如何艰苦奋斗渡过难关的，懂一点自力更生的道理。

尽管有思想准备，但周恩来看到解放20多年的延安，老百姓生活仍然很窘迫时，十分难过，含着眼泪说："延安人民哺育了我们，使我们取得了全国革命的胜利，但是延安的农业还很落后，我们对不起延安人民。"延安的干部群众则内疚地说，是我们没把工作做好。[①]

进入北京的毛泽东同样挂念着西柏坡的乡亲们。1951年8月，受党中央、毛泽东的委托，曾任晋察冀军区代司令员的程子华，率领中央老区慰问团赶赴西柏坡看望乡亲们，向他们转达了毛泽东和党中央的问候，还将毛泽东亲手书写的"发扬革命传统，争取更大光荣"的锦旗赠送给西柏坡人民。

毛泽东十分关心西柏坡群众的生活。1956年10月，毛泽东的秘书田家英来到西柏坡调研农村合作社的情况。回京后，田家英专门向毛泽东作了汇报。毛泽东听得十分仔细，高兴处还哈哈大笑。

1957年，为了根治海河泛滥带来的水灾，国家决定在平山县境内滹沱河上游修建大型水库，筑坝的最好地势恰恰在西柏坡一带。这就意味着毛泽东及党中央居住过的西柏坡村将被淹没。

① 侯党生：《1973年周恩来总理在延安的22小时》，《党史文汇》2010年第11期。

毛泽东虽然对西柏坡有割不断的感情，但他更看重西柏坡人民的长远利益。经过慎重考虑，毛泽东同意了修水库的请示。在当地政府和群众的努力下，中共中央机关和人民解放军总部的房屋建筑材料、办公家具也得以妥善保存，遗址日后得以恢复。

1958年3月10日，岗南水库工程正式破土动工。在战争年代作出巨大贡献的西柏坡人民，再次作出牺牲，村民陆续搬离。但是也有些老人舍不得离开世代生息的村子，村子随时有被淹没的危险。

为此，西柏坡村的支书阎连章来到北京，并和毛泽东通了电话。阎连章向毛泽东说明了情况，询问毛泽东该怎么办。毛泽东说，西柏坡村的群众不要都搬离，一定要留下一些人。毛泽东的话像一股暖流温暖了那些不愿意走的村民，他们说毛主席同意咱们留下来，毛主席对咱们村子是有感情的。于是，那些不愿背井离乡的村民们，就近搬上了高岗旱岭。后来，周恩来在视察水库时，专门就西柏坡群众的生活作了详细的安排。①

那个年代，领袖有这样的爱民情怀，许多干部也保持了对人民的深厚情感。

山东菏泽的一位电台记者，讲述了一个故事。改革开放初期，他随中共菏泽地委书记周振兴到革命老区曹县韩集乡红三村看望一位老共产党员、冀鲁豫军区司令员杨得志将军当年的老房东伊巧云。

到韩集后，周振兴书记没在乡镇和村委停留一步，直奔伊巧云老人家中。此时老人已重病缠身，当周振兴握住老人枯瘦的手，

① 《西柏坡故事》，中央文献出版社2013年版，第8、第9页。

问老人还有什么要求时，伊巧云老人犹豫了一下说：“就是想吃半碗肥中带瘦的猪肉。”说完，老人又后悔了，用另一只手拍打着周振兴的手背：“也就是这么一想，周书记别当事。”历来以雷厉风行、工作作风务实著称的周振兴，一下子泪流满面。他握住老人的双手说：“怪我，怪我们啊，老人家，对不起您！”他抹了一把泪水，回身掏出自己衣袋中的一沓钱，递到赶来的乡镇书记手中。

随后，周振兴回到县城召开汇报会。他眼含热泪地讲了一段话：“伊巧云老人今年83岁，为抗日战争和解放战争，她牺牲了丈夫和3个孩子。抗战时期，在抗战堡垒红山村，她在做杨得志将军的房东时，为接待来往的将士，曾一天做过9顿饭，为让将士吃饱吃好，她变卖了家中所有值钱物件和娘家陪送的嫁妆。现在，她在我们的领导下，生了重病，竟吃不上半碗肥中带瘦的肉。同志们，我们还有脸当老百姓的书记吗？”说着，周振兴突然抬手扇了自己一个耳光，接着说：“我们这些大大小小书记的脸，还叫脸吗？”

这一记耳光打得是那样清脆，话说得那样沉重。坐在他身旁的县委书记一下俯在桌上，低声哭出声来：“周书记，该打的是我，是我，请地委处理我。”一时间，所有与会人员都低下了头，收起了原先准备好的各自工作成绩的汇报稿。①

时间已过去几十年，周振兴那一记耳光声至今回荡在笔者的耳畔。91岁的周振兴回忆当时的情况，已经记不清细节，但却清楚地说，那时的干部都有一个信念，干部们对得起自己的良心，对得起组织和群众信任，干群关系自然也会越来越好。

---

① 《周书记的一记耳光》，《菏泽日报》2018年7月3日。

随着大众的传播，这个故事传唱开来，在赞叹声中，也不乏“今天很难再见到这样的干部”的感叹！

不可否认，改革开放打开了窗户，带进来先进的科学技术，但也飞进来带着肮脏病菌的“苍蝇”，在经济发展取得成功的时候，一些人的思想、道德、操守却一点点地发生变化，像周振兴那样的干部在减少，老百姓对“周振兴”们的记忆在减弱，而对动辄捞取成千万、上亿元贪官的印象在加强，干群之间的血肉联系在一点点地被吞噬。

这一切来源于思想上的滑坡。有的人当了官忘了民，高高在上，口上喊着为人民服务，行动上却对老百姓的疾苦无动于衷、麻木不仁，是名副其实的现代版的“叶公好龙”。

我们有理由诘问，如果共产党再遇到抗战时期那样的环境，人民群众还会不会像当年那样，变卖仅有的值钱物件、一天为我们的干部做九顿饭？还会不会舍生忘死、用自己骨肉的生命掩护子弟兵？在面临各种纷繁复杂形势和严峻挑战之时，还能不能与我们休戚与共、同甘共苦、并肩战斗？

这是一个关乎国家前途命运的历史性的“大问”。

历史遗珠或作启迪。封建王朝的统治者都曾为国家的长治久安而殚精竭虑过。在中国历史钟鸣鼎食强盛时期的唐朝，唐太宗与近臣有一次关于创业与守成的讨论。

唐太宗问房玄龄、魏徵等人，创业与保持已有的业绩哪个难？

房玄龄回答说，国家开始创立时，我们与各地豪强竞相起兵较量使他们称臣，创业难啊！

魏徵说，自古以来的帝王没有不在艰难的时候取得天下，而在安逸的时候失掉天下的，保持已有的业绩难啊！

太宗说，玄龄协助我一起取得了天下，历经百战，九死一生，所以知道创业的艰难，魏徵协同我一起安定天下，常常担心在富贵的时候滋生骄奢，疏忽的时候发生祸乱，所以知道保持已有的业绩的艰难。但是创业的艰难已经过去；保持已有的业绩的艰难，正应该和大家谨慎对待。[①]

对于封建统治者来说，这是难能可贵的守成理念。打天下、创基业的一代君王居安思危，意识到了守成的艰难，并力图谨慎从事，延续江山社稷，但他们的子孙没能谨遵祖训、励精图治，一个个生气勃勃、令人生畏的强大王朝，逐渐腐朽没落、分崩离析，最终都没有逃脱覆灭的命运。

耐人寻味的是，共产主义运动的实践，似乎也没有避开这个“魔咒”。20 世纪 80 年代末期前后，东欧发生一系列剧变，多个共产党长期执政的国家，纷纷丢弃马列主义“这把刀”，改旗易帜，恢复旧制，有的还发生了解体。

多米诺牌首先在波兰推倒。1989 年 8 月 24 日，波兰统一工人党执政 45 年后，组成了第一个由反对派出任总理的政府，也是战后东欧出现的第一个非共产党领导的政府。12 月 29 日，议会通过宪法修正案，改国名为波兰共和国，并更改国徽。1990 年 1 月，波兰统一工人党第十一次代表大会宣告该党停止活动。

接下来是匈牙利。1989 年 10 月，执政 40 多年的社会主义工人党改建为“匈牙利社会党”，但原来大部分党员并没有再重新登记，致使党员人数由原来的 72 万人锐减至 5.5 万人。同月，匈牙

① 参见《资治通鉴·唐纪》。

利国会通过宪法修正案，删除共产党领导地位和国家属社会主义性质的条文，更改国名和国庆日，国名去掉了“人民”，由匈牙利人民共和国改为匈牙利共和国。

德意志民主共和国（东德）的剧变，是由柏林墙的倒塌、并入德意志联邦共和国（西德）而完成的。1989 年 11 月 9 日，代表冷战时期东西方两大阵营分界线的柏林墙轰然倒塌。1989 年 12 月，德国统一社会党改名为民主社会主义党，后改名为左翼党。1990 年 8 月 31 日，东德、西德双方又在柏林签署德国统一条约。10 月 3 日东德加入西德。民主德国的宪法、人民议院、政府自动取消，分裂的德国以这样的形式实现了统一。

罗马尼亚的剧变最为惨烈。1989 年 12 月首都布加勒斯特市中心广场上举行万人集会，总统齐奥塞斯库下令军队开枪镇压，但遭到拒绝。22 日，军队倒戈，齐奥塞斯库夫妇中午乘直升机出逃，当晚被捕，救国阵线委员会宣告成立，并接管了全国政权；罗马尼亚社会主义共和国被改名为罗马尼亚，实行三权分立、多党制政体。25 日，一个临时成立的军事法庭判处齐奥塞斯库夫妇死刑，立即执行。齐奥塞斯库成为前东欧国家中，既丢了政权又丢了性命的领导人。

保加利亚的剧变形式相对平缓但性质一样。1990 年 2 月，保加利亚共产党更名为保加利亚社会党。同年 6 月，保加利亚举行了首次自由选举，保加利亚成为多党制国家。同年 11 月，国名改为保加利亚共和国。

捷克斯洛伐克政府在反对派的压力下，于 1989 年 12 月 10 日大幅度改组，捷共在联合政府中成为少数，总统胡萨克也被迫辞职。1990 年 1 月，政府总理恰尔法退出捷共，捷共完全失去了执政地位。不仅如此，统一的国家也没能保住。1993 年 1 月 1 日，由于西方式民主的推行，导致在没有种族、文化隔阂，更没有群众基础的情况下，捷克斯洛伐克联邦共和国解体，成为捷克、斯洛伐克两个独立的国家。

最为悲催的是南斯拉夫。共产党丢掉的不仅是执政地位，也丢掉了统一，成为分裂最为彻底的国家。1990 年 1 月，斯洛文尼亚、克罗地亚的代表们宣布退出南共同盟，南斯拉夫共产党消失。7 月，南斯拉夫联邦议会联邦院决议，正式实行多党制。11 月至 12 月，南各共和国分别举行大选，斯洛文尼亚、克罗地亚、波黑、马其顿 4 个共和国共盟失去执政地位。到 2006 年，第二次世界大战后统一的南斯拉夫解体为 6 个小国家。西方用武力没有实现的目的，在和平演变中成为现实。

阿尔巴尼亚是“萧规曹随”，时间尽管晚了一点儿，但做得彻底。1990 年年底，阿尔巴尼亚宣布开始实行多党制，国家走上政治多元化和议会民主的道路，放弃“社会主义专政”，军队、公安、司法、外交等重要部门实行非政治化和非党化。1991 年 3 月 31 日，更改国名为阿尔巴尼亚共和国。原阿尔巴尼亚劳动党改名为阿尔巴尼亚社会党。

众所周知，那个“一声炮响给中国送来马克思主义”的苏联，在成功立国 70 年后，也轰然垮塌。曾经被西方列强视为洪水猛兽、灭而后快的第一个共产党执政的国家，抵御住了 14 个帝国主义国家的武装干涉，抵御住了法西斯德国疯狂的进攻，可以把宇航员送上太空，可以向万里之外发射致命的核武器，却以解体而告终。真正是卫星上天，红旗落地。

许多政治家分析这场剧变的原因，固然有西方“和平演变”

克里姆林宫上空印有镰刀斧头的苏联国旗被降下

战略推行的恶果，有戈尔巴乔夫“改革新思维”的蛊惑，但苏共长期不思改革，维持多年不变僵化封闭的体制，特别是执政者滋生严重的官僚主义、贪污腐化，脱离人民群众，失去了民心，才是根本的祸根。

1990年，苏联一报刊曾以“苏共代表谁”为题在部分群众中进行问卷调查。统计结果显示，认为苏共代表劳动人民的只占7%，认为代表工人的只占4%，认为代表全体党员的只占11%。

试想，一个以无产阶级劳动大众为执政基础的政党，失去了曾经引以为傲的社会支持，反被人民大众所厌弃，还能坐得稳、守得住江山吗？！

在中国历史上，执政者被人民抛弃，也并不鲜见。一张珍藏在美国国家博物馆的老照片，记载了八国联军攻入北京城的历史瞬间。

时间是1900年8月14日，地点在广渠门一带，是北京外城城墙东侧的唯一一座城门。人生地不熟的联军正在顺外城的下水道攻入城内，带路的是几个中国人，队伍后边还有帮助八国联军运送物资的民众。让人惊讶的是，当他们爬上岸时，京城百姓居然站在河沿，袖着手，抻着脖，摆出一副与己无关看热闹的神态。更有甚者，为了几块银圆而充当侵略者的民夫，运送武器弹药，去打自己的同胞。

据说第二次鸦片战争时期，英国海军与清军水师在镇江交火，岸边也有大批中国老百姓围观。当清军舰船被击沉时，还听到岸上百姓的喝彩声。英军统帅巴夏礼目击此景，十分不解，问翻译何以至此，翻译答："国不知有民，民就不知有国。"意思是说，代表国家的晚清朝廷不把老百姓作为国民看待，没有人为老百姓着想，老百姓自然没有国家的意识。

这情景，正像近代思想家严复说的："中国自秦以来，无所谓天下也，无所谓国也，皆家而已，一姓之兴，则亿兆为之臣妾，其兴也，此一家之兴也，其亡也，此一家之亡也。"[①]

今天说穿了，封建王朝所谓的江山社稷，维护的不过是"皇家皇权"的家天下而已，老百姓根本就没有国家的概念，能为这样的国家卖命吗？

国民党的失败，同样在于失去民心。南京政府那些皇亲国戚、权贵们，同样也没有把老百姓当回事，更谈不上为老百姓谋利益，他们真正专注的是如何化公为私，把国家的财富变为己有。

四大家族的宋子文、孔祥熙不愧为"财神"，他们在掌握国民

---

① 严复：《孟德斯鸠法意》卷五，《按语》。

党政府财政、金融、经济大权时，已经将巨额不义之财转移到了美国，足够他们日后过上超级富豪般的奢侈生活。孔家二公子在美国修建的一处防弹避难所，耗费就达1800万美元。

据蒋介石早年的幕僚钱昌照回忆，蒋家的财富攫取，根本用不着蒋本人动手，是宋美龄与其大姐宋霭龄联手完成的，宋霭龄以各种名义捞到的钱，宋美龄都有一份。[①]

这样的政府，老百姓不抛弃才怪！

历数前朝，环顾世界，执政前功尽弃、得而复失的例子比比皆是，且警钟长鸣。

“为之于未有，治之于未乱”。中国共产党之所以英明伟大，是因为从执政开始，就告诫全党要增强忧患意识，就在以不懈的努力，不断地增强免疫力，不断地自觉抵御来自各方面污泥浊水的侵蚀，保持强大的生机与活力，使共和国的航船端正航向，行稳而致远。

共产党人的忧患意识，就是忧党、忧国、忧民意识，这是一种责任，更是一种担当。

1957年3月，在昔日国民党的伪总统府所在地，那座象征着“将革命进行到底”的南京城，毛泽东以充满着历史责任感和忧患意识的口吻，面对干部群众说：“我们要保持过去革命战争时期的那么一股劲，那么一股革命热情，那么一种拼命精神，把革命工作做到底。”[②] 毛泽东以这样的告诫，激励全党不要忘记过去，继续艰苦奋斗。

---

① 《我所结识的宋氏兄妹》，《纵横》2004年第9期。

② 《毛泽东著作选读》下册，人民出版社1986年版，第801页。

一大批共产党人在领袖的号召下，在社会主义建设时代、在改革开放年代，保持了艰苦奋斗的精神和作风，为中国的繁荣富强而无私奉献。焦裕禄、钱学森、邓稼先、黄旭华、雷锋、王进喜、杨善洲、孔繁森等杰出人士，就是那个时代的脊梁和楷模。

进入新时代后，世情国情党情发生深刻变化，我们党面临的挑战和风险更加复杂。习近平总书记同样以充满忧患意识的口吻强调，党面临的长期执政考验、改革开放考验、市场经济考验、外部环境考验具有长期性和复杂性，党面临的精神懈怠危险、能力不足危险、脱离群众危险、消极腐败危险具有尖锐性和严峻性，这是根据实际情况作出的大判断。[①] 我们面临的任务越繁重，风险考验越大，越要发扬自我革命精神，坚持不懈同自身存在的顽瘴痼疾作斗争，保证党永葆生机活力。

从 1957 年到 2019 年，相距 60 多年时间的两个讲话是一脉相承的，都闪耀着西柏坡精神的光辉!

今天，领导东方古老国家发生翻天覆地变化的政党——中国共产党栉风沐雨、坚韧不拔，走过了 100 年的路程。它经过了 28 年争取民族独立、人民解放的艰苦奋斗，经过了近 30 年社会主义革命和建设的努力奋斗，经过了 40 多年改革开放的创新奋斗，使得昔日积贫积弱的中国走上了历史性的复兴之路。

但是，必须十分清醒地意识到，作为长期执政的马克思主义政党，面对的那个历史周期率的危险，并没有随时间而去，那个如何守成、继续“赶考”的话题，仍然没有结束，并将持续下去。

---

① 《习近平在省部级主要领导干部坚持底线思维着力防范化解重大风险专题研讨班开班式上发表重要讲话》，新华社北京 2019 年 1 月 21 日电。

过去、今天成功守成，不代表明天和未来能够成功守成。如果我们松懈意志、放弃奋斗；如果我们骄傲自满，不愿意做艰苦的工作；如果我们放松了学习，不能与时俱进；如果我们贪图安逸，放弃艰苦奋斗；如果我们丢掉人民是主人的情怀，脱离人民群众，仍然会重蹈“人亡政息”的覆辙。

习近平总书记指出：“只有回看走过的路、比较别人的路、远眺前行的路，弄清楚我们从哪儿来、往哪儿去，很多问题才能看得深、把得准。”① 在新时代克服脱离群众危险，我们也要有这样宏阔的视野、深邃的眼光。

“四个考验”“四种危险”，是写在新时代大地上的考卷，考卷的题目就在社会生活的实践中，评判答卷的考官就是千千万万人民群众，标准答案就写在人民群众心里。

人民群众是阅卷人。他们将对执政者一项项施政方针、做的一件件事情，给出信任或怀疑、拥护或反对、密切或疏远的评判，用自己的态度和行动，打出分数，投出赞成票或否决票。这是最客观现实而不可更改的评判。

正因为如此，习近平总书记在纪念中国共产党成立 95 周年大会上重提西柏坡和“赶考”，指出，党中央从西柏坡动身前往北京时，毛泽东同志说：“今天是进京赶考的日子。”60 多年的实践证明，我们党在这场历史性考试中取得了优异成绩。同时，这场考试还没有结束，还在继续。今天，我们党团结带领人民所做的一切工作，就是这场考试的继续。“路漫漫其修远兮，吾将上下而

①《习近平在学习贯彻党的十九大精神研讨班开班式上发表重要讲话》，新华社北京 2018 年 1 月 5 日电。

求索。”全党同志一定要不忘初心、继续前进，永远保持谦虚、谨慎、不骄、不躁的作风，永远保持艰苦奋斗的作风，勇于变革、勇于创新，永不僵化、永不停滞，继续在这场历史性考试中经受考验，努力向历史、向人民交出新的更加优异的答卷！[①]

让我们随着习近平总书记的话语再次走进西柏坡，重温那幅历史画面。

70多年前，中共中央在那个带着烟火气的伙房里，召开了具有里程碑意义的中共七届二中全会，毛泽东语重心长地告诫与会重要干部和全党同志，夺取全国胜利，这只是万里长征走完了第一步，以后的路程更长，工作更伟大、更艰苦。务必使同志们继续地保持谦虚、谨慎、不骄、不躁的作风，务必使同志们继续地保持艰苦奋斗的作风。

今天，我们要说，夺取改革开放里程碑式的胜利，这只是新的长征走完了第一步，新时代的路程更长，工作更伟大、更艰苦，第二个百年奋斗目标更加宏伟，革命尚未成功，同志仍须努力！

历史一再证明，没有什么外部力量可以阻挡中国前进的步伐，关键是共产党——这个领导我们事业的核心力量自己不能涣散，不能懈怠，不能骄躁。要以持续守成的精神，不断与异化党的性质的思想作斗争，保持共产党人的纯洁性和奋斗活力，使我们自身肌体永远健康年轻。

有着100年光荣历史的中国共产党仍然在“赶考”的路上。时刻保持勤勉的“赶考”状态，保持优良的作风，在新的“赶考”

①《习近平在庆祝中国共产党成立95周年大会上的讲话》，新华社北京2016年7月1日电。

中交出更加优异的答卷，应当成为新时代共产党人传承西柏坡精神，实现中华民族伟大复兴的中国梦，须臾不可忘记、时刻自我鞭策的历史警钟。

西柏坡，这个贡献了两个务必和“赶考”精神的地方，将永远是新长征的起点。

西柏坡精神，这个光彩熠熠的永不磨灭的伟大思想指针，将永远昭示中国共产党人不忘初心，牢记使命，不断前进！

初稿于2019年11月石家庄

定稿于2020年4月石家庄

参考书目

中央文献研究室：《毛泽东传》，中央文献出版社 2011 年版。

中央文献研究室：《毛泽东年谱（一八九三——一九四九）》，中央文献出版社 2013 年版。《毛泽东选集》，人民出版社 1991 年版。

中央文献研究室：《周恩来传》，中央文献出版社 2018 年版。

中央文献研究室：《刘少奇年谱（增订本）》，中央文献出版社 2018 年版。

中央文献研究室：《朱德传》，中央文献出版社 2016 年版。

中央文献研究室：《任弼时传》，中央文献出版社 2014 年版。

《胡乔木回忆毛泽东》，人民出版社 2003 年版。

《在历史巨人身旁——师哲回忆录》，中央文献出版社 1995 年版。

龚育之、逄先知、石仲泉：《毛泽东的读书生活》，生活·读书·新知三联书店 2010 年版。

陈晋：《读毛泽东札记》，生活·读书·新知三联书店 2009 年版。

《中国共产党的九十年》，中共党史出版社 2016 年版。

中共中央宣传部：《习近平新时代中国特色社会主义思想学习纲要》，学习出版社、人民出版社 2019 年版。

人民日报评论部：《习近平用典》，人民日报出版社 2015 年版。

《西柏坡——新中国从这里走来之解读》，中央文献出版社 2005 年版。

中央档案馆、西柏坡纪念馆：《西柏坡档案》，中国档案出版社 2012 年版。

西柏坡纪念馆：《中共七届二中全会实录》，中共党史出版社、河北教育出版社 2018 年版。

〔美〕罗斯·特里尔：《毛泽东传》，中国人民大学出版社 2010 年版。

〔美〕布赖恩·克罗泽：《蒋介石传》，国际文化出版公司 2010 年版。

〔美〕陶涵：《蒋介石与现代中国》，中信出版社 2012 年版。

李松林、陈太先：《蒋经国大传》，团结出版社 2002 年版。

张学继、张雅蕙：《陈立夫大传》，团结出版社 2004 年版。

张雄文：《无冕元帅——一个真实的粟裕》，人民出版社 2010 年版。

《星火燎原》，解放军出版社 2009 年版。

《杨得志回忆录》，解放军出版社 2011 年版。

郑维山：《从华北到西北》，解放军出版社 1985 年版。

孙万勇：《石家庄通史》，河北人民出版社 2010 年版。

孙万勇：《品读石家庄》，人民出版社 2018 年版。

尹浩：《新中国实验田（石家庄 1947—1949）》，河北人民出版社 2017 年版。

政协石家庄市委员会：《转折——1947 石家庄》，中国文史出版社 2007 年版。

石家庄市档案馆：《石家庄解放》，中国档案出版社 2010 年版。

后　记

西柏坡，一个响亮的名字。由于工作的关系，我曾无数次到过这里，每一次都有不同的感受。

很早以来，我就有写一写西柏坡的愿望，记录一下多年的感悟和体会。但真正付之行动的时候，才真切感到面对的是一本十分厚重的大书。

在中国共产党历史上，能够称得上“时期”的阶段，诸如井冈山时期、瑞金时期、延安时期、西柏坡时期，都有特殊的历史地位和贡献，因为除了收获斗争的胜利，还同时诞生了伟大的革命精神。

而西柏坡时期，包括了党中央移驻华北、土地改革、指挥决战、筹建新中国这些辉煌的胜利，由此产生的西柏坡精神，更有深邃的内涵和品质。

动笔之前，我再次来到西柏坡，游思在广场的5位中央书记铜像前，在西柏坡纪念馆，在毛泽东故居，在中央军委作战室里，在中共七届二中全会旧址，看到一张张照片、一份份电报稿、一件件简朴的用具，不由自主再次被70多年前那段威武雄壮的大剧所打动，又一次受到精神的洗礼。真是读不尽的西柏坡！

确实如此，时间过去如此久远，西柏坡精神给予我们的启迪和教益，并没有一天天消退，反而愈加生动感人、熠熠生辉。只有真理的光辉，才会如此历久弥新，永远处在历史的高端。

最为珍贵的是，西柏坡精神阐发的思想品质，今天并没有过时，仍然有强烈的现实意义。我想，这也是习近平总书记倡导弘扬西柏坡精神的初衷所在，习近平新时代中国特色社会主义思想与西柏坡精神是一脉相承的。

由此，我找到了 70 多年过后，品读西柏坡的新视角。

力求不仅多视角、多层次地再现历史，而且透过厚重历史的大幕，深层次思考西柏坡时期中国共产党的重大转折历程，以及破旧立新的开创探索，品读出西柏坡精神珍贵的思想品质，以及其历史意义。

力求打通历史与现实的联系，以史为鉴，观照现实，获得有益的启迪。世界著名文学家塞万提斯曾经说过："历史孕育了真理，它能和时间抗衡，把遗闻旧事保存下来，它是往古的迹象、当代的鉴戒、后世的教训。"

今天我们遇到的不少问题，党的建设上存在的沉疴新恙，如何深入地剖析产生的原因，并有效地克服，都能在西柏坡找到鉴戒。理解西柏坡精神的历史意义，更能够升华对习近平新时代中国特色社会主义思想的认识，初心和使命自然地结合在一起了。因为两者都是马克思主义中国化与时俱进的成果，是治党、治国、治军的经典。

力求更为广泛地传播西柏坡精神。在新媒体蓬勃发展的时代，读书是一件越来越奢侈的事情。传统社科类书籍呆板、枯燥、缺乏吸引力，是个重要原因。因此，我力求用生动朴素、讲故事的形式来叙事，尽可能增加些趣味性和可读性；用细品慢读的方法来探寻精神内涵，以此取得读者共鸣。不知是否达标？也请读者评判吧！

本书在写作过程中得到一些专家、朋友的帮助。中共中央文献研究室原副主任、全国人大外事委员会委员、中国中共文献研究会副会长陈晋给予指导并欣然作序。西柏坡纪念馆、学习出版社的领导和编辑给予热心帮助。在史料收集、资料整理和最后修订中，承蒙郭西昌、谢顺、陈宗良、韩振民等好友提出宝贵意见，在此一并表示感谢！

孙万勇

2020年4月